BRICS

Goa, India 2016

BRICS

金砖国家联合统计手册 2016

Instituo Brasileiro de Geografia e Estatistica

Statistics South Africa

Brazil Russia India China South Africa

图书在版编目（CIP）数据

金砖国家联合统计手册 = BRICS Joint Statistical Publication. 2016 / 中华人民共和国国家统计局等编 . -- 北京 : 中国统计出版社, 2016.10

ISBN 978-7-5037-8022-6

Ⅰ. ①金… Ⅱ. ①中… Ⅲ. ①世界经济－经济统计－2016－手册②社会发展－统计资料－世界－2016－手册 Ⅳ. ①F11-62

中国版本图书馆 CIP 数据核字（2016）第 245231 号

金砖国家联合统计手册 2016

作　　者 / 中华人民共和国国家统计局等 编
责任编辑 / 叶礼奇　郭　栋
E－mail / yearbook@gj.stats.cn
装帧设计 / 黄　晨
编辑部电话 / （010）63376877　63376866
出版发行 / 中国统计出版社
通信地址 / 北京市西城区月坛南街 57 号　邮编 / 100826
办公地址 / 北京市丰台区西三环南路甲 6 号
电　　话 / 邮购（010)63376907　书店（010）68783172
印　　刷 / 北京画中画印刷有限公司
经　　销 / 新华书店
开　　本 / 890×1240 毫米　1/16
字　　数 / 198 千字
印　　张 / 15
版　　别 / 2016 年 12 月第 1 版
版　　次 / 2016 年 12 月第 1 次印刷
定　　价 / 108.00 元

前　言

2009 年 9 月，在纽约举办的第 64 届联合国大会期间，“金砖四国”（包括巴西、俄罗斯、印度和中国）举行外交部长会议。会议认为，基于四国的共同利益，很有必要建立四个国家一体化的平台，用来发布各国重要数据。2010 年，南非加入了这一组织，并正式更名为“金砖国家”，成员包括巴西、俄罗斯、印度、中国和南非。2010 年《金砖国家联合统计手册》第 1 卷也就此诞生。此后每年金砖国家都发布该出版物。2015 年版本的《手册》第 6 卷由俄罗斯主持出版发行，今年印度负责 2016 年版本的《手册》第 7 卷。

2016 年《手册》共分 15 章：第 1 章是其它 14 章的概述，展示了五国间可比的统计资料；其余 14 章从不同角度分别反映了各国以往的发展及状况。这 14 章均由两部分组成：概括表（图）和国别表。概括表（图）列示了五国间最为可比的统计信息，国别表则展示了从各国获取的更详尽信息。我们希望该《手册》能给所有使用者提供有益的信息。

巴西国家地理与统计局局长：Paulo Rabello de Castro

俄罗斯联邦统计局局长：Alexander Surinov

印度中央统计局局长：G C Manna

中国国家统计局局长：宁吉喆

南非统计局局长：Pali Lehohla

目 录

一、金砖国家概况及经济社会指标比较

二、人口

三、劳动力人口

四、国民经济核算

七、资源和环境

八、工业

九、能源

十、农业、林业、牧业和渔业

十四、对外经济关系

十五、旅游

附录

金砖国家概况及
经济社会指标比较

表 1.1　金砖国家概况(2015年)

国家	国土面积（万平方公里）	首都	年中人口（万人）	人口密度（人/平方公里）	货币名称
巴西	852	巴西利亚	20450 (1)	24.0	雷亚尔(R$)
俄罗斯	1713 (2)	莫斯科	14630	8.6	卢布(Rub)
印度	329	新德里	125402 (3)	396(3)	卢比(Rs)
中国	960	北京	137122	143	人民币(RMB)
南非(4)	122	比勒陀利亚	5500	44.2(5)	兰特(ZAR)

资料来源：

巴西

巴西国家地理与统计局。

俄罗斯

1.俄罗斯联邦统计局。

2.俄罗斯联邦地理登记、地籍勘察和制图局。

印度

印度信息和广播部，《印度2016年》。

中国

1.中华人民共和国国家旅游局。

2.中华人民共和国国家统计局，《中国统计摘要》，2015年。

南非

南非统计局。

脚注：

巴西

(1)2000−2060年的年中人口和其他人口统计指标来自分年龄和性别组的成分分析预测方法。

俄罗斯

(2)1月1日数据。

印度

(3)根据2001年普查数据估计的2015年3月1日数据。用于计算人口密度的面积数据来源于印度全国普查局(即总登记局)为3166414平方公里（不是3287264平方公里)。

南非

(4)2014年数据。

(5)数据基于2011年人口普查数据和2014年年中人口估计。

表 1.2　　金砖国家经济社会指标比较

	年份	数值
人口		
年中人口(万人)		
巴西[(1)]	2015	20450
俄罗斯[(2)]	2015	14630
印度[(3)]	2015	125402
中国	2015	137122
南非	2015	5500
男性人口所占比重(%)		
巴西[(1)]	2015	49.4
俄罗斯[(2)]	2015	46.3
印度[(3)]	2015	51.8
中国[(4)]	2015	51.2
南非	2015	48.9
女性人口所占比重（%）		
巴西[(1)]	2015	50.6
俄罗斯[(2)]	2015	53.7
印度[(3)]	2015	48.2
中国[(4)]	2015	48.8
南非	2015	51.1
人口密度(人/平方公里)		
巴西[(1)]	2015	24.0
俄罗斯	2015	8.6
印度[(3)(5)]	2015	396.0
中国	2015	142.8
南非	2014	44.2
粗出生率(‰)		
巴西[(1)]	2015	14.2
俄罗斯	2015	13.3 [(p)]
印度	2013	21.4
中国	2015	12.1
南非	2015	22.7
粗死亡率(‰)		
巴西[(1)]	2015	6.1
俄罗斯	2015	13.1 [(p)]
印度	2013	7.0
中国	2015	7.1
南非	2015	9.6
婴儿死亡率(‰)		
巴西[(1)]	2015	13.8
俄罗斯	2015	6.5 [(p)]
印度	2013	40.0
中国	2014	8.9
南非	2015	34.4
孕产妇死亡率(每10万例活产婴儿)		
巴西		
俄罗斯	2014	10.8
印度	2013	167.0
中国	2014	21.7
南非		

表 1.2　金砖国家经济社会指标比较

（续表1）

	年份	数值
劳动力人口		
劳动力人口占总人口比重（%）		
巴西[6][7]	2014	66.5
俄罗斯	2015	52.5
印度[8]	2012	39.5
中国[9]	2015	56.3
南非	2015	38.4
失业率（%）		
巴西[7]	2014	6.9
俄罗斯	2015	5.6
印度[8]	2012	2.2
中国[10]	2015	4.1
南非	2015	25.3
国民经济核算		
国内生产总值(现价)（亿美元）		
巴西[11]	2015	17724
俄罗斯	2015	13321 [p]
印度[12]	2015	20354
中国[13][14]	2015	110060[p]
南非	2015	3130
人均国内生产总值(现价)(美元)		
巴西[11]	2015	8668
俄罗斯	2015	9 098 [p]
印度[12][15]	2015	1586
中国[13]	2015	8027 [p]
南非	2014	6483
居民生活水平		
公共教育支出占GDP的比重(%)		
巴西	2013	5.2
俄罗斯	2015	3.8 [p]
印度[12]	2015	3.0(BE)
中国[16]	2014	4.2
南非	2012	6.9
公共医疗支出占GDP的比重(%)		
巴西	2013	4.9
俄罗斯[2]	2015	3.6 [p]
印度[12]	2015	1.3[BE]
中国[17]	2014	5.5
南非	2012	4.1
基尼系数		
巴西[18]	2014	0.494
俄罗斯[19]	2015	0.412[p]
印度[20]		
农村	2011-12	0.280
城市	2011-12	0.367
中国[21]	2015	0.462
南非[22]	2011	0.650

表 1.2　金砖国家经济社会指标比较

(续表2)

	年份	数值
工　业		
工业生产指数(上年=100)		
巴西	2015	91.7
俄罗斯	2015	96.6 (p)
印度(12)	2015	102.4
中国	2015	106.1(p)
南非	2015	100.0
铁矿石产量(万吨)		
巴西	2013	45410
俄罗斯(精铁矿)	2015	10100 (p)
印度(12)	2014	12890(p)
中国	2015	138129(p)
南非		
钢产量(万吨)		
巴西	2013	5193
俄罗斯	2015	6938 (p)
印度(12)	2014	8998
中国	2015	80383(p)
南非(万兰特)	2010	9218000
乘用车产量(万辆)		
巴西	2013	317
俄罗斯	2015	121 (p)
印度(12)	2014	259
中国	2015	1163(p)
南非(万兰特)	2012	9305
电视机生产量(万台)		
巴西	2013	1496
俄罗斯	2015	864(p)
印度		
中国(23)	2015	14476(p)
南非		
能　源		
石油产量(万吨)		
巴西	2015	12300
俄罗斯	2015	53300(p)
印度(12)	2014	3750
中国	2015	21460(p)
南非	2007	2600
原煤(万吨)		
巴西	2013	900
俄罗斯	2015	37200 (p)
印度(12)	2014	61240(p)
中国	2015	375000(p)
南非		

表 1.2　金砖国家经济社会指标比较

（续表3）

	年份	数值
天然气(亿立方米)		
巴西	2014	319
俄罗斯	2015	6330 (p)
印度(12)	2014	337(p)
中国	2015	1346(p)
南非		
发电量(亿千瓦时)		
巴西	2015	5610
俄罗斯	2015	10630
印度(12)	2014	12560 (p)
中国	2015	58106(p)
南非	2015	2500
一次能源生产量(万吨标准油当量)		
巴西	2014	27300
俄罗斯	2014	191700
印度(12)	2014	33700 (p)
中国(24)	2015	253400(p)
南非	2012	16400
能源消费量(万吨标准油当量)		
巴西	2014	30600
俄罗斯	2014	133800
印度(12)	2014	53700(p)
中国(24)	2015	301000(p)
南非	2012	6300
农　业		
耕地面积(万公顷)		
巴西	2014	7500
俄罗斯	2014	12200
印度(25)	2012	15500
中国	2014	13506
南非	2011	1200
谷物产量(万吨)		
巴西(11)	2015	10300
俄罗斯	2015	10500
印度(25)(26)	2015	23500
中国	2015	57228
南非	2015	1200
水果和蔬菜产量(万吨)		
巴西	2014	4200
俄罗斯	2015	2000
印度(25)	2014	25712
中国	2015	105901
南非	2011	956
肉类产量(万吨)		
巴西	2015	2406
俄罗斯	2015	948 (p)
印度(12)	2014	669
中国	2015	8625
南非	2015	329

表 1.2　金砖国家经济社会指标比较

（续表4）

	年份	数值
鱼类捕获量(万吨)		
巴西	2011	80
俄罗斯	2009	373
印度(12)	2014	1007 (p)
中国	2015	1293
南非	2013	256
交通运输		
铁路营业里程(万公里)		
巴西	2015	3.0
俄罗斯	2015	8.6
印度(27)	2015	6.6
中国	2015	12.1
南非	2010	2.1
公路里程(万公里)		
巴西	2015	157
俄罗斯(公共道路)	2015	105
印度(27)	2015	27(p)
中国	2015	458
南非		
航空旅客周转量(亿人公里)		
巴西	2015	1275
俄罗斯	2015	2268
印度(12)	2014	1269
中国	2015	7283
南非		

资料来源：

巴西

1. 巴西国家地理与统计局调查司。
2. 巴西国家石油局(ANP)。
3. 巴西能源研究公司(EPE)。
4. 巴西渔业和水产养殖部(MPA)。
5. 巴西环境和可再生资源协会(IBAMA)。

俄罗斯

1. 俄罗斯联邦统计局。
2. 俄罗斯联邦地理登记、地籍勘察和制图局。
3. 俄罗斯联邦交通运输局。
4. 俄罗斯联邦公路局。

印度

数据来源请参考各章节表格中的来源。

中国

1. 中华人民共和国国家统计局。
2. 中华人民共和国民政部，年度统计报告，2015年。
3. 中华人民共和国卫生和计划生育委员会，年度统计报告，2015年。
4. 中华人民共和国交通运输部，年度统计资料，2015年。
5. 中华人民共和国新闻出版广电总局，年度统计资料，2015年。

6.中华人民共和国国家统计局，《工业生产调查月报》，2015年。
7.中华人民共和国国家统计局，《中国统计摘要》，2015年。
8.中华人民共和国国家统计局，《中国统计年鉴》，2015年。
9.中华人民共和国国土资源部。
10.中华人民共和国人力资源和社会保障部。
11.中华人民共和国环境保护部，年度统计资料，2014年。
12.中华人民共和国水利部，年度统计资料，2014年。
13.中华人民共和国教育部，年度统计资料，2011−2014年。
14.中国铁路总公司，年度统计资料，2015年。

脚注：

更详尽的脚注和资料来源参见各具体章节。标(P)的数据为临时数据，标(BE)的数据为财政预算数据。

巴西

(1)2006−2060年中人口和其他人口统计学指标是由按性别和年龄分组的成分分析预测方法得到的。
(6)根据最近人口估计修订后数据。
(7)15岁及15岁以上人口。
(11)初步数据。
(18)基尼系数根据住户收入计算。

俄罗斯

(2)1月1日数据。
(19)基尼系数是在居民人均收入数据以及住户预算抽样调查数据的基础上计算得出。

印度

(3)2015年3月1日数据，基于2001年人口普查。
(5)用于计算人口密度的面积数据来源于印度全国普查局(即总登记局)为3166414平方公里(不是3287264平方公里)。
(8)数据来源于全国抽样调查办公室，数据的年份指的是上年7月至当年6月的数据。如2000年的数据是1999年7月至2000年6月的数据。
(12)所有数据均指财政年度数据，即当年4月至下年3月。
(15)人均GDP数据是根据2015年10月1日人口数计算得到的，该数据是根据2011年人口普查推算的。
(20)数据是全国抽样调查得到的。
(25)信息涉及全国抽样调查的农业年度(基尼系数)，时间是当年7月至下一年6月。
(26)第三次估计值。
(27)表中为3月31日数据。

中国

(4)年末人口数。
(9)就业人口数占总人口的比重。
(10)城镇登记失业率。
(13)按美元计算的GDP和人均GDP利用年平均汇率进行折算。
(14)GDP按生产者价格计算。
(16)国家财政性教育经费占GDP比重。
(17)为卫生总费用占GDP比重。
(21)基尼系数指标是按居民年人均可支配收入计算的。
(23)仅指彩色电视机。
(24)一次能源生产总量和能源消费总量中的电力、热力按等价热值折算。

南非

(22)基尼系数基于剔除税收后的人均支出计算得到。

图1.1　2015年金砖国家人口占世界人口比重

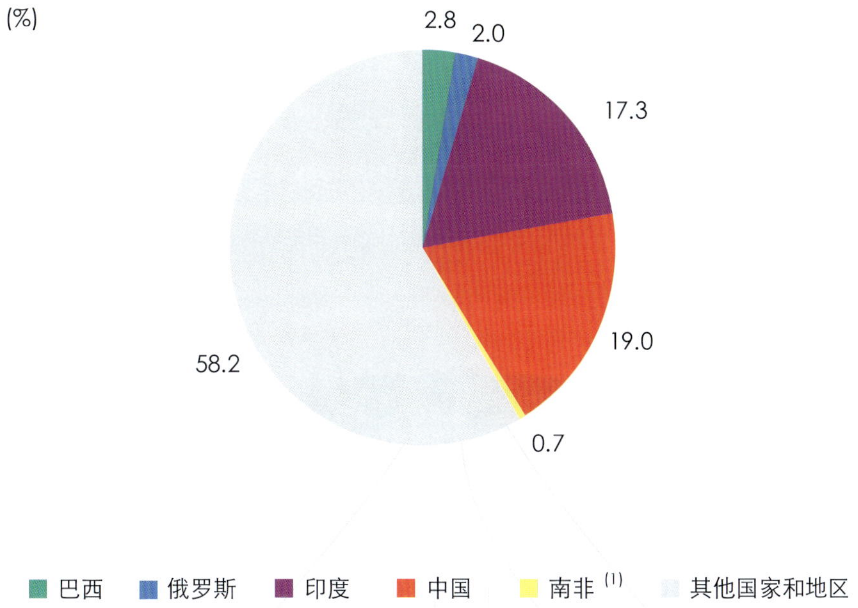

图1.2　2015年金砖国家国土面积占世界的比重

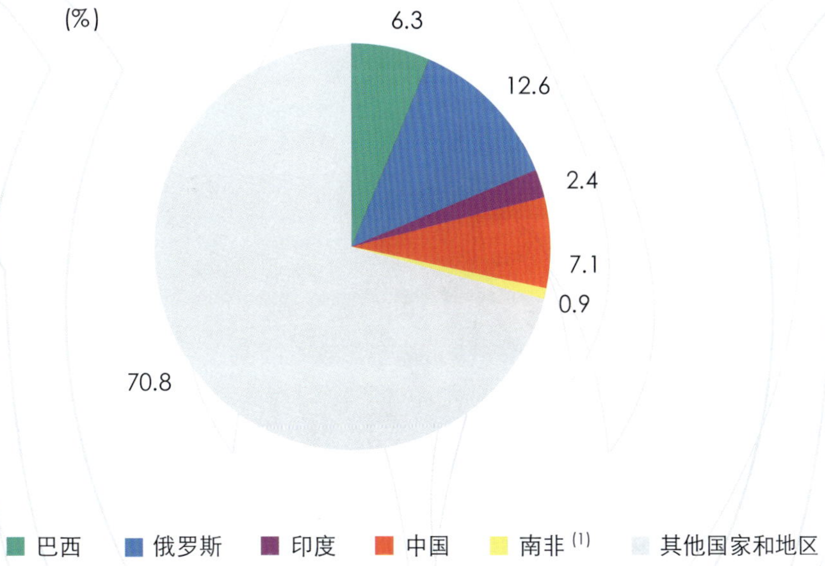

人 口

表 2.1　人口概况

单位：万人

	2000	2006	2007	2008	2009	2010	2011	2012	2013	2014	2015
年中人口数											
巴西(1)	17340	18730	18950	19150	19350	19550	19740	19920	20100	20280	20450
俄罗斯(2)	14689	14324	14290	14270	14274	14283	14287	14310	14330	14370	14630
印度(3)	99694	111200	112852	114473	116081	117674	119251	120812	122358	123889	125402
中国(4)	126265	131102	131789	132466	133126	133771	134413	135070	135738	136427	137122
南非	4440	4790	4860	4934	5000	5079	5155	5240	5316	5410	5500
男性											
巴西(1)	8620	9280	9380	9480	9580	9670	9760	9850	9930	10020	10100
俄罗斯(2)	6870	6631	6610	6598	6600	6602	6605	6620	6640	6660	6780
印度(3)	51598	57553	58400	59245	60082	60911	61732	62545	63351	64148	64937
中国(4)(5)	65437	67728	68048	68357	68647	68748	69068	69395	69728	70079	70414
南非	2100	2310	2356	2392	2429	2467	2507	2549	2592	2637	2690
女性											
巴西(1)	8730	9450	9560	9670	9780	9880	9980	10080	10170	10260	10350
俄罗斯(2)	7819	7693	7681	7677	7678	7681	7682	7688	7700	7710	7850
印度(3)	48096	53666	54450	55228	56000	56763	57519	58267	59008	59740	60464
中国(4)(5)	61306	63720	64081	64445	64803	65343	65667	66009	66344	66703	67048
南非	2300	2478	2510	2543	2577	2612	2648	2685	2730	2770	2810
城市人口											
巴西(6)	14090	15570	15800	16040	16270	16490	16710	16920	17130	17340	17540
俄罗斯(2)	10742	10482	10473	10487	10492	10510	10542	10574	10610	10650	10830
印度(3)	28371	32140	32862	33589	34321	35057	35795	36536	37280	38028	38776
中国(4)(5)	45906	58288	60633	62403	64512	66978	69079	71182	73111	74916	77116
南非(7)											
农村人口											
巴西(6)	3520	3160	3140	3110	3090	3060	3030	3000	2970	2940	2910
俄罗斯(2)	3947	3842	3813	3788	3782	3777	3740	3731	3720	3710	3800
印度(3)	71323	79079	79991	80884	81760	82617	83456	84270	85078	85861	86626
中国(4)(5)	80837	73160	71496	70399	68938	67113	65656	64222	62961	61866	60346
南非(7)											

资料来源：

巴西

巴西国家地理与统计局。

俄罗斯

俄罗斯联邦统计局。

印度

印度内政部，印度注册总署，《技术委员会1996–2006年人口预测报告》及《技术委员会2001–2026年人口预测报告》。

中国

1.中华人民共和国国家统计局，《中国统计年鉴》，2001–2015年。
2.中华人民共和国国家统计局，《中华人民共和国2015年国民经济和社会发展统计公报》。

南非

南非统计局。

脚注：

巴西

(1)数据来自2000–2060年按性别和年龄划分的调整后的巴西人口预测。
(6)2000年至2010年两次人口普查间城市人口比重采用的是线性插值的方法，该方法是由联合国2010年提出的。

俄罗斯

(2)1月1日数据。

印度

(3)3月1日数据，并且是基于人口预测的结果。更详细解释参见关于2011年人口普查的注释。

中国

(4)2000年和2010年数据分别为第五次和第六次全国人口普查数据推算数。2005年数据根据全国1%人口抽样调查数据推算。其余年份数据为年度全国人口变动情况抽样调查推算数据。

(5)年末人口数。

南非

(7)2000年没有进行人口估计，数据无法得到验证。南非没有分城市和农村的人口数据。

表 2.2.1　人口——巴西

	2000	2006	2007	2008	2009	2010	2011	2012	2013	2014	2015
年中人口数(万人)[1]	**17340**	**18730**	**18950**	**19150**	**19350**	**19550**	**19740**	**19920**	**20100**	**20280**	**20445**
15岁以下	5210	5120	5100	5070	5030	4990	4950	4904	4850	4800	4741
15-24岁	3440	3530	3510	3490	3470	3450	3440	3430	3420	3420	3420
25-59岁	7270	8390	8580	8780	8970	9150	9310	9470	9620	9760	9890
60岁及以上	1420	1690	1750	1820	1890	1960	2040	2120	2210	2300	2394
性别比(女性=100)[1]	**98.7**	**98.2**	**98.1**	**98.0**	**97.9**	**97.8**	**97.8**	**97.7**	**97.7**	**97.6**	**97.5**
15岁以下	103.6	103.9	103.9	104.0	104.1	104.1	104.2	104.2	104.3	104.4	104.4
15-24岁	102.4	102.5	102.5	102.5	102.6	102.6	102.6	102.6	102.7	102.7	102.8
25-59岁	97.4	97.3	97.3	97.3	97.3	97.3	97.4	97.4	97.4	97.4	97.5
60岁及以上	81.1	79.2	79.1	79.0	79.0	79.0	79.1	79.1	79.2	79.2	79.3
粗出生率(‰)[1]	**20.9**	**17.7**	**17.2**	**16.7**	**16.3**	**15.9**	**15.5**	**15.1**	**14.8**	**14.5**	**14.2**
粗死亡率(‰)[1]	**6.7**	**6.1**	**6.1**	**6.1**	**6.0**	**6.0**	**6.0**	**6.0**	**6.0**	**6.1**	**6.1**
人口自然增长率(‰)	**14.2**	**11.5**	**11.1**	**10.7**	**10.2**	**9.9**	**9.5**	**9.1**	**8.8**	**8.4**	**8.1**
人口预期寿命(岁)[1]	**69.8**	**72.4**	**72.8**	**73.1**	**73.5**	**73.9**	**74.2**	**74.5**	**74.8**	**75.1**	**75.4**
总和生育率[1]	**2.4**	**2.0**	**2.0**	**1.9**	**1.9**	**1.9**	**1.8**	**1.8**	**1.8**	**1.7**	**1.7**
婴儿死亡率(‰)[1]	**29.0**	**21.0**	**20.0**	**19.0**	**18.1**	**17.2**	**16.4**	**15.7**	**15.0**	**14.4**	**13.8**
五岁以下儿童死亡率(‰)[1]	**35.5**	**25.3**	**23.8**	**22.4**	**21.1**	**19.8**	**18.9**	**18.1**	**17.4**	**16.7**	**16.1**
粗结婚率(‰)[2]	**6.0**	**6.5**	**6.6**	**6.8**	**6.5**	**6.7**	**6.9**	**6.9**	**6.9**	**7.1**	
粗离婚率(‰)[3]	**1.2**	**1.4**	**1.4**	**1.5**	**1.4**	**1.8**	**2.6**	**2.5**	**2.3**	**2.4**	

资料来源：

巴西国家地理与统计局。

脚注：

(1)人口和性别比的数据来源于2000-2060年按性别和年龄划分的巴西人口预测数。

(2)2000-2014年数据来自民事登记统计。

(3)2000-2014年数据来自民事登记统计。离婚率数据指的是初审后的离婚，2007年以后该数据还包括按公证契约签署的协议离婚。

表 2.2.2 人口——俄罗斯

	2000	2006	2007	2008	2009	2010	2011	2012	2013	2014	2015
人口数(万人)[1]	**14689**	**14324**	**14286**	**14275**	**14274**	**14283**	**14287**	**14306**	**14330**	**14370**	**14630**
15岁以下	2707	2152	2119	2113	2130	2170	2177	2221	2280	2340	2440
15-24岁	2305	2395	2354	2294	2204	2060	2036	1923	1800	1690	1610
25-59岁	6993	7326	7354	7387	7432	7460	7463	7496	7530	7560	7670
60岁及以上	2684	2451	2459	2481	2503	2600	2611	2666	2720	2780	2910
性别比(女性=100)	**87.9**	**86.2**	**86.0**	**85.9**	**85.9**	**85.9**	**86.0**	**86.1**	**86.2**	**86.3**	**86.3**
15岁以下	104.4	104.6	104.8	105.0	105.0	105.0	105.0	105.1	105.2	105.2	105.2
15-24岁	102.7	102.2	102.0	102.0	102.2	102.6	103.4	103.8	104.0	104.3	104.6
25-59岁	94.0	91.2	91.0	90.9	90.9	91.0	91.1	91.4	91.8	92.1	92.5
60岁及以上	53.1	50.7	50.8	51.2	51.5	51.9	52.4	52.8	53.1	53.5	53.9
粗出生率(‰)	**8.7**	**10.3**	**11.3**	**12.0**	**12.3**	**12.5**	**12.6**	**13.3**	**13.2**	**13.3**	**13.3[2]**
粗死亡率(‰)	**15.3**	**15.1**	**14.6**	**14.5**	**14.1**	**14.2**	**13.5**	**13.3**	**13.0**	**13.1**	**13.1[2]**
人口自然增长率(‰)	**-6.6**	**-4.8**	**-3.3**	**-2.5**	**-1.8**	**-1.7**	**-0.9**		**0.2**	**0.2**	**0.2[2]**
人口预期寿命(岁)	**65.3**	**66.7**	**67.6**	**68.0**	**68.8**	**68.9**	**69.8**	**70.2**	**70.8**	**70.9**	**71.4[2]**
总和生育率	**1.2**	**1.3**	**1.4**	**1.5**	**1.5**	**1.6**	**1.6**	**1.7**	**1.7**	**1.8**	**1.8[2]**
婴儿死亡率(‰)	**15.3**	**10.2**	**9.4**	**8.5**	**8.1**	**7.5**	**7.4**	**8.6**	**8.2**	**7.4**	**6.5[2]**
五岁以下儿童死亡率(‰)	**19.3**	**13.0**	**11.8**	**10.8**	**10.3**	**9.9**	**9.4**	**10.6**	**9.9**	**9.1**	
孕产妇死亡率(每10万例活产婴儿)	**39.7**	**23.7**	**22.0**	**20.7**	**22.0**	**16.5**	**16.2**	**11.5**	**11.3**	**10.8**	
粗结婚率(‰)	**6.2**	**7.8**	**8.8**	**8.3**	**8.4**	**8.5**	**9.2**	**8.5**	**8.5**	**8.4**	**7.9[2]**
粗离婚率(‰)	**4.3**	**4.5**	**4.8**	**4.9**	**4.9**	**4.5**	**4.7**	**4.5**	**4.7**	**4.7**	**4.2[2]**
净迁移率(%)	**0.25**	**0.22**	**0.25**	**0.25**	**0.24**	**0.19**	**0.22**	**0.21**	**0.21**	**0.19**	**0.17**
抚养系数	**0.58**	**0.47**	**0.47**	**0.47**	**0.48**	**0.49**	**0.50**	**0.52**	**0.54**	**0.55**	**0.58**

资料来源：

俄罗斯联邦统计局。

脚注：

(1)1月1日数据。

(2)初步数据。

表 2.2.3　人口——印度

	2000	2006	2007	2008	2009	2010	2011	2012	2013
人口数(万人)[1]	**99690**	**111219**	**112852**	**114473**	**116081**	**117674**	**119251**	**120812**	**122358**
15岁以下	34200	35700	36200	36800	35700	36370	34694	35150	34873
15-24岁	19400	22200	22500	23000	22700	23700	23977	24300	24594
25-59岁	38900	44960	46000	46500	46400	48700	50732	51300	52615
60岁及以上	7200	8360	8200	8100	8500	8830	9847	10030	10156
性别比(女性=100)[1]	**107.3**	**107.3**	**107.2**	**107.2**	**107.3**	**107.2**	**107.3**	**107.2**	**107.4**
15岁以下	110.4	109.0	110.5	109.1	111.6	111.6	111.0	112.6	112.4
15-24岁	109.7	112.0	108.3	109.1	109.5	108.8	110.0	107.9	107.9
25-59岁	105.8	106.0	104.9	106.7	105.7	105.5	106.0	105.6	106.1
60岁及以上	94.6	95.0	93.0	101.2	98.4	97.7	96.0	97.5	95.2
粗出生率(‰)	**25.8**	**23.5**	**23.1**	**22.8**	**22.5**	**22.1**	**21.8**	**21.6**	**21.4**
粗死亡率(‰)	**8.5**	**7.5**	**7.4**	**7.4**	**7.3**	**7.2**	**7.1**	**7.0**	**7.0**
人口自然增长率(‰)	**17.3**	**16.0**	**15.7**	**15.4**	**15.2**	**14.9**	**14.7**	**14.5**	**14.4**
人口预期寿命(岁)[2]	**62.9**	**65.4**	**65.7**	**66.1**	**66.1**	**66.1**			
总和生育率	**3.2**	**2.8**	**2.7**	**2.6**	**2.6**	**2.5**	**2.4**	**2.4**	**2.3**
婴儿死亡率(‰)	**68.0**	**57.0**	**55.0**	**53.0**	**50.0**	**47.0**	**44.0**	**42.0**	**40.0**
五岁以下儿童死亡率(‰)	**99.1**	**74.3**		**69.0**	**64.0**	**59.0**	**55.0**	**52.0**	**49.0**
孕产妇死亡率(每10万例活产婴儿)[3]	**327.0**	**254.0**	**212.0**	**212.0**	**212.0**	**178.0**	**167.0**	**167.0**	**167.0**

资料来源：

印度内政部，印度注册总署，《技术委员会1996-2006年人口预测》；《抽样登记体系统计报告》；《印度孕产妇死亡率公报》。

脚注：

(1)3月1日数据。数据根据2001年人口普查数据进行了修订(2000年数据除外，2000年数据基于1991年普查数据)。2011年普查的数据也已经被印度内政部、印度注册总署发布。

(2)人口预期寿命是1998-2002年，2002-2006年，2006-2010年时间段的数据。2011-2015年男性和女性的预测值为67.3岁和69.6岁。

(3)孕产妇死亡率分别是1997-2001年，2004-2006年，2007-2009年，2010年和2011-2013年时间段的数据。

表 2.2.4　人口——中国

	2000	2006	2007	2008	2009	2010	2011	2012	2013	2014	2015
年中人口数(万人)[(1)]	**126265**	**131102**	**131789**	**132466**	**133126**	**133771**	**134413**	**135070**	**135738**	**136427**	**137122**
年末人口数(万人)[(1)]	**126743**	**131448**	**132129**	**132802**	**133450**	**134091**	**134735**	**135404**	**136072**	**136782**	**137462**
15岁以下[(2)]	29012	25961	25660	25166	24659	22259	22164	22287	22329	22558	22715
15-59岁[(2)]	84639	90586	91129	91647	92077	94051	94072	93727	93500	92982	92547
60岁及以上[(2)]	13092	14901	15340	15989	16714	17781	18499	19390	20243	21242	22200
15-64岁[(2)]	88910	95068	95833	96680	97484	99938	100283	100403	100582	100469	100361
65岁及以上[(2)]	8821	10419	10636	10956	11307	11894	12288	12714	13161	13755	14386
性别比(女性=100)	**106.7**	**106.3**	**106.2**	**106.1**	**105.9**	**105.2**	**105.2**	**105.1**	**105.1**	**105.1**	**105.0**
粗出生率(‰)	**14.0**	**12.1**	**12.1**	**12.1**	**12.0**	**11.9**	**11.9**	**12.1**	**12.1**	**12.4**	**12.1**
粗死亡率(‰)	**6.5**	**6.8**	**6.9**	**7.1**	**7.1**	**7.1**	**7.1**	**7.2**	**7.2**	**7.2**	**7.1**
人口自然增长率(‰)	**7.6**	**5.3**	**5.2**	**5.1**	**4.9**	**4.8**	**4.8**	**5.0**	**4.9**	**5.2**	**5.0**
人口预期寿命(岁)	**71.4**					**74.8**					**76.3**
婴儿死亡率(‰)[(3)]	**32.2**	**17.2**	**15.3**	**14.9**	**13.8**	**13.1**	**12.1**	**10.3**	**9.5**	**8.9**	
五岁以下儿童死亡率(‰)[(3)]	**39.7**	**20.6**	**18.1**	**18.5**	**17.2**	**16.4**	**15.6**	**13.2**	**12.0**	**11.7**	
粗结婚率(‰)	**6.7**	**7.2**	**7.5**	**8.3**	**9.1**	**9.3**	**9.7**	**9.8**	**9.9**	**9.6**	
粗离婚率(‰)	**1.0**	**1.5**	**1.6**	**1.7**	**1.9**	**2.0**	**2.1**	**2.3**	**2.6**	**2.7**	
孕产妇死亡率(每10万例活产婴儿)[(3)]	**53.0**	**41.1**	**36.6**	**34.2**	**31.9**	**30.0**	**26.1**	**24.5**	**23.2**	**21.7**	

资料来源：

1.中华人民共和国国家统计局，《中国统计年鉴》，2001-2015年，《中华人民共和国2015年国民经济和社会发展统计公报》。

2.中华人民共和国民政部，《中国民政统计年鉴》，2000-2015年。

3.中华人民共和国国家卫生和计划生育委员会，《统计年报》，2000-2015年。

脚注：

(1)2000年和2010年数据分别为第五次和第六次全国人口普查数据推算数。2005年数据根据全国1%人口抽样调查数据推算。其余年份数据为年度全国人口变动情况抽样调查推算数据。

(2)由于数据单位不同，四舍五入的原因，个别年份数据合计不相等。

(3)被监测地区的数据。

表 2.2.5 人口——南非

	2000[1]	2006	2007	2008	2009	2010	2011	2012	2013	2014	2015
年中人口数(万人)	**4440**	**4790**	**4860**	**4934**	**5000**	**5079**	**5155**	**5240**	**5316**	**5410**	**5500**
15岁以下	1560	1571	1573	1575	1577	1581	1587	1610	1620	1640	1660
15-24岁	900	960	990	1000	1020	1040	1037	1050	1046	1048	1040
25-59岁	1700	1933	1964	1998	2040	2080	2130	2180	2240	2290	2350
60岁及以上	270	340	350	360	370	380	390	400	420	430	440
性别比(女性=100)	**92.4**	**93.4**	**93.7**	**93.9**	**94.2**	**94.4**	**94.7**	**94.9**	**95.2**	**95.5**	**95.7**
15岁以下	101.4	101.0	101.0	101.0	101.0	101.0	101.0	101.0	101.1	101.2	101.3
15-24岁	92.1	96.7	97.6	98.5	99.4	100.3	100.3	100.3	100.3	100.4	100.4
25-59岁	88.6	91.5	91.8	92.1	92.4	92.7	93.5	94.2	94.9	95.6	96.2
60岁及以上	71.4	66.0	66.1	66.2	66.3	66.4	66.5	66.6	66.7	66.8	66.9
粗出生率(‰)		**24.0**	**23.9**	**23.8**	**23.7**	**23.6**	**23.4**	**23.2**	**23.1**	**22.9**	**22.7**
粗死亡率(‰)		**13.0**	**11.6**	**11.0**	**10.5**	**10.5**	**10.7**	**10.6**	**10.1**	**9.5**	**9.6**
人口自然增长率(‰)		**10.9**	**12.3**	**12.8**	**13.2**	**13.1**	**12.7**	**12.7**	**13.0**	**13.3**	**13.0**
人口预期寿命(岁)		**55.3**	**57.5**	**58.7**	**59.7**	**60.0**	**59.7**	**60.2**	**61.3**	**62.5**	**62.5**
总和生育率		**2.7**	**2.7**	**2.7**	**2.7**	**2.6**	**2.6**	**2.6**	**2.6**	**2.6**	**2.6**
婴儿死亡率(‰)		**51.8**	**50.0**	**48.4**	**43.6**	**41.0**	**39.7**	**39.0**	**36.4**	**35.3**	**34.4**
五岁以下儿童死亡率(‰)		**78.2**	**75.4**	**71.6**	**66.4**	**59.5**	**56.4**	**54.0**	**48.8**	**46.5**	**45.1**
粗结婚率(‰)[2][3]	**3.3**	**4.1**	**4.2**	**4.1**	**3.7**	**3.6**	**3.4**	**3.2**			
粗离婚率(‰)[3]	**0.8**	**0.6**	**0.6**	**0.6**	**0.6**	**0.5**	**0.4**	**0.4**			

资料来源：

南非统计局，年中人口估计，2015年；生命统计指标，2012年。

脚注：

(1)未开展对于2000年人口数据的估算，所以当年数据无法校验。

(2)只包括用于研究的登记结婚和离婚(2012年前)。

(3)民事结合数据始于2007年。

图2.1　人口自然增长率

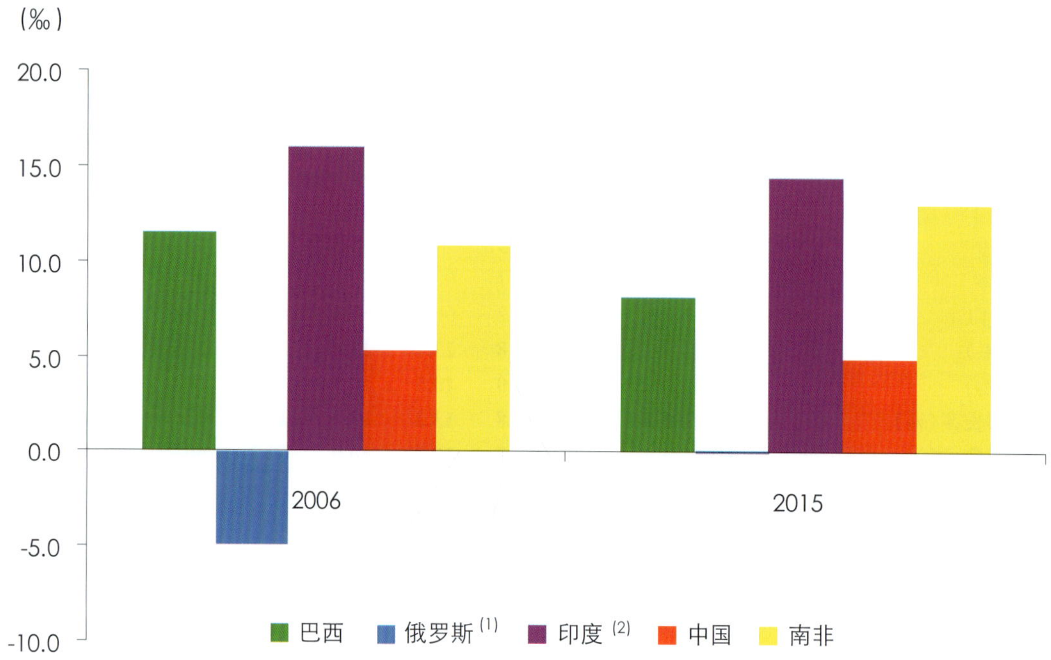

注：（1）2015年初步数据。
（2）印度为2013年数据。

图2.2　婴儿死亡率

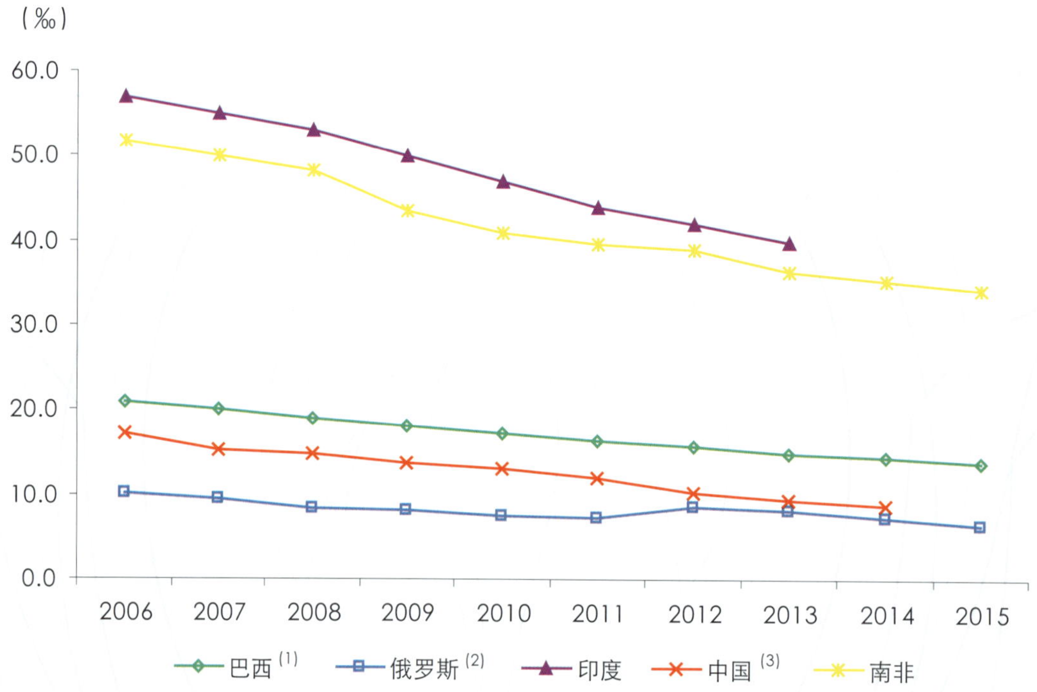

注：（1）人口和性别比的数据来源于2000-2060年按性别和年龄划分的巴西人口预测数。
（2）2015年初步数。
（3）被监测地区的数据。

图2.3　人口预期寿命

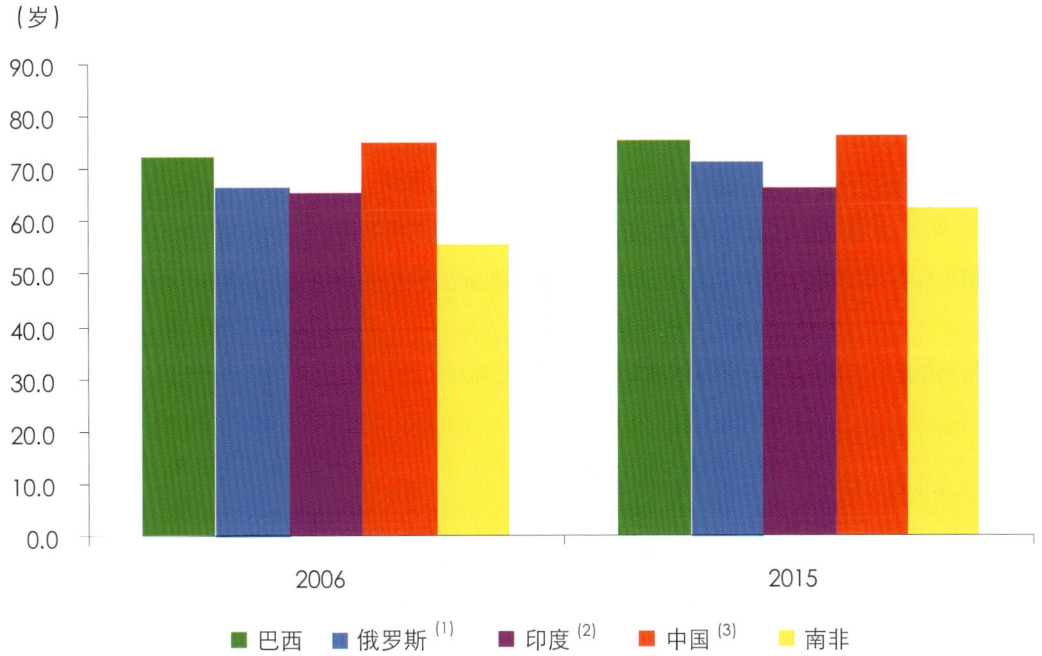

注：（1）2015年为初步数。
（2）2015年数据为2006–2010年时间段的数据，2011–2015年男性和女性的预测值为67.3岁和69.6岁。
（3）2006年数据为2010年数据。

图2.4　2015年人口年龄结构

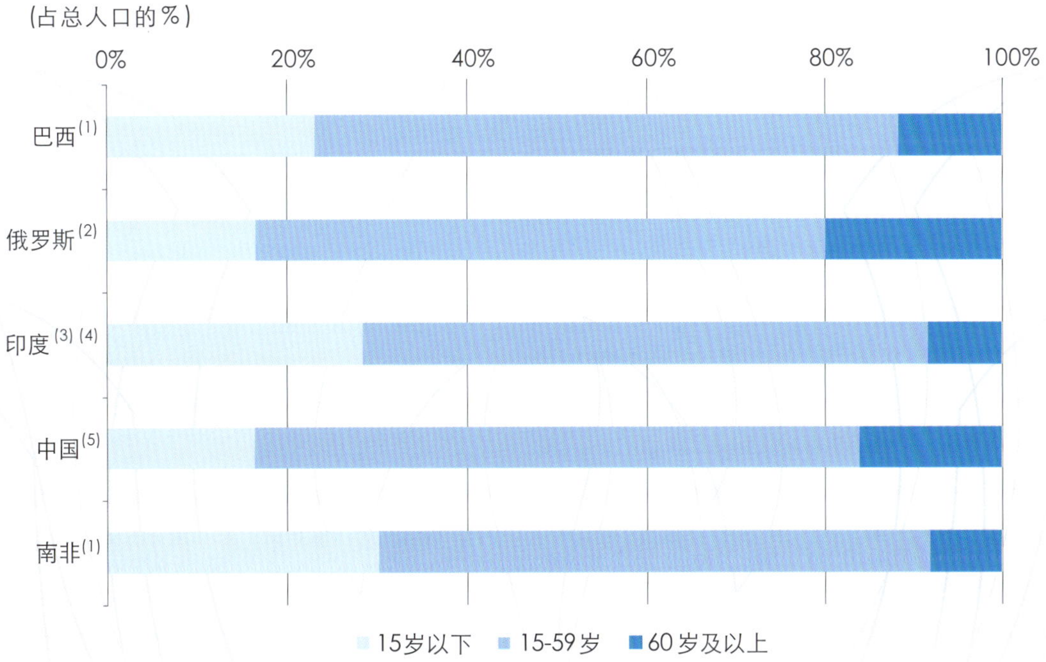

注：（1）年中人口。
（2）1月1日人口。
（3）2013年数据。
（4）3月1日人口。
（5）年末人口。

主要统计指标解释

通用解释

粗出生率　为一年中每1000人口中出生人数，不包括胎儿死亡数。

粗死亡率　为一年中每1000人口中死亡人数。

人口自然增长 = 粗出生率-粗死亡率。

总和生育率（TFR）　为一个妇女在其生育年龄段（15-49岁）按现有的生育水平计算平均可能生育的子女数。

人口预期寿命　是指按当前人口死亡率水平计算，一个新生儿平均预期可能存活的岁数。

婴儿死亡率（IMR）　是指一年中每1000名活产婴儿中在一周岁内死亡的数量。

五岁以下儿童死亡率(根据WHO计算方法)：规定年份出生的儿童在年满5岁前死亡的概率，以每1000名活产的比率表示。

粗离婚率　指当年离婚对数占年平均人口的比重，计算公式为：

$$粗离婚率 = \frac{当年离婚对数}{年平均人口数} \times 1000\ ‰$$

抚养系数　为0-15岁、60及60岁以上人口之和与15-59岁人口的比率。

人口普查　是在特定时点、对特定地区进行的旨在获取全部人口数据以及获取其他人口、社会和经济信息的全面调查。

国家解释

巴西

总人口（年中）　关于年中人口的信息，该数据是由分性别、分年龄组的成分分析法得到的数据。这种方法在计算人口生育、死亡和迁移时都是独立的。

性别比　每100女性中男性的人数。该数据是从分年龄组的男性和女性比中得到的。

粗结婚率　该数据的计算方法是用15岁及以上结婚的人口数除以同年龄段的人口数，再乘1000得到的。

粗离婚率　粗结婚率是由20岁及以上离婚的人口除以人口总数得到的。

总和生育率　是指该国家或地区的妇女在育龄期间，按该年龄段生育率计算的每个妇女平均子女生育数，从出生到育龄结束之前的死亡率不计算在内。

人口粗出生率　是指某一给定人口出现的新生频数，为给定年份内活产婴儿数与中期总人口数之比，以千人为单位。

粗死亡率　是指某一人口出现的死亡频数，为给定年份内死亡人数与年中人口数之比，以千人为单位。

人口自然增长率　即粗出生率减去粗死亡率。

人口预期寿命　是指按当前人口死亡率水平计算，一个新生儿平均预期可能存活的岁数。

婴儿死亡率　是指在给定的一个地理区域和给定的时间段内（每1000名活产婴儿中）在一周岁内死亡的数量，一般解释为新生婴儿在生命的第一年中估计的死亡风险。

俄罗斯

出生、死亡、结婚和离婚数据依据民事登记处的行政记录的年度整理结果。

印度

孕产妇死亡比（Maternal Mortality Ratio）　是指在给定年份每10万活产儿中由于怀孕或者生育而造成妇女死亡

人数。这有别于育龄产妇死亡率（Maternal Mortality Rate），即每10万名15–49岁妇女中孕产妇死亡人数。

印度人口普查　每10年开展一次，最近的一次普查是在2011年。普查年份之间和未来的推测数采用分量法，此方法基于人口普查和抽样登记系统的数据，后者提供了生育率和死亡率的时间序列数据。相应地，分别依据2006年和1996年的《技术委员会报告》，本章表格所列2005–2013年数据是基于2001年普查数据的推测结果，2000年数据是基于1991年普查数据的推测结果。

2011年普查数据已经发布，2011年印度人口普查数据为12.11亿。依据该2011年人口普查，总人口包括3.78亿城市人口和8.33亿农村人口，6.25亿为男性和5.86亿为女性。

劳动力人口

表 3.1　劳动力人口概况

		2000	2006	2007	2008	2009	2010	2011	2012	2013	2014	2015
劳动力人口数占总人口的比重(%)												
巴西(1)(2)	总体		69.0	68.6	68.6	68.6		66.2	65.9	65.5	66.5	
	男性		81.0	80.4	80.5	80.2		78.3	77.9	77.3	77.9	
	女性		58.0	57.7	57.6	57.9		55.0	54.9	54.6	56.1	
俄罗斯	总体	49.5	52.0	52.7	53.0	53.0	52.8	53.0	52.9	52.7	52.6	52.5
	男性	54.7	56.7	57.6	58.5	58.3	58.5	58.6	58.5	58.3	58.1	58.1
	女性	44.9	47.9	48.4	48.3	48.4	48.1	48.3	48.1	47.8	47.6	47.4
印度(3)	总体	40.6	42.3		41.3		40.0		39.5			
	男性	54.0	56.2		56.3		55.7		55.6			
	女性	26.3	27.6		25.4		23.3		22.5			
中国(4)(5)	总体	56.9	57.0	57.0	56.9	56.8	56.8	56.7	56.6	56.6	56.5	56.3
	男性											
	女性											
南非	总体	36.8	36.2	35.7	38.2	37.2	36.1	36.3	36.7	37.1	37.4	38.4
	男性											
	女性											
第二产业就业人口数占全部就业人口的比重(%)												
巴西(1)(2)(6)	总体		14.9	15.3	15.3	14.8		13.5	14.0	13.5	13.1	
	男性		16.7	17.2	17.0	16.3		15.1	15.6	15.0	14.7	
	女性		12.6	12.7	13.0	12.7		11.3	11.9	11.3	11.1	
俄罗斯(7)	总体	29.2	29.3	29.2	29.0	27.5	27.7	27.5	27.8	27.7	27.5	27.2
	男性											
	女性											
印度(8)	总体	15.8	18.8		18.7		21.5		24.3			
	男性	17.7	20.8		21.1		23.5		25.9			
	女性	11.7	14.6		13.0		16.3		20.0			
中国(5)	总体	22.5	25.2	26.8	27.2	27.8	28.7	29.5	30.3	30.1	29.9	29.3
	男性											
	女性											
南非	总体	20.6	22.6	23.0	23.4	22.9	22.1	21.8	20.9	20.7	20.6	21.0
	男性											
	女性											

资料来源：

巴西

巴西国家地理与统计局，全国住户抽样调查，2005−2015年。

俄罗斯

俄罗斯联邦统计局，劳动力抽样调查。

印度

印度统计和计划执行部，《全国抽样调查报告：印度就业和失业状况》(各期)。

中国

1.中华人民共和国国家统计局，《中国统计年鉴》，2001−2015年。

2.中华人民共和国国家统计局，《中华人民共和国2015年国民经济和社会发展统计公报》。

南非

南非统计局，年中人口估计（P0302）；《劳动力调查》(P0210)；《季度劳动力调查》(P0211)。

脚注：

巴西

(1)根据最近人口估计修订后数据。

(2)15岁及15岁以上人口。

(6)包括的行业：制造业，采矿和采掘业，电、气、水的供应业。

俄罗斯

(7)采矿和采掘业，制造业和电、气、水的供应业，建筑业。

印度

(3)该数据基于全国抽样调查办公室的抽样调查，该调查的调查期为前一年7月至当年6月。比如2000年数据是1999年7月到2000年6月的数据。

(8)该数据是基于通常经济活动状态，即同时考虑了主要和次要产业活动后得出的结论。第二产业包括采矿和采掘业，制造业，建筑业，电、气、水的供应业。

中国

(4)就业人口数占总人口的比重。

(5)2001年及以后年份的总就业人口数据根据第六次全国人口普查结果进行了修订。

表 3.2.1 劳动力人口——巴西

		2001[1]	2006	2007	2008	2009	2011	2012	2013	2014
劳动力人口数(万人)	**总计**	**8270**	**9591**	**9707**	**9909**	**10083**	**10044**	**10154**	**10252**	**10587**
	男性	4790	5387	5460	5579	5643	5684	5748	5787	5918
	女性	3480	4204	4247	4330	4440	4360	4406	4465	4669
就业人口数(万人)	**总计**	**7496**	**8788**	**8923**	**9208**	**9250**	**9372**	**9529**	**9588**	**9862**
	男性	4431	5046	5134	5292	5299	5408	5484	5501	5604
	女性	3066	3742	3789	3916	3952	3964	4045	4087	4258
按年龄划分的就业人口数(%)										
15-24岁	总计	23.0	20.9	20.3	19.7	18.8	17.9	17.7	16.9	16.5
	男性	23.5	21.7	21.2	20.7	19.7	18.5	18.3	17.4	17.2
	女性	22.1	19.7	19.0	18.3	17.7	17.1	16.8	16.1	15.6
25-59岁	总计	70.7	72.4	73.0	73.3	74.2	75.2	75.1	75.6	75.3
	男性	69.5	70.9	71.4	71.6	72.5	73.6	73.5	74.0	73.6
	女性	72.5	74.5	75.2	75.5	76.5	77.4	77.3	77.8	77.5
60岁及以上	总计	6.3	6.7	6.7	7.1	7.0	6.9	7.2	7.5	8.2
	男性	7.0	7.5	7.4	7.7	7.8	7.9	8.1	8.6	9.2
	女性	5.4	5.8	5.7	6.2	5.9	5.6	5.9	6.1	6.9
按行业划分的就业人口数(万人)										
农业、林业和渔业	总计	1499	1653	1594	1569	1539	1432	1357	1357	1403
	男性	1020	1103	1075	1063	1061	997	959	950	955
	女性	478	550	519	506	478	436	398	407	448
工业[2]	总计	1098	1311	1367	1407	1368	1262	1337	1291	1296
	男性	715	841	885	899	866	814	855	828	822
	女性	382	471	482	508	502	447	482	463	474
建筑业	总计	526	582	607	693	693	789	833	885	907
	男性	512	565	588	669	674	768	810	857	878
	女性	14	17	19	24	19	21	24	28	29
贸易	总计	1274	1546	1599	1599	1638	1671	1693	1705	1791
	男性	814	945	974	965	976	973	987	992	1044
	女性	460	601	625	634	662	698	706	713	747
服务业	总计	3079	3674	3735	3919	3992	4205	4302	4344	4459
	男性	1351	1573	1594	1678	1703	1846	1868	1869	1900
	女性	1728	2101	2141	2241	2289	2359	2434	2475	2559
其他	总计	21	21	21	20	20	13	7	6	6
	男性	18	20	17	17	18	10	6	5	5
	女性	3	2	4	3	1	3	1	1	1
失业人口数(万人)	**总计**	**774**	**804**	**784**	**701**	**833**	**672**	**624**	**664**	**725**
	男性	359	341	326	287	344	276	264	286	314
	女性	415	462	457	414	488	396	361	378	411
城市失业人口数(万人)	总计	738	752	734	659	779	634	581	616	678
	男性	343	321	307	271	322	260	244	264	292
	女性	394	431	427	389	457	374	338	352	385

表 3.2.1　劳动力人口——巴西

（续表）

		2001[1]	2006	2007	2008	2009	2011	2012	2013	2014
失业率(%)	总计	**9.4**	**8.4**	**8.1**	**7.1**	**8.3**	**6.7**	**6.1**	**6.5**	**6.9**
	男性	7.5	6.3	6.0	5.1	6.1	4.9	4.6	4.9	5.3
	女性	11.9	11.0	10.8	9.6	11.0	9.1	8.2	8.5	8.8
城市失业率(%)	总计	10.7	9.5	9.1	8.0	9.2	7.4	6.7	7.1	7.5
	男性	8.8	7.4	6.9	5.9	7.0	5.5	5.1	5.5	5.9
	女性	13.4	12.1	11.9	10.5	12.0	9.8	8.8	9.0	9.5
25岁以下人口失业率(%)	总计	17.9	17.7	16.8	15.5	17.8	15.3	14.6	15.0	17.0
	男性	14.7	13.8	12.9	11.8	13.8	12.1	11.4	12.3	13.8
	女性	22.5	22.9	21.9	20.5	23.1	19.8	18.9	18.7	21.2

资料来源：

巴西国家地理与统计局，全国住户抽样调查，2001-2014年。

脚注：

根据最近人口估计修订后数据。

15岁及15岁以上的人口。

(1)2001年不包括朗多尼亚、阿克里、亚马逊、罗赖马、帕拉和阿马帕州的农村人口。

(2)工业活动：制造业、采矿和采掘业，电、气、水的供应业。

表 3.2.2 劳动力人口——俄罗斯

	2000	2006	2007	2008	2009	2010	2011	2012	2013	2014	2015
劳动力人口数(万人)	**7280**	**7440**	**7530**	**7570**	**7570**	**7550**	**7580**	**7570**	**7550**	**7540**	**7659**
男性	3763	3759	3812	3859	3850	3860	3872	3872	3872	3873	3943
女性	3514	3682	3717	3711	3719	3688	3706	3696	3681	3670	3715
就业人口数(万人)	**6510**	**6920**	**7080**	**7100**	**6940**	**6990**	**7090**	**7150**	**7140**	**7150**	**7232**
男性	3357	3481	3570	3610	3507	3557	3603	3647	3648	3661	3714
女性	3150	3436	3507	3490	3434	3437	3482	3508	3491	3493	3519
按年龄划分的就业人口数(%)											
15–24岁	12.2	11.3	11.2	11.6	10.9	10.4	10.1	9.0	9.2	8.4	7.6
25–59岁	82.8	85.2	85.0	84.5	85.0	85.4	85.4	86.4	86.1	86.8	87.3
60岁及以上	5.0	3.6	3.8	3.9	4.1	4.2	4.5	4.6	4.7	4.8	5.1
按行业划分的就业人口数(万人)											
农业、林业和渔业	943	683	630	606	574	540	545	524	500	481	485
工业(1)	1570	1575	1570	1516	1420	1430	1435	1455	1440	1427	1418
建筑业	333	448	490	541	490	510	511	532	540	542	548
贸易	801	1058	1110	1077	1060	1090	1125	1150	1150	1147	1151
服务业(2)	2857	3150	3280	3356	3395	3420	3468	3490	3510	3555	3627
其他(3)	2	3	2	5	3	2	3	3	3	2	3
失业人口数(万人)	**770**	**530**	**450**	**470**	**630**	**550**	**490**	**410**	**410**	**390**	**426**
男性	406	279	242	249	343	303	268	225	224	212	230
女性	364	246	210	221	285	251	224	188	190	177	197
失业率 (%)	**10.6**	**7.1**	**6.0**	**6.2**	**8.3**	**7.3**	**6.5**	**5.5**	**5.5**	**5.2**	**5.6**
城市失业率 (%)	10.7	5.7	4.7	5.2	7.4	6.3	5.5	4.5	4.6	4.3	4.8
25岁以下人口失业率 (%)	20.7	16.4	14.4	14.0	18.5	16.9	15.2	14.8	13.8	13.7	16

资料来源：

俄罗斯联邦统计局，劳动力抽样调查。

脚注：

(1)包括能源。

(2)包括：住宿和餐饮、交通运输和通信、金融活动、房地产、租赁和商业活动、公共行政和防务、社会保障、教育卫生和社会工作，以及其他社区、社会及个人服务活动。

(3)包括家庭活动和境外组织机构的活动。

表 3.2.3　劳动力人口——印度

		2000	2006	2008	2010	2012
劳动力人口数(万人)	**总计**	**37360**	**41273**	**41679**	**40839**	**42986**
	男性	25560	28223	29198	29344	31090
	女性	11800	13046	12481	11496	11896
就业人口数(万人)	**总计**	**36537**	**40292**	**40754**	**40002**	**42045**
	男性	24936	27491	28490	28768	30432
	女性	11601	12801	12264	11234	11613
按年龄划分的就业人口数(万人)[(1)]						
15-24岁	总计	7580	8154	7696	6884	6781
	男性	5206	5801	5560	5036	4990
	女性	2376	2359	2142	1849	1793
25-59岁	总计	25523	28629	29569	29682	31639
	男性	17352	19254	20383	21197	22740
	女性	8166	9374	9192	8476	8906
60岁及以上	总计	2463	2801	2976	3007	3292
	男性	1862	2049	2253	2264	2513
	女性	602	748	724	738	780
按行业划分的就业人口数(万人)						
农业、林业和渔业	总计	22557	23370	23352	21281	20560
	男性	13704	14021	14302	13550	13271
	女性	8854	9332	9039	7718	7290
采矿和采掘业	总计	206	242	204	240	227
	男性	169	220	171	230	192
	女性	36	38	37	34	34
制造业	总计	3910	4875	4687	4400	5298
	男性	2776	3271	3419	3193	3743
	女性	1137	1587	1263	1213	1555
电、气、水的供应业	总计	92	110	110	120	219
	男性	88	110	114	86	189
	女性	3			11	29
建筑业	总计	1576	2337	2608	3840	4457
	男性	1388	2089	2336	3251	3749
	女性	185	230	282	573	707
贸易、住宿和餐饮业	总计	3582	4029	4198	4320	4608
	男性	3126	3546	3704	3855	4044
	女性	464	474	466	483	561
交通、仓储和通信业	总计	1288	1652	1712	1720	2031
	男性	1254	1622	1681	1697	1957
	女性	38	38	49	45	75
其他服务业	总计	3350	3626	3872	4120	4654
	男性	2464	2584	2735	2934	3287
	女性	904	1063	1128	1146	1361
失业率(%)	**总计**	**2.2**	**2.4**	**2.2**	**2.0**	**2.2**
	男性	2.4	2.6	2.4	2.0	2.1
	女性	1.7	1.9	1.7	2.3	2.4
城市失业率(%)	总计	4.7	4.8	4.1	3.4	3.4
	男性	4.5	4.5	3.8	2.8	3.0
	女性	5.7	6.3	5.2	5.7	5.2

资料来源：

印度统计和计划执行部，《全国抽样调查报告：印度就业和失业状况》(各期)。

脚注：

数据基于全国抽样调查队的抽样调查报告，调查期为上年7月至当年6月(本表中所标识的年份)。比如2000年数据是1999年7月到2000年6月的数据。

该数据是基于通常经济活动状态，即同时考虑了主要和次要经济活动后得出的结论。

(1)0-14岁人口特别是10-14岁人口中也有被雇佣工作的。

表 3.2.4　劳动力人口——中国

	2000	2006	2007	2008	2009	2010	2011	2012	2013	2014	2015
就业人口数(万人)[1]	**72085**	**74978**	**75321**	**75564**	**75828**	**76105**	**76420**	**76704**	**76980**	**77250**	**77451**
按年龄划分的就业人口数(%)[1]											
16-24岁	15.9	12.4	11.9	12.1	12.4	14.3	13.4	12.0	11.4	10.4	9.5
25-59岁	77.8	79.4	79.5	79.1	78.7	78.2	78.7	79.1	79.3	79.7	81.4
60岁及以上	6.4	8.2	8.7	8.9	8.9	7.5	7.9	8.9	9.3	9.9	9.1
按行业划分的就业人口数(万人)[1]											
农业、林业和渔业	36043	31941	30731	29923	28890	27931	26594	25770	24170	22790	21919
工业[2]	16219	18894	20186	20553	21080	21842	22544	23240	23170	23100	22693
服务业	19823	24143	24404	25087	25857	26332	27282	27690	29640	31360	32839
城镇登记失业人数(万人)	**595**	**847**	**830**	**886**	**921**	**908**	**923**	**917**	**926**	**952**	**966**
城镇登记失业率(%)	3.1	4.1	4.0	4.2	4.3	4.1	4.1	4.1	4.1	4.1	4.1

资料来源：

1. 中华人民共和国国家统计局，《中国统计年鉴》，2000-2015年。
2. 中华人民共和国国家统计局，《中华人民共和国2015年国民经济和社会发展统计公报》。

脚注：

(1)2001年及以后就业人口数据根据第六次全国人口普查数据进行修订。

(2)包括能源和建筑业。

表 3.2.5　劳动力人口——南非

	2000[1]	2006	2007	2008	2009	2010	2011	2012	2013	2014	2015[2]
劳动力人口数(万人)	**1610**	**1730**	**1730**	**1883**	**1860**	**1835**	**1871**	**1920**	**1975**	**2010**	**2100**
就业人口数(万人)	**1230**	**1340**	**1350**	**1458**	**1419**	**1379**	**1407**	**1442**	**1487**	**1515**	**1570**
按年龄划分的就业人口数(%)											
15-24岁	12.9	11.6	11.4	11.1	10.1	9.2	9.0	8.6	8.6	8.3	8.7
25-59岁	84.4	85.5	85.8	86.5	87.5	88.4	88.6	89.1	88.9	89.0	88.7
60-64岁	2.8	2.9	2.8	2.4	2.4	2.4	2.4	2.3	2.5	2.6	2.6
按行业划分的就业人口数(万人)											
农业	136	86	74	82	71	67	64	70	74	70	88
采矿业	43	34	37	35	34	33	33	38	41	43	45
制造业	175	192	196	209	195	184	187	182	181	176	176
公共事业	8	10	9	10	10	9	9	10	13	12	13
建筑业	71	102	105	121	119	111	111	109	115	125	141
贸易业	290	345	334	332	312	307	315	315	313	320	316
运输业	68	68	72	82	80	82	81	86	91	93	90
金融业	102	136	146	178	186	175	182	190	200	203	220
社区和社会服务	210	238	249	278	281	288	303	320	335	349	355
私人住户部门	130	131	126	130	129	124	121	123	124	123	129
其他服务业				0.3	0.5	0.4	0.5	0.4	0.3	0.4	0.4
失业人口数(万人)	**370**	**390**	**390**	**425**	**440**	**456**	**464**	**478**	**489**	**507**	**530**
失业率(%)	**23.3**	**22.6**	**22.3**	**22.5**	**23.7**	**24.9**	**24.8**	**24.9**	**24.7**	**25.1**	**25.3**
25岁以下人口失业率(15-24岁)(%)	45.0	46.7	46.5	45.6	48.3	51.2	50.3	51.7	51.4	51.3	50.1

资料来源：

南非统计局，《劳动力调查》(P0210)；《季度劳动力调查》(P0211)。

脚注：

(1)2000年为9月份数据，不是全年数据，原因是3月份举行的是试点调查。

(2)2015年数据来自2013年的《主要抽样调查》。

图3.1　劳动力人口占总人口比重

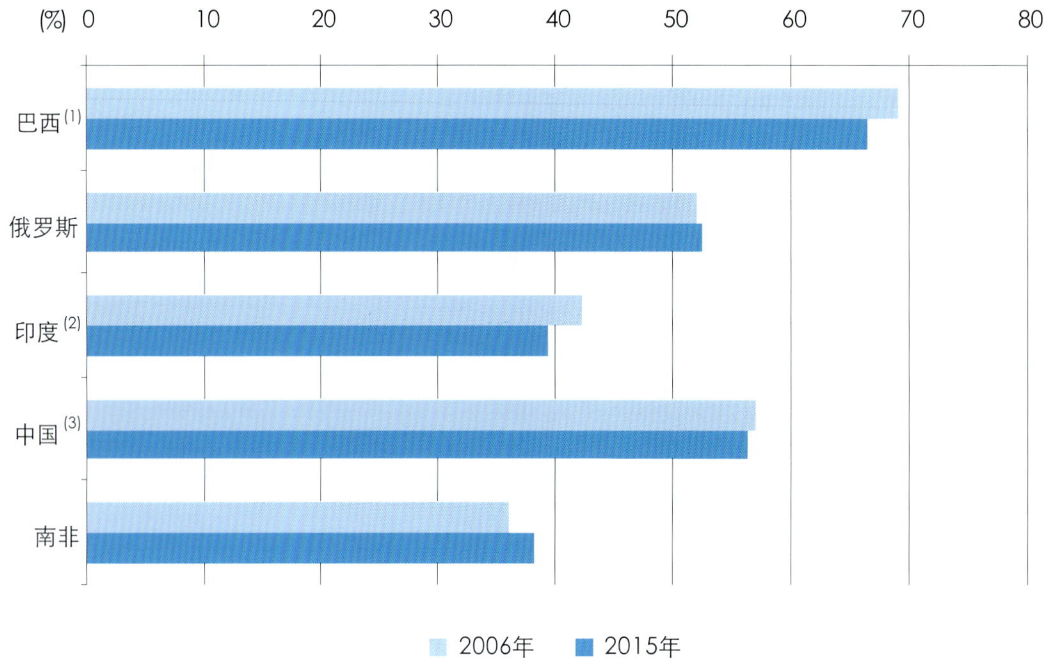

注：（1）巴西2015年数据为2014年数据。

（2）印度2015年数据为2012年数据。

（3）就业人口占总人口比重。

主要统计指标解释

通用解释

劳动力人口　指在一定时期内那些正在从事某项工作（就业人员）、正在寻找工作或随时准备工作（失业人员）的人员。

失业率（UR）　为每100个劳动力中的失业人数，劳动力包括就业人员和失业人员。

就业人员（或工人）　指从事经济活动的人员，或不管从事何种经济活动但因为生病、受伤或其他身体伤残、恶劣天气、节日、社会或宗教活动以及其他原因造成暂时离岗的人员都称之为就业人员。那些在经济活动中，例如在家庭农场和非农场帮助从事无偿劳动者也被称为就业人员。

经济活动状况、劳动力、就业和失业　指的是一个人在一段特定的时期内参与经济活动和非经济活动的状况。根据这个定义，一个人在一段时期内可以处于以下三种广义活动状态中的一种或者处于混合状态中：

一是从事某种经济活动（工作状态）；二是目前没有从事经济活动，但正积极寻找工作，或者一旦有工作可以立即工作；三是没有从事经济活动，并且不准备投身到某项工作中。以上提及的前两种广义状态属于“劳动力”的范畴，即分别属于劳动力概念中的“就业人员”和“失业人员”，而最后一种状态则属于“非劳动力”的范畴。

国家解释

巴西

参照周　是指每年9月份最后一个完整周。

工作　以下几种经济活动状态被认为处于工作状态：

（1）以现金、产品、货物或福利（包括住房、食品、服装等）支付报酬的从事货物和服务生产的职业。

（2）以现金或福利（包括住房、食品和服装等）支付报酬的从事国内服务的职业。

（3）每周至少工作1个小时、无报酬的、从事货物和服务生产的职业，包括：

—对从事初级产品（包括农、林、畜、植物萃取、采矿、狩猎、捕鱼和渔业养殖）有工作者、独自核算或者从事其他任何经济活动雇主的家庭成员进行帮助。

—在宗教、慈善或合作机构帮忙。

—学徒或实习生。

（4）每周至少工作1小时的职业。

—为自己消费或至少1个家庭成员消费而从事的农、林、畜、植物萃取、捕鱼和渔业养殖业的货物生产。

—为自己使用或至少1个家庭成员使用的建筑物，私人道路，并和其他设施改良（不包括单单从事的修理工作）的建筑工作。

就业人员　是指在整个参考周或参考周部分时间从事了工作的人员，包括在参考周由于休假、事假或者罢工等原因而没有从事有偿工作的人员。

失业人员　是指在参考周已经设法寻找工作（包括与雇主联系、登记参加政府职位的官方考试、在就业机构或工会或类似机构进行了登记、发布或应征了求职广告、向亲属或朋友或同事寻求了帮助、采取了行动开设企业等等）但还是没有工作的人员。

俄罗斯

劳动力人口　与国际劳工组织的标准一致。劳动力人口指的是基于就业人口调查的就业和失业人口。经济活动人口监测的是15至72岁的人口。

印度

印度全国抽样调查队（NSSO）在全国和各邦开展就业、失业和劳动力特征的调查。

调查期一般是上年7月至当年6月。然而，也有一些调查六个月进行一次。报告包括经常活动（参考期365天），当前周活动（参考期7天）和每日活动（参考期1天）。

通常主要经济活动状态　通常主要经济活动状态指的是一个人在调查期前365天的活动状态。在过去365天里从事时间相对较长的活动就是此人的通常主要经济活动状态。

通常次要经济活动状态　按照主要时间标准确定了通常主要活动状态的人，在调查日之前的365天或较短的时间里从事了相对来说花费时间更少一些的活动（不少于30天），这种经济活动就被称为这个人的次要经济活动状态。

包含主要活动状态和次要活动状态的通常活动状态　通常活动状态包含了通常主要活动状态和通常次要活动状态。通常活动状态=（ps+ss）。按照通常活动状态（ps+ss）的定义，工人是指从事主要经济活动或次要经济活动的人，也就是说，一个不从事主要经济活动的人在调查日之前的365天里从事了30天及以上次要活动仍被视为工人。

PS：主要经济活动状态　　SS：次要经济活动状态

失业人员　是指在参考周已经设法寻找工作（包括与雇主联系、登记参加政府职位的官方考试、在就业机构或工会或类似机构进行了登记、发布或应征了求职广告、向亲属或朋友或同事寻求了帮助、采取了行动开设企业等等）但还是没有工作的人员，被称作“寻找且可以工作的人”或失业人口。

劳动部劳动局自从2010−11年起开始进行就业和失业的年度调查。

中国

就业人员　指在16周岁及以上，从事一定社会劳动并取得劳动报酬或经营收入的人员。这一指标反映了一定时期内全部劳动力资源的实际利用情况，是研究中国基本国情国力的重要指标。

城镇登记失业人员　指有非农业户口，在一定的劳动年龄内(16周岁至退休年龄)，有劳动能力，无业而要求就业，并在当地就业服务机构进行求职登记的人员。

城镇登记失业率　指城镇登记失业人员与城镇单位就业人员(扣除使用的农村劳动力、聘用的离退休人员、港澳台及外方人员)、城镇单位中的不在岗职工、城镇私营业主、个体户主、城镇私营企业和个体就业人员、城镇登记失业人员之和的比。

福

国民经济核算

表 4.1　国民经济核算概况

	2000	2006	2007	2008	2009	2010	2011	2012	2013	2014	2015
GDP(现价，亿美元)											
巴西(1)(2)	6553	11074	13968	16955	16689	22082	26118	24592	24644	24168	17724
俄罗斯(3)	2600	9900	13000	16610	12230	15249	20339	21543	22317	20530	13321
印度	4766	9851	12472	11051	14352	17436	18238	18297	18633	20439	20354
中国(4)(5)(9)	12113	27527	35538	46006	51103	61013	75757	85603	96113	104834	110060(6)
南非	1360	2720	2990	2870	2970	3750	4170	3970	3660	3500	3130
人均GDP(现价，美元)											
巴西(1)(2)	3778	5911	7373	8852	8623	11295	13231	12343	12258	11919	8668
俄罗斯(3)	1772	6920	9101	11635	8563	10675	14227	15044	15551	14053	9098
印度	468	878	1096	958	1227	1470	1495	1481	1489	1613	1586
中国(4)(9)	959	2100	2697	3473	3839	4561	5636	6338	7081	7684	8027(6)
南非	3034	5664	6146	5818	5938	7389	8090	7592	6890	6483	
GDP增长率(比上年增长，%)											
巴西(1)(2)	4.4	4.0	6.1	5.1	-0.1	7.5	3.9	1.9	3.0	0.1	-3.8
俄罗斯(3)(7)	10.0	8.2	8.5	5.2	-7.8	4.5	4.3	3.5	1.3	0.7	-3.7
印度(10)	7.6	16.3	16.1	12.9	15.1	20.2	12.2	13.9	13.3	10.8	8.7
中国	8.5	12.7	14.2	9.7	9.4	10.6	9.5	7.9	7.8	7.3	6.9(6)
南非	4.2	5.6	5.4	3.2	-1.5	3.0	3.2	2.2	2.2	1.5	1.3
第一产业占GDP的比重(%)											
巴西(1)(2)	5.5	5.1	5.2	5.4	5.2	4.8	5.1	4.9	5.3	5.2	5.2
俄罗斯(3)		4.6	4.4	4.4	4.6	3.8	4.0	3.7	3.8	4.2	4.6
印度(8)	25.3	21.0	21.0	20.4	20.3	21.0	21.7	21.4	21.2	20.0	19.6
中国	14.7	10.6	10.3	10.3	9.8	9.5	9.4	9.4	9.3	9.1	8.9(6)
南非	10.7	10.7	11.3	12.4	11.8	11.9	12.1	11.6	11.3	10.9	10.4
第二产业占GDP比重(%)											
巴西(1)(2)	26.7	27.7	27.1	27.3	25.6	27.4	27.2	26.1	24.9	24.0	22.7
俄罗斯(3)		37.2	36.4	35.9	33.7	34.8	33.8	33.5	32.9	32.1	32.6
印度(8)	23.7	26.1	26.3	25.7	25.2	24.3	29.3	28.6	28.0	27.4	27.1
中国	45.5	47.6	46.9	46.9	45.9	46.4	46.4	45.3	44.0	43.1	40.9(6)
南非	24.5	21.3	21.3	22.1	21.6	20.9	20.3	20.5	20.9	21.0	20.7
第三产业占GDP比重(%)											
巴西(1)(2)	67.7	67.2	67.7	67.3	69.2	67.8	67.7	69.0	69.8	70.8	72.0
俄罗斯(3)		58.2	59.2	59.7	61.7	61.4	62.2	62.9	63.3	63.7	62.8
印度(8)	51.0	52.9	52.7	53.9	54.5	54.6	49.0	50.0	50.9	52.6	53.3
中国	39.8	41.8	42.9	42.8	44.3	44.1	44.2	45.3	46.7	47.8	50.2(6)
南非	64.8	68.0	67.4	65.5	66.6	67.2	67.5	67.9	67.8	68.1	68.9

资料来源：

巴西

巴西国家地理与统计局，国民账户体系，2000–2015年。

俄罗斯

俄罗斯联邦统计局。

印度

1.印度统计和计划执行部中央统计局。

2.印度储备银行/印度外汇交易经纪人协会。

中国

中华人民共和国国家统计局。

南非

南非统计局和南非储备银行。

脚注：

巴西

(1)2012、2013、2014、2015年数据由季度GDP数据加工得到。

(2)2012、2013、2014、2015年数据为初步数据。

俄罗斯

(3)2013、2014和2015年数据为初步数据。

(7)可比价数据。

印度

2000—2010年数据采用的是2004/2005年旧的基期价格，2011年及以后采用的是2011/12基期价格。

(8)2010/11年前，各产业增加值比重是按照生产要素成本计算的；2011/12年以后，是按照基本价格计算的。(10)名义GDP增长率。

中国

(4)按美元计算的GDP和人均GDP利用年平均汇率进行折算。

(5)GDP按生产者价格计算。

(6)初步数据。

(9)2016年，中国不再将R&D计入中间消费，而是计入资本形成。这一变动对GDP的计算有影响，因此历史数据也做了相应的修订。

表 4.2.1　国民经济核算——巴西

	2006	2007	2008	2009	2010	2011	2012	2013	2014[1]	2015[1]
GDP（现价，亿雷亚尔）	**24094**	**27203**	**31098**	**33330**	**38858**	**43737**	**48059**	**53165**	**56873**	**59043**
GDP物量指数(上年=100)	104.0	106.1	105.1	99.9	107.5	103.9	101.9	103.0	100.1	96.2
GDP缩减指数(上年=100)	106.8	106.4	108.8	107.3	108.4	108.3	107.8	107.4	106.9	108.0
人均GDP增长率（%）	2.7	4.9	4.0	-1.2	6.5	2.9	1.0	2.1	-0.8	-4.6
固定资本形成总额指数(上年=100)	106.7	112.0	112.3	97.9	117.9	106.7	100.8	105.8	95.5	85.9
生产法GDP及其构成项（现价，亿雷亚尔）	**24094**	**27203**	**31098**	**33330**	**38858**	**43737**	**48059**	**53165**	**56873**	**59043**
第一产业	1053	1202	1421	1492	1599	1900	2007	2403	2548	2636
第二产业	5673	6291	7179	7292	9042	10109	10648	11318	11692	11494
第三产业	13767	15703	17665	19713	22388	25168	28199	31665	34540	36423
生产税净额(亿雷亚尔)	3602	4007	4833	4833	5830	6559	7205	7779	8094	8490
支出法GDP及其构成项（现价，亿雷亚尔）	**24094**	**27203**	**31098**	**33330**	**38858**	**43737**	**48059**	**53165**	**56873**	**59043**
最终消费支出	19149	21441	24434	27200	30791	34533	38423	42838	46562	49343
固定资本形成总额	4147	4895	6028	6367	7979	9008	9956	11138	11474	10725
存货增加	146	496	695	-102	492	533	334	416	392	-267
货物和服务净出口	652	371	-59	-134	-405	-337	-654	-1227	-1555	-757
最终消费率（%）	**79.5**	**78.8**	**78.6**	**81.6**	**79.2**	**79.0**	**79.9**	**80.6**	**81.9**	**83.6**
资本形成率（%）	**17.2**	**18.0**	**19.4**	**19.1**	**20.5**	**20.6**	**20.7**	**20.9**	**20.2**	**18.2**

资料来源：

巴西国家地理与统计局，国民账户体系，2000−2015年。

脚注：

(1)数据为初步数据，由季度数据加工得到。

表 4.2.2　国民经济核算——俄罗斯[1]

	2000	2006	2007	2008	2009	2010
GDP（现价，亿卢布）	**73056**	**269172**	**332475**	**412768**	**388072**	**463085**
GDP物量指数(上年=100)	110.0	108.2	108.5	105.2	92.2	104.5
GDP缩减指数(上年=100)	137.6	115.2	113.8	118.0	102.0	114.2
人均GDP指数(上年=100)	110.5	108.5	108.7	105.3	92.2	104.5
固定资本形成总额指数(上年=100)	118.1	118.0	121.0	110.6	85.6	105.9
生产法GDP及其构成项（亿卢布）						
总计[2]		**229773**	**284845**	**351827**	**338313**	**400401**
第一产业		10394	12564	15493	15851	15485
第二产业		85544	103806	127079	113810	138924
第三产业		133836	168475	209255	208653	245992
支出法GDP及其构成项（亿卢布）						
最终消费支出	44768	178097	219686	275435	292696	325146
固定资本形成总额	12320	49806	69804	92008	85357	100143
存货增加	1337	7182	10537	13253	-11909	4583
货物和服务净出口	14631	34259	28666	38126	28877	37397
最终消费率（%）	**61.3**	**66.1**	**66.8**	**65.9**	**74.1**	**69.6**
资本形成率（%）	**16.9**	**18.5**	**21.2**	**22.0**	**21.7**	**21.4**

表 4.2.2　国民经济核算——俄罗斯 [1]

（续表）

	2011	2012	2013	2014	2015
GDP（现价，亿卢布）	**596981**	**669269**	**710167**	**779451**	**808043**
GDP物量指数(上年=100)	104.3	103.5	101.3	100.7	96.3
GDP缩减指数(上年=100)	115.9	108.3	104.8		107.7
人均GDP指数(上年=100)	104.2	103.3	101.1	99.0	96.1
固定资本形成总额指数(上年=100)	109.1	106.0	100.9	97.4	92.4
生产法GDP及其构成项（亿卢布）					
总计 [2]	**514997**	**577592**	**617523**	**676529**	**723647**
第一产业	20405	21193	23615	28454	33505
第二产业	174236	193325	202960	217180	235942
第三产业	320356	363073	390947	430895	454200
支出法GDP及其构成项（亿卢布）					
最终消费支出	410616	470844	523238	564876	590673
固定资本形成总额	119360	135219	143566	166510	176678
存货增加	18461	18319	6499	-2154	-9064
货物和服务净出口	48544	45379	39884	51679	67275
最终消费率（%）	**68.7**	**70.3**	**73.3**	**72.4**	**71.7**
资本形成率（%）	**20.1**	**20.2**	**20.2**	**21.3**	**21.3**

资料来源：

俄罗斯联邦统计局。

脚注：

(1)自2014年起根据2008 SNA标准进行核算，因此数据与2014年前的不完全可比。

(2)以基本价格计算的按经济活动划分的增加值总额。

表 4.2.3　国民经济核算——印度

(基期 2004-05年=100)

	2000	2006	2007	2008	2009	2010
GDP(现价，亿卢比)	**217741**	**429471**	**498709**	**563006**	**647783**	**778412**
按要素成本计算的增加值(现价，亿卢比)	200074	395328	458209	530357	610890	724886
国民总收入(现价，亿卢比)	215468	426147	496658	559714	643983	770231
按要素成本计算的增加值(可比价，亿卢比)(1)	234848	356436	389664	415868	451607	491853
按要素成本计算的人均增加值(现价，卢比)	19634	35234	40264	45958	52213	61120
按市场价格计算的人均GDP(现价，卢比)	21368	38277	43823	48787	55366	65633
可比价GDP指数(上年=100，%)	103.8	109.3	109.8	103.9	108.5	110.3
GDP增长速度(2)		9.3	9.8	3.9	8.5	10.3
人均增加值增长率(要素成本)(可比价，%)	2.3	8.0	7.8	5.2	7.1	7.4
生产法GDP及其构成(现价，要素成本价，亿卢比)						
第一产业	50648	82977	96133	108303	124282	152455
第二产业	47432	103341	120546	136043	153649	176358
第三产业	101994	209009	241530	286011	332959	396072
支出法GDP及其构成(现价，亿卢比)						
最终消费支出(3)	168006	292014	335375	386462	447872	525046
资本形成总额(4)	52830	153143	190076	193138	236313	284146
固定资本形成总额	49520	134377	164167	182110	205577	240707
存货增加(5)	1516	14710	20153	10679	17917	27351
最终消费率(%)	**77.2**	**68.0**	**67.2**	**68.6**	**69.1**	**67.5**
资本形成率(%)	**24.3**	**35.7**	**38.1**	**34.3**	**36.5**	**36.5**
货物和服务净出口(亿卢比)	**-1939.7**	**-13566.3**	**-20020.2**	**-28527.5**	**-34835.9**	**-33998.9**
国内储蓄总额(现价)(亿卢比)	**51554.5**	**148590.8**	**183633.2**	**180261.9**	**218233.8**	**262174.2**
人口(亿人)(6)	**10.2**	**11.2**	**11.4**	**11.5**	**11.7**	**11.9**
汇率(美元/卢比，年平均)(7)	**45.7**	**43.6**	**40.0**	**50.9**	**45.1**	**44.6**

表 4.2.3 国民经济核算——印度

（基期 2011-12年=100）（续表）

	2011	2012	2013	2014	2015
GDP（现价，亿卢比）	**873604**	**995134**	**1127276**	**1248821**	**1357609**
按基本价格计算的增加值(现价，亿卢比)	810666	921002	1038081	1147241	1227941
国民总收入(现价，亿卢比)	865922	983458	1113288	1234077	1341875
按基本价格计算的增加值(可比价，亿卢比)(1)	810666	854655	908437	972749	1042719
按基本价格计算的人均增加值(现价，卢比)	66448	74575	82980	90548	95709
按市场价格计算的人均GDP(现价，卢比)	71607	80578	90110	98565	105815
可比价GDP指数(上年=100，%)		105.6	106.6	107.2	107.6
人均增加值增长率(基本价格，可比价，%)		4.3	5.3	5.9	6.2
GDP增长速度 (2)		5.6	6.6	7.2	7.6
生产法GDP及其构成（现价，基本价格，亿卢比）	**176285**	**196658**	**219843**	**229955**	**241175**
第一产业	237402	263674	290222	313838	333118
第二产业	396979	460670	528016	603448	653648
第三产业	17629	19666	21984	22996	24118
支出法GDP及其构成（现价，亿卢比）					
最终消费支出(3)	587882	673229	766093	855851	951676
资本形成总额(4)	340290	384274	391160	427616	
固定资本形成总额	299762	332141	356432	384437	397240
存货增加(5)	20685	21236	17997	22056	23444
最终消费率（%）	**67.3**	**67.7**	**68.0**	**68.5**	**70.1**
资本形成率（%）	**39.0**	**38.6**	**34.7**	**34.2**	
货物和服务净出口（亿卢比）	**-57162.3**	**-66872.1**	**-33563.9**	**-37205.7**	**-34411.3**
国内储蓄总额（现价）（亿卢比）	**302672.4**	**336482.3**	**372504.6**	**411670.0**	
人口（亿人）(6)	**12.2**	**12.4**	**12.5**	**12.7**	**12.8**
汇率（美元/卢比，年平均）(7)	**47.9**	**54.4**	**60.5**	**61.1**	**66.7**

资料来源：

1.印度统计和计划执行部中央统计局，国民经济核算统计司。数据第一次修订时间为2016年1月29日，初步数据发布时间为2016年5月31日。

脚注：

所有数据均指财政年度数据，即当年4月至下年3月。

2000-2010年数据采用的是2004/2005年旧的基期价格，2011年及以后采用的是2011/2012年新的基期价格。

2014年数据为修订数据，2015年数据为初步数据。

(1)2000-2010年数据采用的是2004/2005年旧的基期价格，2011年及以后采用的是2011/2012基期价。

(2)2006-2010年数据采用的是2004/2005年旧的基期价格，2012年及以后采用的是2011/2012基期价。

(3)包括私人和政府部门的最终消费支出。

(4)包括贵重物品。

(5)不包括贵重物品。

(6)人口指的是10月1日的人口。

(7)截至2014年，汇率为外汇交易商协会与印度储备银行的平均值。2015年资料来源为www.irs.gov.in。因此，2015/2016财年，一美元可以平均兑换66.7卢比。

表 4.2.4 国民经济核算——中国[5]

	2000	2006	2007	2008	2009	2010	2011	2012	2013	2014	2015[1]
GDP(现价，亿人民币)	**100280**	**219438**	**270232**	**319516**	**349081**	**413030**	**489301**	**540367**	**595244**	**643974**	**685506**
国民总收入(现价，亿美元)[2]	**11967**	**27475**	**35619**	**46292**	**51017**	**60753**	**75053**	**85405**	**95334**	**104967**	**109601**
GDP物量指数(可比价，上年=100)	**108.5**	**112.7**	**114.2**	**109.7**	**109.4**	**110.6**	**109.5**	**107.9**	**107.8**	**107.3**	**106.9**
人均GDP增长率 (%)	**7.6**	**12.1**	**13.6**	**9.1**	**8.9**	**10.1**	**9.0**	**7.3**	**7.2**	**6.8**	**6.4**
生产法GDP及其构成项(现价,亿人民币)[3]	**100280**	**219438**	**270232**	**319516**	**349081**	**413030**	**489301**	**540367**	**595244**	**643974**	**685506**
按产业分[4]											
第一产业	14717	23317	27788	32753	34162	39363	46163	50902	55329	58344	60870
第二产业	45665	104362	126634	149957	160172	191630	227039	244643	261956	277572	280560
第三产业	39898	91760	115811	136806	154748	182038	216099	244822	277959	308059	344075
按行业分[4]											
农林牧渔业	14944	24036	28624	33699	35223	40530	47483	52369	56974	60166	62919
工业	40260	92238	111694	131728	138095	165126	195143	208906	222338	233856	235183
建筑业	5534	12450	15348	18808	22681	27259	32927	36896	40897	44880	46547
批发和零售业	8159	16531	20938	26182	29002	35904	43731	49831	56284	62423	66204
交通运输、仓储和邮政业	6162	12186	14605	16368	16522	18784	21842	23763	26043	28501	30371
住宿和餐饮业	2146	4793	5548	6616	6957	7712	8565	9537	10228	11158	12159
金融业	4836	9952	15174	18313	21798	25680	30679	35188	41191	46665	57500
房地产业	4149	10370	13810	14739	18967	23570	28168	31248	35988	38001	41308
其他	14091	36882	44492	53063	59835	68464	80764	92629	105303	118323	133315
支出法GDP及其构成项(现价,亿人民币)	**100577**	**221207**	**271699**	**319936**	**349883**	**410708**	**486038**	**540989**	**596963**	**647182**	**696594**
最终消费支出	63668	114729	136229	157466	172728	198998	241022	271113	300338	328313	359516
固定资本形成总额	33528	87223	105052	128002	156735	185827	219671	244601	270924	290053	301961
存货增加	998	2600	6995	10241	5383	10826	13656	10639	11149	12664	11110
货物和服务净出口	2383	16655	23423	24227	15037	15057	11688	14636	14552	16152	24007
最终消费率(%)	**63.3**	**51.9**	**50.1**	**49.2**	**49.4**	**48.5**	**49.6**	**50.1**	**50.3**	**50.7**	**51.6**
资本形成率(%)	**34.3**	**40.6**	**41.2**	**43.2**	**46.3**	**47.9**	**48.0**	**47.2**	**47.3**	**46.8**	**44.9**

资料来源：

中华人民共和国国家统计局。

脚注：

(1)初步数据。

(2)按美元计算的国民总收入利用年平均汇率进行折算。

(3)生产法GDP各构成项按生产者价格计算。

(4)2014年后，三次产业分类开始采用国家统计局2012年制定的《三次产业划分规定》，并且对历史数据进行了相应修订。

中国的三次产业划分标准：第一产业是指农、林、牧、渔业(不含农、林、牧、渔服务业)；第二产业是指采矿业(不含开采辅助活动)，制造业(不含金属制品、机械和设备修理业)，电力、热力、燃气及水生产和供应业，建筑业；第三产业是指除第一产业、第二产业以外的其他行业。

(5)2016年，中国不再将R&D计入中间消费，而是计入资本形成。这一变动对GDP的计算有影响，因此历史数据也做了相应的修订。

表 4.2.5　国民经济核算——南非

	2000	2006	2007	2008	2009	2010	2011	2012	2013	2014	2015
GDP(现价)(亿兰特)	**9463**	**18394**	**21095**	**23691**	**25077**	**27480**	**30250**	**32625**	**35343**	**37971**	**39910**[1]
GDP物量指数(2010年=100)[2]	71.1	90.7	95.5	98.6	97.0	100.0	103.2	105.5	107.8	109.5	110.9
GDP缩减指数(2010年=100)[2]	48.4	73.8	80.4	87.5	94.0	100.0	106.7	112.5	119.3	126.2	130.9
人均GDP增长率(%)	2.1	4.2	3.9	1.8	-2.9	1.5	1.7	0.7	0.6	-0.1	
固定资本形成总额指数(2005年=100)	68.0	112.1	127.8	143.9	134.3	129.1	136.5	141.4	152.2	151.6	153.7
固定资本形成总额指数(2010年=100)	52.7	86.9	98.8	111.5	104.1	100.1	105.7	109.5	117.9	117.4	119.1
生产法GDP及其构成项(亿兰特)	**9463**	**18394**	**21095**	**23691**	**25077**	**27480**	**30250**	**32625**	**35343**	**37965**	
第一产业[3]	920	1757	2134	2654	2689	2960	3310	3417	3583	3713	3700
第二产业[4]	2114	3497	4019	4724	4909	5221	5534	6025	6638	7166	7361
第三产业[5]	5590	11168	12694	13994	15174	16768	18407	19955	21509	23172	24545
支出法GDP及其构成项(亿兰特)	**9533**	**18111**	**20873**	**23739**	**25198**	**27481**	**30060**	**32390**	**34901**	**37732**	**39779**
最终消费支出	7712	14716	16728	18638	19904	21777	24007	26255	28593	30711	32397
固定资本形成总额	1478	3481	4355	5570	5394	5294	5667	6145	7084	7692	8001
存货增加	71	231	71	-86	-202	68	124	411	28	36	-215
货物和服务净出口	273	-318	-282	-384	102	341	262	-420	-803	-707	-404
最终消费率（%）	**81.5**	**80.0**	**79.3**	**78.7**	**79.4**	**79.2**	**79.4**	**80.5**	**80.9**	**80.9**	**81.2**
资本形成率（%）	**15.7**	**20.2**	**21.0**	**23.2**	**20.7**	**19.5**	**19.1**	**20.1**	**20.1**	**20.4**	**19.5**

资料来源：

南非统计局和南非储备银行。

脚注：

(1)2015年数据由季度数据加工得到。

(2)基期为2010年=100。

(3)第一产业包括农业、采矿和林业。

(4)第二产业包括制造业，电、气、水的生产和供应业，建筑业。

(5)第三产业包括批发，零售和汽车贸易业，住宿和餐饮，运输、仓储和通信，金融，房地产，商务服务业，政府服务和个人服务业。

图4.1 国内生产总值（现价）

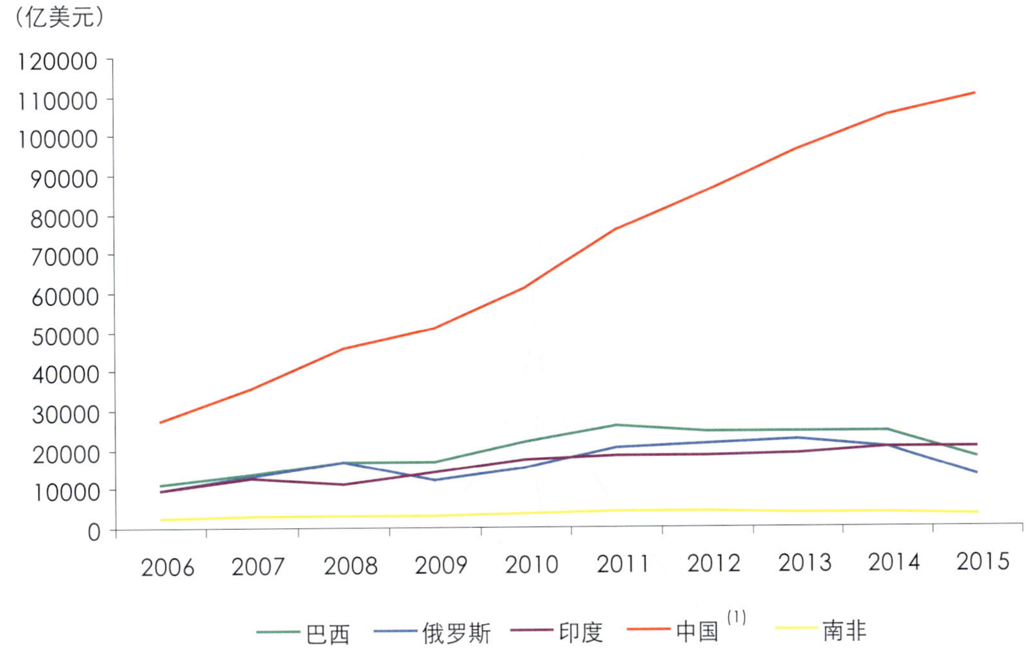

注：（1）2015年中国数据为初步数据。

图4.2 人均国内生产总值（现价）

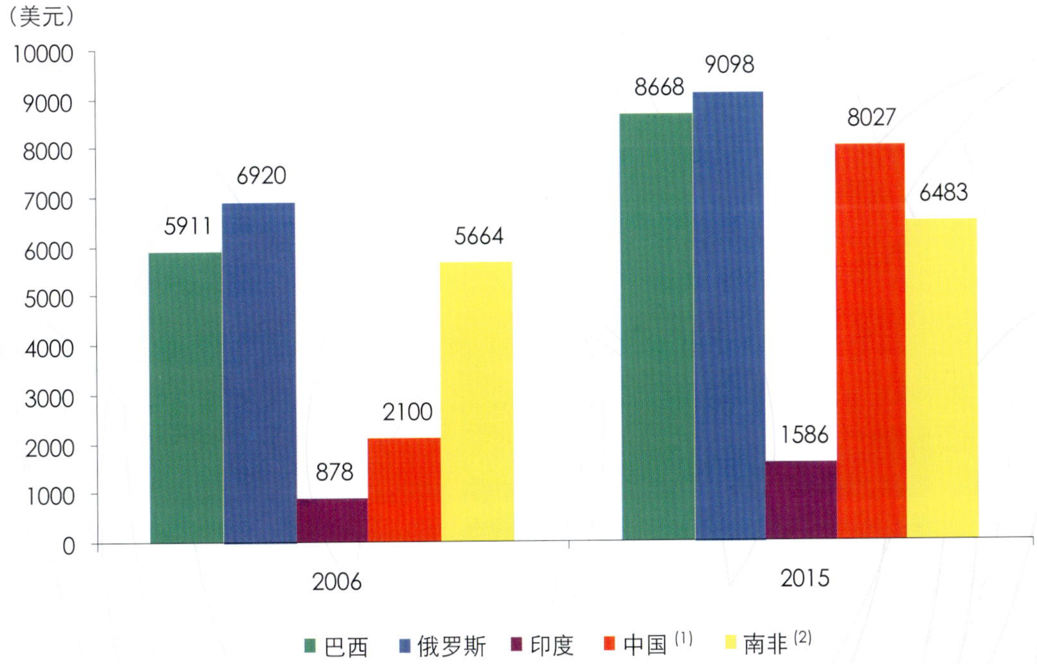

注：（1）2015年为初步数据。
（2）2015年数据为2014年数据。

图4.3　三次产业占GDP比重（2006年）

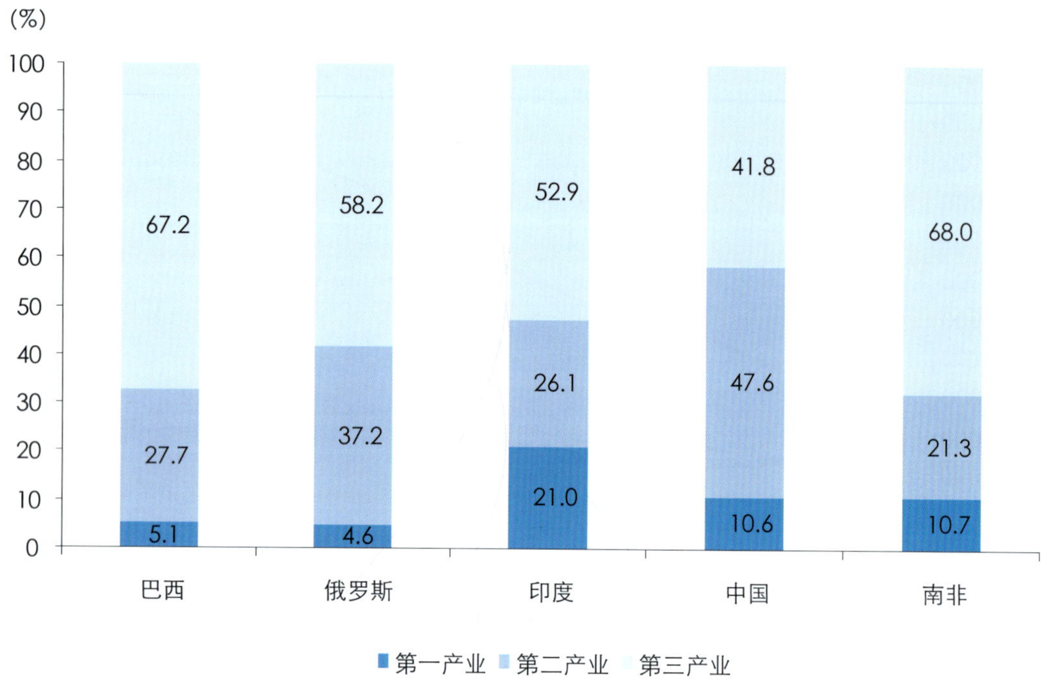

图4.4　三次产业占GDP比重（2015年）

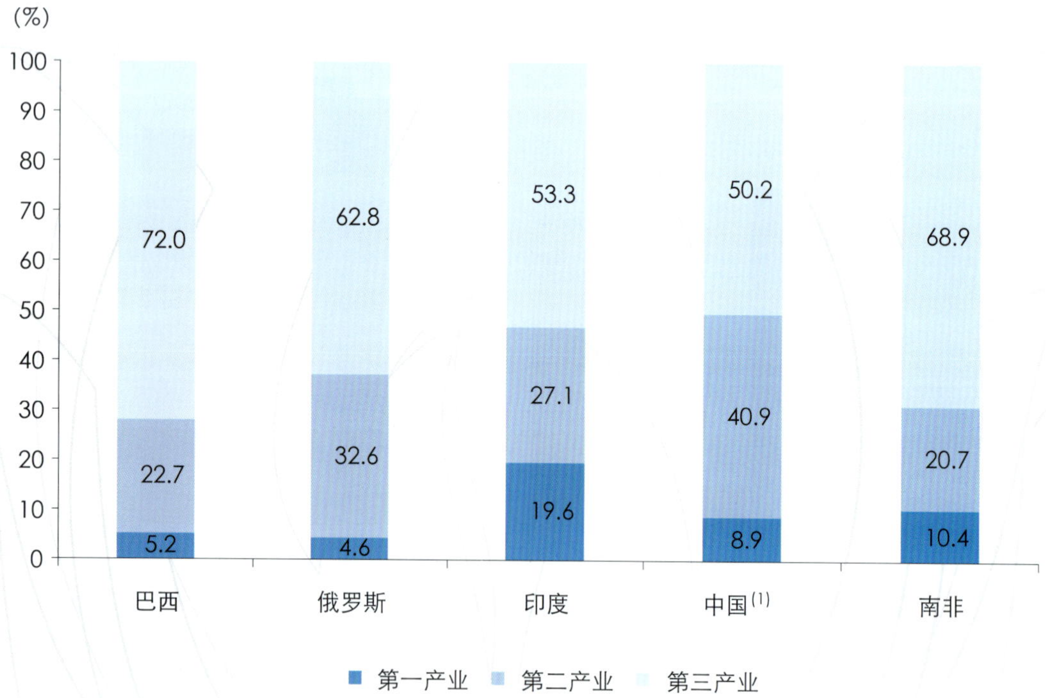

注：（1）初步数据。

主要统计指标解释

通用解释

国内生产总值 国家产出是指一个国家或地区在一定时期内所生产的全部商品和服务的货币价值量，不可重复计算。由于商品和服务均有不同的测算单位，所以不能直接相加，只能按价值量测算。在封闭的经济体，这些价值之和等于国内产出（即国内生产总值）。

国民总收入（GNI） 一国不是封闭经济体，与其他国家有出口、进口和借贷关系，这就产生了国民和国家的概念。GDP指的是该国境内所有常住单位的生产总值，这与国内常住单位所有的生产性活动的生产总值概念不完全相同，这是因为有些常住单位的生产性活动可能发生在国外。相反，一些在国境内的生产活动有可能来自外籍劳工的临时性或季节性劳动。

GNI= GDP+本国居民从国外获得的报酬和财产性收入 -外国居民从国内获得的报酬和财产性收入

政府最终消费支出 政府最终消费支出包括员工报酬、政府在国内外采购货物和服务的支出。政府的雇员报酬包括工资、薪金和社会保障缴款。

第一产业 农业、林业、畜牧业、渔业和矿业。

第二产业 制造业，电、气、水的生产和供应业，建筑业。

第三产业 国民经济中除第一、第二产业之外的产业。

巴西

支出法GDP 支出法GDP指的是国内生产总值是由最终消费支出、资本形成总额和净出口构成。

固定资本形成总额 是指核算期内常住单位购置、转入和自产自用的固定资产，扣除固定资产的销售和转出后的价值。

固定资本形成总额 = 核算期内常住单位购买产品的价值-销售或处置的价值+附加在固定资产上的特定服务性支出。

资本形成总额 指常住单位在一定时期内获得的减去处置的固定资产和存货的净额，包括固定资本形成总额和存货增加。

货物和服务支出 指为得到出售者提供给购买者或其指定的其他机构单位的货物或者服务，购买者向出售者支付或同意支付的价值额。

货物和服务帐户 该账户记录了作为来源的产出和进口的货物和服务（包括在产出中未包含的产品税净项）与作为使用的用于中间消耗、最终消费和资本形成与出口的同类货物和服务之间的平衡。

最终消费支出 指的是货物和服务的消费支出。

居民最终消费支出 指的是住户部门最终消费支出，包括必须间接估算的由常住居民家庭支付的货物和服务个人消费支出，包括那些按不经济价格出售的货物和服务以及在国外获得商品和服务的支出。

政府最终消费支出 指的是政府部门的支出，包括必须间接估算的政府部门发生的用于个人的货物和服务支出以及集体服务消费支出。

为住户服务的非营利机构最终消费支出 为住户服务的非营利机构支出，包括必须间接估算的由常住为住户服务的非营利机构发生的用于个人消费的货物和服务支出以及可能的集体消费的支出。

存货 指的是作为生产资产的货物或服务，成形于当期或更早时间，准备在以后销售或者用于生产或其他用途。

第一产业 农业，林业，畜牧业和渔业。

第二产业 采矿业，制造业，电力，气，水和建筑业。

第三产业 经济中的其他产业。

俄罗斯

第一产业 农业，林业，畜牧业和渔业。

第二产业 采矿业，制造业，电力，气，水和建筑业。

第三产业 经济中的其他产业。

以市场价格计算的国内生产总值(GDP) 为一个国家所有生产单位的生产活动成果。GDP核算可采取以下三种方法：生产法、支出法和收入法。生产法GDP为全国货物和服务的总产出与中间消耗之间的差额，也就是各行业的增加值总和。支出法GDP为全国所有机构单位支出的总和，即最终消费支出、资本形成总额和净出口。收入法GDP为全国按部门划分的所有机构单位生产过程中累积的初次收入总和。

最终消费支出 包括居民最终消费支出、公共管理部门用于个人消费的货物和服务支出与集体服务消费的支出以及为住户服务的非营利机构最终消费支出。

资本形成总额 为常住单位当期生产或进口的、但不用于当期消费的货物和服务的净购买。资本形成总额包括固定资本形成总额、库存变动以及贵重物品的净购买额。

货物和服务净出口 为出口与进口之间的差额，包括俄罗斯与其他国家之间的贸易量。

印度

印度统计和计划执行部中央统计局每年都公布国民经济核算统计数据。这些数据是基于财政年来计算的，即当年的4月至来年的3月。在每年的1月，印度中央统计局会发布前一年统计数据的快报，在有更加充分的统计资料后，对这些数据会进行进一步的修订。印度中央统计局也会在财年结束的前2个月，发布该财年数据的预测值。印度中央统计局生产一系列的指标，包括GDP,NDP,GNP,要素和市场价格计算的NNP，间接税收减补贴，固定资本消耗，国民可支配收入净值，个人可支配收入，私人最终消费支出，政府最终消费支出，进出口，资本形成净值，储蓄等等。

国民总收入（GNI） 印度不是封闭经济体，与其他国家有出口、进口和借贷关系，这就产生了国民和国家的概念。GDP指的是该国境内所有常住单位的生产总值，这与国内常住单位所有的生产性活动的生产总值概念不完全相同，这是因为有些常住单位的生产性活动可能发生在国外。相反，一些在国境内的生产活动有可能来自外籍劳工的临时性或季节性劳动。GNI= GDP+本国居民从国外获得的报酬和财产性收入 −外国居民从国内获得的报酬和财产性收入。

最终消费支出 包括私人最终消费支出和政府最终消费支出。

私人最终消费支出 私人最终消费支出在国民经济核算体系里指的是私人部门（包括非盈利性组织）对耐用和非耐用货物和服务的消费支出。

政府最终消费支出 包括政府雇员的报酬和政府对货物和服务的支出，也包括在海外的支出。中央政府雇员的报酬包括工资和社会保障缴款。

最终消费率 指的是按照现价计算的最终消费支出占GDP的比重。

资本形成率 指的是按照现价计算的资本形成总额占GDP的比重。

印度GDP的计算采用以下的产业分类：

第一产业 包括农业、林业、渔业、采矿业和采掘业。

第二产业 包括制造业、电力和水的供应业以及建筑业。

第三产业 包括其他经济活动。

中国

国内生产总值（GDP），是一个国家（或地区）所有常住单位在一定时期内生产活动的最终成果。 GDP核算有三种方法，即生产法、收入法和支出法，三种方法从不同的角度反映国民经济生产活动成果。

人均GDP ＝ GDP /年度平均人口。

中国的三次产业划分标准 第一产业是指农、林、牧、渔业（不含农、林、牧、渔服务业）；第二产业是指采矿业（不含开采辅助活动），制造业（不含金属制品、机械和设备修理业），电力、热力、燃气及水生产和供应业，建筑业；第三产业是指除第一产业、第二产业以外的其他行业。

GDP物量指数 是用来衡量不变价GDP的变动。不变价GDP是把按当期价格计算的GDP换算成按某个固定期（基期）价格计算的价值，从而使两个不同时期的价值进行比较时，能够剔除价格变化的影响，以反映物量变化，反映生产活动成果的实际变动。

支出法国内生产总值 是从最终使用的角度反映一个国家(或地区)一定时期内生产活动最终成果的一种方法，包括最终消费支出、资本形成总额及货物和服务净出口三部分。计算公式为：

支出法国内生产总值=最终消费支出+资本形成总额+货物和服务净出口

最终消费支出　指常住单位为满足物质、文化和精神生活的需要，从本国经济领土和国外购买的货物和服务的支出。它不包括非常住单位在本国经济领土内的消费支出。最终消费支出分为居民消费支出和政府消费支出。

固定资本形成总额　指常住单位在一定时期内获得的固定资产减处置的固定资产的价值总额。固定资产是通过生产活动生产出来的，且其使用年限在一年以上、单位价值在规定标准以上的资产，不包括自然资产。可分为有形固定资本形成总额和无形固定资本形成总额。有形固定资本形成总额包括一定时期内完成的建筑工程、安装工程和设备工器具购置(减处置)价值，以及土地改良、新增役、种、奶、毛、娱乐用牲畜和新增经济林木价值。无形固定资本形成总额包括矿藏的勘探、计算机软件等获得减处置。

存货增加　指常住单位在一定时期内存货实物量变动的市场价值，即期末价值减期初价值的差额，再扣除当期由于价格变动而产生的持有收益。存货增加可以是正值，也可以是负值，正值表示存货上升，负值表示存货下降。存货包括生产单位购进的原材料、燃料和储备物资等存货，以及生产单位生产的产成品、在制品和半成品等存货。

货物和服务净出口　指货物和服务出口减货物和服务进口的差额。出口包括常住单位向非常住单位出售或无偿转让的各种货物和服务的价值；进口包括常住单位从非常住单位购买或无偿得到的各种货物和服务的价值。由于服务活动的提供与使用同时发生，一般把常住单位从非常住单位得到的服务作为进口，非常住单位从常住单位得到的服务作为出口。货物的出口和进口都按离岸价格计算。

最终消费率　指最终消费支出占支出法国内生产总值的比重。

资本形成率　指资本形成总额占支出法国内生产总值的比重。

南非

基期　2010年=100

第一产业　农业、林业、渔业、采矿业和采掘业。

第二产业　制造业、电力、天然气和水的供应与建筑业。

第三产业　批发业、零售业、汽车贸易、餐饮和住宿业、交通、存储和通信业、金融、房地产和商业服务业、一般政府和个人服务业。

SOUTH AFRICA
REAIS
ЛЕТ БАНКА

价格指数

表 5.1　价格指数概况

（比上年上涨,%）

	2000	2006	2007	2008	2009	2010	2011	2012	2013	2014	2015
居民消费价格指数											
巴西	6.0	3.1	4.5	5.9	4.3	5.9	6.5	5.8	5.9	6.4	10.7
俄罗斯	20.8	9.7	9.0	14.1	11.7	6.9	8.4	5.1	6.8	7.8	15.5
印度(1)	4.0	6.0	6.5	8.1	10.8	12.0	8.9	9.3	10.9	6.3	5.9
中国	0.4	1.5	4.8	5.9	-0.7	3.3	5.4	2.6	2.6	2.0	1.4

资料来源：

巴西

巴西国家地理与统计局，扩展的全国居民消费价格指数，2000−2015年。

俄罗斯

俄罗斯联邦统计局。

印度

印度劳动和就业部劳动局。

中国

中华人民共和国国家统计局。

南非

南非统计局。

脚注：

印度

(1)印度消费者价格指数仅指产业工人。2000年至2005年价格上涨率是以1982年=100的指数序列为基础计算得到的，而2006年及以后的价格上涨率是以2001年为基础计算得到。

表 5.2.1　价格指数——巴西

(%)

	2000	2006	2007	2008	2009	2010	2011	2012	2013	2014	2015
消费价格指数(总指数)(上年=100)	**106.0**	**103.1**	**104.5**	**105.9**	**104.3**	**105.9**	**106.5**	**105.8**	**105.9**	**106.4**	**110.7**
食品和饮料	103.2	101.2	110.8	111.1	103.2	110.4	107.2	109.9	108.5	108.0	112.0
住房	104.5	103.1	101.8	105.1	105.7	105.0	106.8	106.8	103.4	108.8	118.3
住房租金	97.7	103.2	104.5	106.9	106.6	107.4	111.0	109.0	112.0	109.4	107.8
燃料(家务)	120.9	107.3	100.5	103.3	113.0	102.1	102.6	105.2	106.6	104.8	121.6
住宅供电	112.7	100.3	93.8	101.1	104.7	103.1	104.0	102.9	84.3	117.1	151.0
家居用品	105.2	97.3	97.5	102.0	103.0	103.5	100.0	100.8	107.1	105.5	105.4
服装	104.1	105.1	103.8	107.3	106.1	107.5	108.3	105.8	105.4	103.6	104.5
交通	112.1	103.1	102.1	102.3	102.4	102.4	106.1	100.5	103.3	103.8	110.2
健康和个人护理	102.6	106.0	104.5	105.7	105.4	105.1	106.3	106.0	107.0	107.0	109.2
个人支出	105.7	107.2	106.5	107.4	108.0	107.4	108.6	110.2	108.4	108.3	109.5
教育	104.8	106.2	104.2	104.6	106.1	106.2	108.1	107.8	107.9	108.5	109.3
通讯	112.9	99.8	100.7	101.8	101.1	100.9	101.5	100.8	101.5	98.5	102.1
城市居民消费价格指数(上年=100)	**106.0**	**103.1**	**104.5**	**105.9**	**104.3**	**105.9**	**106.5**	**105.8**	**105.9**	**106.4**	**110.7**

资料来源：

巴西国家地理与统计局，扩展的全国居民消费价格指数，2000−2015年。

表 5.2.2　价格指数——俄罗斯

(%)

	2000	2006	2007	2008	2009	2010	2011	2012	2013	2014	2015
消费价格指数(总指数)(上年=100)	**120.8**	**109.7**	**109.0**	**114.1**	**111.7**	**106.9**	**108.4**	**105.1**	**106.8**	**107.8**	**115.5**
食品(1)	117.5	109.3	109.0	119.0	111.6	106.9	110.3	104.4	107.7	110.1	119.1
非食品商品	122.7	106.3	105.9	108.3	109.6	105.6	106.4	105.6	104.9	105.4	114.2
服务	131.8	115.3	113.5	114.6	114.5	108.3	108.6	105.4	108.1	108.1	112.4
住房	133.8	120.1	113.0	113.9	114.6	108.3	109.5	104.7	106.9	109.7	119.5
公用事业	137.4	119.8	115.3	116.6	122.3	116.0	113.1	104.7	111.5	107.9	107.5
生产者价格指数(上年=100)											
农产品	136.5	104.3	118.2	126.7	97.1	106.5	118.6	99.5	107.8	107.9	114.1
工业品(2)	147.1	112.4	112.2	121.7	95.7	114.9	117.3	106.8	103.4	106.1	112.4

资料来源：

俄罗斯联邦统计局。

脚注：

(1)包括含酒精饮料和餐饮。

(2)总指数包括采矿和采掘业，制造业，电、气、水的生产和供应业。

表 5.2.3　价格指数——印度

(%)

	2000	2006	2007	2008	2009	2010	2011	2012	2013	2014	2015
消费价格指数(产业工人)(上年=100) [(1)]											
食品	101.8	107.0	109.8	111.2	113.4	112.4	107.4	109.5	113.9	106.6	106.3
燃料及照明	117.6	103.2	103.1	106.8	104.3	108.2	113.6	115.3	108.4	105.9	103.2
住房	106.0	106.8	104.0	103.8	114.1	126.6	111.5	107.8	106.8	105.4	106.4
衣着、床上用品和鞋类	104.3	103.7	103.5	103.4	104.1	105.6	113.2	110.4	107.6	105.3	104.0
医疗护理	102.4	106.0	106.5	106.1	104.3	104.1	106.6	110.7	111.4	103.7	104.3
教育、娱乐和消遣	107.4	102.5	103.3	105.5	106.7	103.5	102.0	98.1	104.4	104.8	106.7
交通和通信	114.4	108.3	100.0	104.9	100.7	109.2	112.5	109.7	110.2	106.0	100.6
总指数	104.0	106.0	106.5	108.1	110.8	112.0	108.9	109.3	110.9	106.3	105.9
分产品的批发价格指数(上年=100) [(2)]											
所有产品	106.3	106.0	104.9	108.7	102.4	109.6	109.5	107.5	106.3	103.8	97.3
初级产品	102.7	108.8	109.4	110.7	109.5	119.1	112.1	109.1	110.6	104.6	99.7
电力	115.9	102.5	101.6	100.2	100.3	105.1	101.5	110.6	119.5	110.9	104.0
制成品	102.7	104.6	104.9	106.9	101.6	105.4	107.4	105.7	103.3	103.2	99.1

资料来源：

1.印度劳动与就业部劳动局。

2.印度商工部经济顾问办公室。

脚注：

(1) 2000年至2005年价格上涨率是以1982年=100的指数序列为基础计算得到的，而2006年及以后的价格上涨率是以2001年为基础计算得到。

(2) 2000年数据的基期为1993/1994年，2005/2006年及以后的基期为2004/2005年。

表 5.2.4　价格指数——中国

(%)

	2000	2006	2007	2008	2009	2010	2011	2012	2013	2014	2015
居民消费价格指数(总指数)(上年=100)	**100.4**	**101.5**	**104.8**	**105.9**	**99.3**	**103.3**	**105.4**	**102.6**	**102.6**	**102.0**	**101.4**
城镇居民消费价格指数	100.8	101.5	104.5	105.6	99.1	103.2	105.3	102.7	102.6	102.1	101.5
农村居民消费价格指数	99.9	101.5	105.4	106.5	99.7	103.6	105.8	102.5	102.8	101.8	101.3
按构成项划分的居民消费价格指数(上年=100) (1)											
食品		102.3	112.3	114.3	100.7	107.2	111.8	104.8	104.7	103.1	102.3
烟酒及用品		100.6	101.7	102.9	101.5	101.6	102.8	102.9	100.3	99.4	102.1
衣着		99.4	99.4	98.5	98.0	99.0	102.1	103.1	102.3	102.4	102.7
服装		99.0	99.4	98.3	97.8	99.1	102.4	103.3	102.4	102.6	102.8
家庭设备用品及维修服务		101.2	101.9	102.8	100.2	100.0	102.4	101.9	101.5	101.2	101.0
医疗保健和个人用品		101.1	102.1	102.9	101.2	103.2	103.4	102.0	101.3	101.3	102.0
交通和通信		99.9	99.1	99.1	97.6	99.6	100.5	99.9	99.6	99.9	98.3
娱乐教育文化用品及服务		99.5	99.0	99.3	99.3	100.6	100.4	100.5	101.8	101.9	101.4
居住类价格指数		104.6	104.5	105.5	96.4	104.5	105.3	102.1	102.8	102.0	100.7
租金指数		102.7	104.2	103.5	101.6	104.9	105.3	102.7	104.1	103.3	102.6
电力价格指数		101.7	102.1	100.0	100.0	100.0	99.9	101.7	101.6	100.2	100.0
管道燃气价格指数		104.5	102.4	101.6	102.8	102.8	104.2	101.7	102.1	100.8	100.4
生产者价格指数(上年=100)											
按供应分类											
工业品(2)	102.8	103.0	103.1	106.9	94.6	105.5	106.0	98.3	98.1	98.1	94.8
农产品(3)		100.1	113.3	114.4	96.0	105.5	110.6	102.2	101.2	99.1	98.7
按加工过程分类											
原材料(4)	105.1	106.0	104.4	110.5	92.1	109.6	109.1	98.2	98.0	97.8	93.9

资料来源：

中华人民共和国国家统计局。

脚注：

(1)由于2001年CPI分类做了调整，所以没有2000年CPI构成项数据。

(2)工业品生产者价格指数是指工业生产者出厂价格指数。

(3)农产品价格指数是指农副食品加工业价格指数。

(4)原材料价格指数是指工业生产者购进价格指数。

表 5.2.5　价格指数——南非

	2000	2006	2007	2008	2009	2010	2011	2012	2013	2014	2015
消费价格指数(总指数)[1]	**49.6**	**66.4**	**71.1**	**79.3**	**84.6**	**88.2**	**92.6**	**97.8**	**103.4**	**109.7**	**114.7**
城市居民消费价格指数	49.6	66.4	71.1	79.3	84.6	88.2	92.6	97.8	103.4	109.7	114.7
农村居民消费价格指数[2]		64.3	69.3	78.2	84.3	86.8	91.5	97.3	102.7	109.5	113.9
按构成项划分的消费价格指数[1]											
居住指数[3]	53.7	67.1	73.6	74.6	80.5	85.9	91.6	97.2	102.7	108.6	115.1
食品指数[4]	39.1	60.5	66.8	75.5	82.4	83.1	89.2	95.8	101.4	109.3	114.9
电力[5]	42.2	62.6	67.5	46.3	58.8	71.2	84.1	95.2	103.6	111.1	121.3
天然气和其他燃料指数[6]											
服装指数	82.1	76.4	71.0	85.9	90.4	92.1	94.6	98.5	101.7	107.1	113.0
租金指数	45.4	74.0	76.7	79.6	84.5	88.6	93.5	97.7	102.4	107.6	113.0
生产者价格指数[7]											
按供应来源划分											
国内供应[8]	100.0	142.6	158.2	180.9	180.8	191.7	207.6	220.5			
农产品[8]	100.0	142.6	176.5	188.0	189.7	187.0	199.7	208.5			
最终制成品[9]								100.0	106.0	113.9	118.0
农业[9]								100.0	102.3	107.5	112.9

资料来源：

南非统计局。

脚注：

(a)CPI–消费者价格指数。

(b)PPI–生产者价格指数

(c)不连续数据，2008年及以前为非官方数据。利用链接因子来计算连续时间序列，链接因子包括：消费者价格指数(全部项目，上年=100)；城市消费者价格指数；农村消费者价格指数；住房指数；食物指数；电力；服装；租金。

(1)基年：2012年12月=100。

(2)2000–2008年总指数覆盖范围为一类地区，现在则覆盖一类和二类地区。

(3)包括所有居住类指数，即房租、自有住房虚拟房租，公用事业费和维护费，但2000–2007年不包括电费。从2008年起，自有住房的计算方法有所改变。

(4)只包括食品(不包括非酒精饮料)。

(5)包括电费和其他固体、液体燃料费用。

(6)包含在电费和其他燃料费用内。

(7)2000年=100。

(8)2012年12月前后数据不可比。

(9)2013年1月引入，时间序列数据开始于2012年1月，基年为2012年=100。

图5.1 消费者价格指数

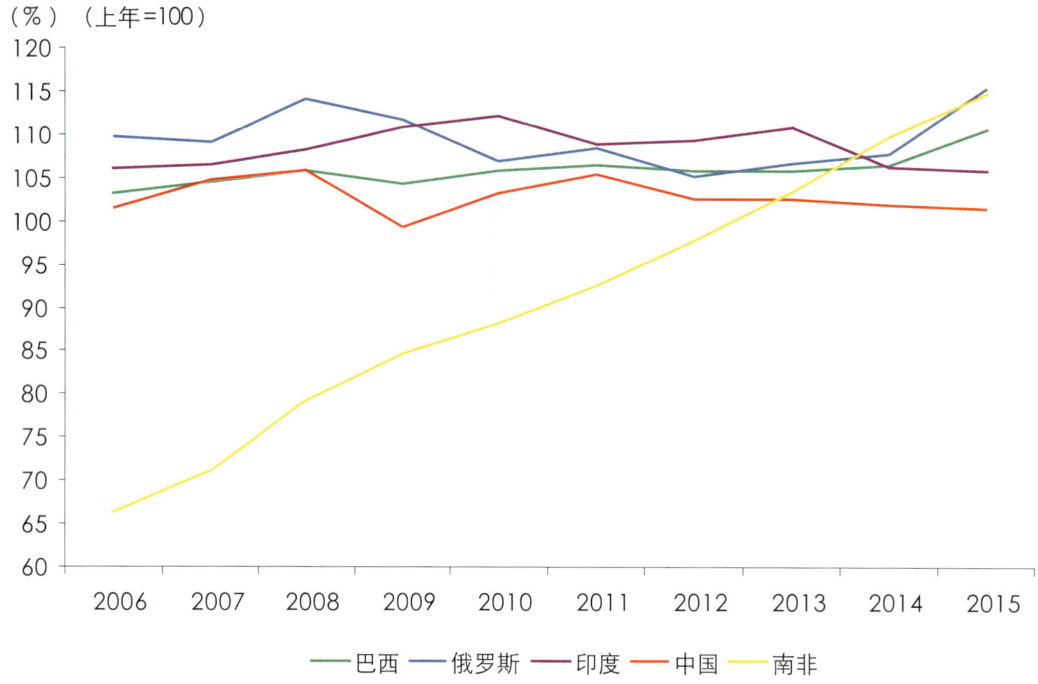

主要统计指标解释

通用解释

零售价格 是指消费者为每特定单位销售量而支付的货币，包括所有让利和折扣。

消费者价格指数（CPI） 是指消费者在一定时期内购买非生产性消费的商品和服务的零售价格变动情况。它是用来测算当前一个固定篮子的商品和服务的价格相对于基期价格的比率。CPI按月计算，是通过观察零售贸易和服务单位以及商品市场、混合市场和食品市场价格的变化以及上一年份住户消费支出结构数据计算的。

生产者价格指数 是衡量生产者价格在一定时期内平均变化的指标。它反映的是在交易的早期阶段的大宗交易。与大宗交易相关的生产者价格有多种叫法，例如农业收获价格、批发价格、收购价格、保障性价格、管制价格、进口价格、远期价格等等。反映早期阶段的交易价格的批发价格指数与生产者价格大致一致。

国家解释

巴西

巴西国家地理与统计局（IBGE）是巴西负责计算**扩展的全国消费价格指数（IPCA）**的政府机构。IPCA是巴西主要的度量通货膨胀的官方指标，并被巴西中央银行用于监测通货膨胀目标体系。IPCA每月发布，它反映了城市家庭情况。这些家庭的月收入在最低工资的1-40倍之间变动。IPCA的覆盖范围包括巴西的9个大都市地区，戈亚尼亚和巴西首都巴西利亚。该项调查代表了地理范围覆盖90%的城市地区。

这一指标监控了巴西住户部门消费货物和服务固定购物篮的价格变动情况，是巴西消费支出调查的基础，而消费支出调查描述了巴西家庭的消费习惯。巴西国家地理与统计局在计算CPI时采用的权重是基于2008/2009年的消费支出调查。

服装 包括男装、女装和童装；鞋类及其附属品；珠宝和饰品；纤维织物和缝纫用品。

俄罗斯

消费价格指数（CPI） 测算了消费者为了非生产的消费目的而在一定时间内购买的货物和服务的价格变动情况，即固定篮子内主要货物和服务以当前价格计算的价值与基期价格相比的变动情况。CPI数据每个月搜集一次，其计算既基于所监测的零售贸易、服务业、商品、食物市场的价格变动情况，亦基于两年前的家庭消费支出结构。

生产者价格指数（PPI） 其编制基于10000家基础（主要）机构的代表性产品的调查价格，对于超过1100种产品计算平均价格和价格指数。产品价格为在国内市场销售的工业品的实际价格（不包括间接税）。代表性产品的PPI计算是通过型号、种类、类别、经济活动部门逐级汇总的。基期的以价值量计算的生产物量数据被用作权重。

印度

产业工人的消费价格指数 指产业工人在一定时间内消费的一篮子固定商品和服务所支付的价格的变化。该指数用来调整有组织的部门千千万万个雇员和工人的工资和物价津贴，同时也被用作全国的零售价格指数用于测算通货膨胀率，制定工资和利率政策。印度劳动和就业部下属的劳动局自1946年开始编制并发布产业工人消费价格指数。该指数序列直到2005年，其基期为1982年=100，自2006年1月开始该指数的基期为2001年=100。该价格指数参考了七个行业即工厂、矿山、种植、铁路、电机输送和发电、分销、港口码头，分布在78个重要调查点。消费者支出数据来自1999年9月至2000年8月由全国抽样调查办公室代表劳动局执行的、在78个地方采价的一项特别调查，即“家庭收入与支出调查”。这78个调查点是在考虑其在全国产业活动中的重要性后选出的，这些地点分布在印度各个州，数量与该州工业部门就业人数成比例，但每一个行业在每个州的采价点不会多于5个。在调查结果的基础上，就可以获得78个调查点和全国的权重。产业工人价格指数利用半年一次的住房租金调查数据和每月价格调查数据来编制。印度以一个月的时滞按月公布全国和78个城市的产业工人价格指数，即在下一个月的最后一个工作日公布该月份数据。

批发价格指数 印度批发价格指数是由商务和工业部经济顾问办公室负责编制的。目前该指数基期为2004/2005年，数据发布频率为每月一次。该指数是印度目前使用最为广泛通胀测度指标，其权重基于印度2007年国民经济核算中对应的总产出。季节性项目也包含在内，当这些产品不存在时，其权重按比例分配在本级分组的其他产品里。和1993/1994序列不同，稻谷和小麦的价格没有采用公共配送系统的价格，而是采用收购价格用来正确反映初始销售节点的价格。

目前对于工业制成品采用的是出厂和出矿价格，对于农产品采用的一级批发市场的报价。数据的采集采用的是通信和填报的方式。不同单位通过网上填报系统报送信息。

指数编制使用拉氏公式，计算加权算术平均数。在整个计算周期内均采用了固定的基期权数。

中国

居民消费价格指数 是反映一定时期内城乡居民所购买的生活消费品价格和服务项目价格变动趋势和程度的相对数，是对城市居民消费价格指数和农村居民消费价格指数进行综合汇总计算的结果。该指数可以观察和分析消费品的零售价格和服务项目价格变动对城乡居民实际生活费支出的影响程度。

工业品出厂价格指数 是反映一定时期内全部工业产品出厂价格总水平的变动趋势和程度的相对数，包括工业企业售给本企业以外所有单位的各种产品和直接售给居民用于生活消费的产品。该指数可以观察出厂价格变动对工业总产值及增加值的影响。

南非

数据不连续，2008年前的指数不是官方数据；链接因子被用来计算连续的时间序列数据。这些因子包括：所有项目，城市地区，农村地区，居住类价格指数，食品类价格指数，电力类价格指数，服装类价格指数和租金类价格指数。

居民生活水平

表 6.1　居民生活水平概况

	2000	2006	2007	2008	2009	2010	2011	2012	2013	2014	2015
每百人彩色电视机拥有量(台)											
巴西											
俄罗斯[1]	124	144	149	154	160	164	170	174	178	183	
印度[2]							61.4	59.9	61.5	62.6	63.2
中国[3]									38.0	39.4	39.5
城镇	37.3	46.6	47.4	45.7	46.9	47.7	47.1	47.6			
农村	11.6	22.1	23.4	24.7	27.4	28.3	29.6	30.1			
南非[4]		16.3	17.0	18.1		20.4	21.4	22.1	22.6	23.5	
每百人小汽车拥有量(辆)											
巴西[5]	8.8	7.9	7.4	6.9	6.5	6.1	5.7	5.3	5.1	4.9[6]	
俄罗斯[7]	13	18	19	21	22	23	24	26	27	28	29
印度[8]	0.5	0.8	0.9	1.0	1.1	1.2	1.3	1.4	1.7	1.7[9]	1.9[9]
中国[3]									5.5	6.4	7.5
城镇	0.2	1.5	2.1	3.0	3.8	4.5	6.5	7.5			
农村[10]	0.1	0.3	0.3	0.3	0.5	0.7	1.4	1.7			
南非[11]								8.2	7.9	8.7	
实际年平均工资增长率(%)											
巴西[12][13]		7.1	3.1	1.6	2.2		4.0	5.5	3.9	0.8	
俄罗斯	20.9	13.3	17.2	11.5	-3.5	5.2	2.8	8.4	4.8	1.2	-9.3
印度											
中国[14]	11.3	12.9	13.4	10.7	12.6	9.8	8.6	9.0	7.3	7.2	8.5
南非											
公共教育支出占GDP比重(%)											
巴西[15]	3.9	4.2	4.4	4.6	4.8	4.9	5.0	5.1	5.2		
俄罗斯[16]	2.9	3.8	4.0	4.0	4.6	4.1	3.7	3.8	4.1	3.9	3.8[17]
印度[18]	3.2	2.7	2.6	2.9	3.0	3.1	3.1	3.1	3.0	3.1[19]	3.0[20]
中国[21]	2.6	2.9	3.1	3.3	3.6	3.7	3.9	4.3	4.3	4.2	
南非[22]		5.6	5.5	5.8	6.5	6.6	6.8	6.9			
公共医疗支出占GDP比重(%)											
巴西	3.9	4.5	4.7	4.7	5.1	4.9	4.8	5.0	4.9		
俄罗斯[16][23]	2.1	3.6	4.2	3.7	4.3	3.7	3.2	3.4	3.3	3.3	3.6[17]
印度[18]		1.2	1.3	1.3	1.4	1.3	1.2	1.3	1.2	1.3[19]	1.3[20]
中国[24]	4.6	4.5	4.3	4.6	5.1	4.9	5.0	5.3	5.4	5.5	
南非[25]		3.1	3.1	3.3	3.8	3.9	4.0	4.1			
基尼系数											
巴西[26]		0.528	0.521	0.513	0.509		0.501	0.499	0.497	0.494	
俄罗斯[27]	0.395	0.415	0.422	0.421	0.421	0.421	0.417	0.420	0.419	0.416	0.412
印度[28]											
城镇	0.342					0.371		0.367			
农村	0.260					0.276		0.280			
中国[29]		0.487	0.484	0.491	0.490	0.481	0.477	0.474	0.473	0.469	0.462
南非[30]	0.640	0.670			0.640		0.650				

资料来源：

巴西

1. 巴西国家地理与统计局，全国住户抽样调查，2006—2014年。
2. 巴西教育部国家学习与教育研究院。
3. 全国汽车制造商协会，《巴西汽车工业年鉴》，2015年。

4.巴西国库局。

俄罗斯

1.俄罗斯联邦统计局。

2.俄罗斯联邦内务部。

印度

1.印度电信管理局，年度报告(各期)。

2.印度道路运输及公路部，道路交通年鉴。

3.印度财政部，经济调查。

4.印度国家计划委员会。

中国

1.中华人民共和国国家统计局，中国住户收支与生活状况调查，2013–2015年；中国城镇住户调查，2000–2012年；中国农村住户调查，2000–2012年。

2.中华人民共和国教育部，年度统计资料，2000–2015年。

3.中华人民共和国国家卫生和计划生育委员会，年度统计资料，2000–2015年。

南非

1.南非统计局。

脚注：

巴西

(5) 单位为每100人车辆拥有量。

(6) 估计数。

(12) 经最近人口估算调整后的修正数据。

(13) 就业人口是指15岁及以上，并获取劳动报酬的人员。

(15)1.支出类型可分为以下几组：现役人员开支和社会缴款；其他当前支出；重建公司费用；2.这些信息不包括以下费用：退休金和养老金改革，奖学金和助学贷款，利息和债务负担支出，教育分期贷款，向其他私人部门的经常转移和资本转移。

(26) 基尼系数指标是按居民家庭收入计算的。

俄罗斯

(1)所有类型的电视机，单位为每100户拥有量。按照住户预算调查数据计算。

(7)乘用车。

(16)在俄罗斯财政部国库局数据的基础上估算。自2005以来，包括国家非预算资金预算。

(17)初步数据。

(23)2011年前的数据包括体育支出。

(27)基尼系数是在居民人均收入数据以及住户预算抽样调查数据的基础上计算得出。

印度

(2)数字是指截止到每年3月31日每100户拥有电视机的估计数。有电视机的家庭为2001人口普查的百分比为31.6%。

(8)数据是由当年3月31日注册乘用车数量除以年中人口得到的。仅2000年数据是以2001年3月31日注册乘用车数量除以年中人口而得。

(9)初步数据。

(18)印度为财政年度数据(财年指当年4月1日到下年3月31日)，与广义政府支出相关(包括中央政府和州政府支出)。

(19)修订数据。

(20)预算估计。

(28)家庭消费支出的基尼系数是根据国家抽样调查时期(如1999年7月–2000年6月，2004年7月–2005年6月，2009年7

月–2010年6月，2011年7月–2012年6月)，基于混合回忆期(即回忆期长达一年)。

中国

(3)从2012年第四季度起，中华人民共和国国家统计局开展了城乡一体化住户收支与生活状况抽样调查，统一了城乡的调查范围、调查方法、指标口径。在此基础上，得到了关于彩色电视、汽车和个人电脑拥有量等的全国数据。

(10)农村住户调查中，小汽车指生活用车，其中包括有蓬货车。

(14)职工年平均工资指企业、事业、机关等单位的职工在一年内平均每人所得的货币工资额。

(21)国家财政性教育经费占GDP比重。

(24)为卫生总费用占GDP比重。

(29)基尼系数指标是按居民年人均可支配收入计算的。

南非

(4)数据来源于一般住户调查(GHS)。在该调查中，受访者被询问是否拥有至少一台电视机，但是没有关注是否为彩色电视机。计算公式为：电视机总数/人口总数*1000。

(11)数据来源于一般住户调查(GHS)。在该调查中，受访者被询问是否至少拥有一辆车。计算公式为：拥有在用车辆的住户总数量/总人口数*1000。

(22)一般政府教育支出占GDP比重。

(25)一般政府医疗支出占GDP比重。

(30)基尼系数基于剔除税收后的人均支出计算得到。

表 6.2.1　居民生活水平——巴西

	2000	2006	2007	2008	2009	2010	2011	2012	2013	2014
收入和支出										
住户人均可支配收入(雷亚尔)						12713	14238			
住户人均生活消费支出(雷亚尔)										
住户人均储蓄余额(雷亚尔)						1289	1417			
日均不足1.25美元的贫困人口占总人口比重(%)(1)		**5.9**	**5.8**	**4.9**	**4.7**		**4.5**	**3.8**		
各组占全部收入或消费的比重(%)(2)										
最低20%人口收入占全部收入的比重(%)		2.9	2.9	3.1	3.1		3.2	3.4	3.3	3.6
第二个20%人口收入占全部收入的比重(%)		6.7	6.8	7.1	7.3		7.6	7.7	7.7	7.9
第三个20%人口收入占全部收入的比重(%)		11.2	11.6	11.8	12.0		12.4	12.5	12.6	12.6
第四个20%人口收入占全部收入的比重(%)		18.6	19.0	19.1	19.2		19.5	19.4	19.4	19.6
最高20%人口收入占全部收入的比重(%)		60.5	59.7	58.9	58.4		57.4	57.1	57.0	56.3
五等分高低收入比		**20.6**	**20.5**	**19.0**	**18.7**		**17.7**	**17.0**	**17.4**	**15.6**
生活质量										
住户消费支出构成(%)					87.3					
食品支出占总消费支出的比重(%)					24.1					
基于住户收入的基尼系数(3)		0.528	0.521	0.513	0.509		0.501	0.499	0.497	0.494
文盲率(%)(3)(4)		10.5	10.1	10.0	9.7		8.6	8.7	8.5	8.3
平均受教育年限(年)(3)(4)		7.1	7.3	7.5	7.5		7.7	7.9	8.0	8.1
按房间数量划分的住房(%)(3)		100.0	100.0	100.0	100.0		100.0	100.0	100.0	100.0
1或2个房间		3.0	3.0	2.5	2.3		2.3	1.9	2.0	1.9
3个房间		7.3	7.3	6.8	6.7		6.6	6.4	6.1	6.2
4个房间		14.9	15.1	14.4	14.3		14.9	14.6	14.1	14.1
5个房间		26.2	27.1	26.9	28.0		28.8	29.2	29.3	29.4
6个房间		19.7	20.1	19.8	20.2		20.0	20.3	20.6	20.4
7个房间		12.1	12.2	12.5	12.1		11.9	12.2	12.2	12.4
8个房间及以上		16.9	15.2	17.1	16.3		15.5	15.5	15.7	15.6
按卧室数量划分的住房(%)(3)		100.0	100.0	100.0	100.0		100.0	100.0	100.0	100.0
1间卧室		34.4	34.2	34.9	35.2		34.8	35.9	36.6	37.8
2间卧室		43.5	43.8	43.5	43.9		44.6	44.0	43.9	43.2
3间卧室		19.0	19.0	18.7	18.3		18.0	17.6	17.0	16.7
4间卧室及以上		3.1	3.1	2.9	2.7		2.7	2.5	2.5	2.3
平均每个住宅居住人数(人)(3)		3.4	3.4	3.3	3.3		3.2	3.1	3.1	3.0
平均每间卧室居住人数(人)(3)		1.8	1.8	1.7	1.7		1.7	1.7	1.7	1.7

表 6.2.1　居民生活水平——巴西

（续表）

	2000	2006	2007	2008	2009	2010	2011	2012	2013	2014
按住房所有权划分(%)(3)		100.0	100.0	100.0	100.0		100.0	100.0	100.0	100.0
自住		73.4	74.0	74.4	73.6		74.8	74.8	74.4	73.7
出租		16.2	16.6	16.5	17.0		17.3	17.7	17.9	18.5
免房租		9.8	8.9	8.5	8.9		7.4	7.1	7.4	7.4
其他		0.6	0.5	0.6	0.5		0.5	0.4	0.4	0.4
按设施配备划分的住房占比(%)(3)										
电视		92.9	94.3	95.0	95.6		96.9	97.2	97.2	97.1
无线电收音机		87.8	88.0	88.9	87.8		83.5	80.9	75.7	72.1
计算机		22.0	26.5	31.2	34.7		42.9	46.4	48.9	48.5
互联网接入		16.8	20.0	23.8	27.4		36.6	40.3	42.4	42.1
电冰箱		89.0	90.6	92.0	93.3		95.8	96.7	97.2	97.6
至少有一个房间使用自来水(%)(3)		91.0	91.7	92.5	93.1		94.2	94.7	94.9	95.5
使用燃气做饭的住房(%)(3)		91.0	91.9	92.7	93.1		94.7	94.9	95.1	96.0
每人每天蛋白质摄取量(克)(5)					48.7					
每人每天摄取的热量(大卡)(5)					1610.5					
每人每天脂肪摄取量(克)(5)					51.4					
文化、教育和卫生										
家庭在教育、文化和娱乐方面的支出占比(%)					4.1					
在校学生数(万人)(6)	5612	6102	5830	5919	5870	5810	5790	5779	5657	5663
学前教育(ISC 0)	601	710	657	679	681	679	700	731	761	784
小学(ISC 1)	2123	2008	1944	1898	1852	1689	1746	1706	1676	1663
初中(ISC 2)	1694	1731	1633	1665	1648	1426	1575	1539	1493	1429
高中(ISC 3)	916	1145	1069	1082	1077	835	1076	1079	995	994
高等教育第一阶段(ISC 5)	269	503	522	591	606	649	686	716	732	784
研究生及以上(ISC 6)	9	5	5	5	6	7	7	8		9
25岁及以上人口接受过高等教育的比重(%)		8.9	9.3	10.0	10.6		11.4	12.0	12.6	14.0
医院床位数(张/千人)	2.9	2.5	2.5	2.5	2.5	2.4	2.4	2.4		

资料来源：

1.巴西国家地理与统计局，住户预算调查，2002–2003年和2008–2009年；全国住户抽样调查，2006–2014年；医疗卫生援助调查；国民经济核算体系，2000–2010年。

2.巴西教育部国家学习与教育研究院、基础教育普查和高等教育普查，以及巴西高等教育人员促进会。

3.巴西卫生部。

4.世界银行发展研究组。

脚注：

(1)数据来源于世界银行发展研究组。

(2)人口五等分家庭人均收入占比。

(3)经最新人口估算调整后的修正数据。

(4)15岁及以上人口。

(5)住户平均数，数据来源于2008–2009年住户预算调查。

(6)教育：

1)特殊教育包括在其各自的国际教育标准分类中。

2)青年人教育和成人教育包括在其各自的国际教育标准分类中。

3)包括特殊教育。

4)包括青年人和成人教育。

5)包括职业教育。

6)包括ISCED 3的教师职业培训项目。

7)直至2005年，硕士教育包括在ISC6中，2006年以后包括在国际教育标准分类5A中(第二学位或更高学位)。2013年后硕士和博士学位数据还未获取。

表 6.2.2　居民生活水平——俄罗斯

	2000	2006	2007	2008	2009	2010	2011	2012	2013	2014
收入和支出										
居民家庭每月人均可支配收入(卢布)[1]							15938		19756	22155
农村(卢布)							10705		12855	14691
城市(卢布)							17786		22160	24770
居民家庭每月人均生活消费支出(卢布)	1157	5083	6541	8217	8687	10122	11286	12624	13707	14630
农村(卢布)	732	2974	3819	4955	5326	6446	7292	8415	8829	9667
城市(卢布)	1313	5854	7533	9399	9905	11453	12680	14082	15410	16350
日均不足1.25美元的贫困人口占总人口比重(%)		0.1[2]	0.0[2]		0.0[3]	0.0[3]	0.0[3]	0.0[3]	0.0[3]	0.0[3]
各组占全部收入或消费的比重(%)[3]	100.0	100.0	100.0	100.0	100.0	100.0	100.0	100.0	100.0	100.0
最低20%人口收入占全部收入的比重(%)	5.9	5.3	5.1	5.1	5.2	5.2	5.2	5.2	5.2	5.2
第二个20%人口收入占全部收入的比重(%)	10.4	9.9	9.8	9.8	9.8	9.8	9.9	9.8	9.8	9.9
第三个20%人口收入占全部收入的比重(%)	15.1	15.0	14.8	14.8	14.8	14.8	14.9	14.9	14.9	14.9
第四个20%人口收入占全部收入的比重(%)	21.9	22.6	22.5	22.5	22.5	22.5	22.6	22.5	22.5	22.6
最高20%人口收入占全部收入的比重(%)	46.7	47.2	47.8	47.8	47.7	47.7	47.4	47.6	47.6	47.4
五等分高低收入比[3]	7.9	9.0	9.4	9.3	9.3	9.3	9.1	9.2	9.2	9.1
生活质量										
居民家庭消费支出构成(%)[4]										
食品		31.6	28.4	29.1	30.5	29.6	29.5	28.1	27.7	28.5
含酒精饮料和烟草		2.7	2.4	2.3	2.4	2.4	2.5	2.5	2.6	2.8
服装和鞋类		10.9	10.4	10.4	10.4	10.8	10.1	10.1	9.5	8.9
住房和社区服务，燃料		12.1	11.6	10.4	10.8	11.3	11.4	10.9	10.5	10.3
家庭用品，耐用消费品，住房		7.3	7.3	7.5	7.0	6.2	6.5	6.3	6.7	6.3
医疗卫生		3.0	3.1	2.9	3.1	3.3	3.5	3.4	3.6	3.6
交通和通讯		16.4	20.4	19.2	17.2	18.7	19.5	20.8	21.1	21.2
娱乐及文化		6.4	6.4	7.7	7.3	6.8	6.8	6.9	7.2	7.1
教育		2.0	1.8	1.6	1.5	1.3	1.2	1.3	1.0	1.0
其他商品和服务		7.6	8.2	8.9	9.8	9.6	9.0	9.7	10.0	10.1
食品支出(包括餐饮)占消费总支出的比重(%)[4]	49.0	34.1	31.2	31.9	33.8	32.9	32.6	31.4	31.2	31.9
基尼系数[3]	0.395	0.415	0.422	0.421	0.421	0.421	0.417	0.420	0.419	0.416
文盲率(%)[5]	0.55					0.31				
按房间数量划分的住房(%)[6]	100.0	100.0	100.0	100.0	100.0	100.0	100.0	100.0	100.0	100.0
一间	23.3	23.1	23.2	23.3	23.3	23.5	23.6	23.8	23.6	23.0
两间	41.0	40.4	40.2	40.0	39.9	39.7	39.6	39.5	39.2	38.0
三间	29.4	29.2	29.2	29.1	29.1	29.0	28.9	28.8	28.8	27.8
四间及以上	6.3	7.3	7.4	7.6	7.7	7.8	7.9	7.9	8.0	7.9
按所有权划分的住房(%)[6]	100.0	100.0	100.0	100.0	100.0	100.0	100.0	100.0	100.0	100.0
私有房产	65.3	79.8	81.1	82.4	84.3	85.6	86.3	87.1	87.8	86.3
国有房产	6.3	5.5	5.3	4.9	4.5	4.3	4.0	3.7	3.4	3.4
市有房产	26.5	14.6	13.5	12.5	11.0	9.9	9.5	9.0	7.7	6.7
其他	1.9	0.1	0.1	0.2	0.2	0.2	0.2	0.2	0.3	0.4
按设施配备划分的住房(%)[6]										
自来水	73.4	75.9	76.3	76.9	77.3	77.7	78.1	78.5	79.5	77.2
下水道	69.0	71.8	72.2	72.8	73.3	73.7	74.1	74.4	74.9	72.5
暖气	73.4	80.5	81.1	81.9	82.6	83.1	83.4	83.7	84.3	81.7
热水供应	59.4	63.4	63.8	64.2	64.6	64.9	65.3	65.5	66.2	63.9
浴缸(淋浴)	63.8	65.6	65.9	66.2	66.5	66.7	66.9	67.1	67.7	65.4
燃气(管道燃气，液化气)	70.0	70.0	69.7	69.4	69.2	69.0	68.6	68.3	67.5	65.4
城市拥有自来水的人数占比(%)[4]	95.0	96.3	96.5	96.6	97.1	96.6	96.5	97.2	97.5	97.7
城市拥有天然气的人数占比(%)[4]	74.0	71.4	72.8	73.7	73.9	75.4	75.8	75.9	74.0	73.7
人均公园和绿地面积(平方米)[7]	169.4	197.6	199.0	201.2	202.3	203.7	207.0	213.6	212.1	213.4
每人每天蛋白质摄取量(克)[4]	73	71	72	73	73	77	77	78	78	78
每人每天摄取热值(大卡)[4]	2551	2554	2564	2550	2551	2652	2624	2633	2626	2603
每人每天脂肪摄取量(克)[4]	99	95	97	98	99	105	105	105	106	105

表 6.2.2　居民生活水平——俄罗斯

（续表）

	2000	2006	2007	2008	2009	2010	2011	2012	2013	2014
文化、教育和卫生										
居民家庭教育，文化和娱乐支出占比(%)(4)		8.4	8.2	9.3	8.8	8.1	8.0	8.2	8.2	8.1
在校学生人数(万人)										
小学教育(1997年版国际教育标准分类第一级)	592	517	512	517	527	546	565	579	587	613
中学教育(1997年版国际教育标准分类第二级和第三级)	1633	1128	1055	1005	977	958	950	943	937	947
高等教育(1997年版国际教育标准分类第五级和第六级)	722	997	1002	991	972	934	873	831	777	744
25岁及以上人口接受过高等教育的比重(%)						25.9(5)				
医生数量(每千人)	4.7	4.9	5.0	5.0	5.0	5.0	5,1	4.9	4.9	4.9(8)
医院病床数量(每千人)	11.5	10.9	10.7	9.9	9.7	9.4	9,4	9.3	9.1	8.7(8)
小学入学儿童性别比(男性=100)	95	95	96	96	96	96	96	96	96	96
按死亡原因划分的标准化死亡率(万分之一)(9)										
循环系统疾病	51.2	48.5	45.5	44.9	42.4	42.1	38.5	36.6	34.3	32.1(8)
肿瘤	13.7	12.5	12.4	12.3	12.4	12.3	12.1	11.8	11.7	11.5(8)
外部原因造成的死亡	18.6	15.9	14.6	13.6	12.5	12.0	11.0	10.7	10.2	10.2(8)
消化系统疾病	3.2	4.3	4.2	4.3	4.2	4.3	4.1	4.0	3.9	4.2(8)
呼吸系统疾病	5.1	3.9	3.6	3.6	3.6	3.3	3.3	3.0	3.1	3.2(8)
传染病和寄生虫病	2.2	2.1	2.0	2.0	1.9	1.9	1.9	1.8	1.8	1.8(8)

资料来源：

1.俄罗斯联邦统计局。

2.世界银行《世界发展指标》数据库。

脚注：

(1)为人口收入和社会项目参与样本监测结果。

(2)数据来自世界银行《世界发展指标》数据库。

(3)基于人均收入和家庭预算调查等宏观数据计算得出。

(4)为住户预算抽样调查结果。

(5)为人口普查结果。

(6)2013、2014年数据覆盖不完全。

(7)城市人口人均量。

(8)不包含克里米亚地区数据。

(9)世界卫生组织按死亡原因划分的国际标准。

表 6.2.3 居民生活水平——印度

	2000	2006	2007	2008	2009	2010	2011	2012	2013	2014	2015
收入和支出											
每月人均消费支出[1]											
城市地区											
总计(卢比)	855	1171	1313	1472		1984		2630			
食品(%)	48.1	40.0	39.4	39.6		44.4		42.6			
燃料和照明(%)	7.8	9.4	8.9	8.5		6.9		6.7			
服装(%)	6.1	5.4	5.4	5.4		4.8		5.4			
教育(%)	4.3	6.2	7.0	7.1		8.1		6.9			
医疗保健(%)	5.1	6.0	6.3	5.2		5.0		5.5			
农村地区											
总计(卢比)	486	625	695	772		1054		1430			
食品(%)	59.4	53.3	52.3	52.3		57.0		52.9			
燃料和照明(%)	7.5	9.7	9.5	9.7		8.0		8.0			
服装(%)	6.8	6.3	6.1	6.3		5.3		6.0			
教育(%)	1.9	2.7	3.2	3.7		3.6		3.5			
医疗保健(%)	6.1	7.0	7.5	6.3		5.4		6.7			
贫困人口比重[1]											
农村								25.7			
城市								13.7			
各组占全部收入或消费的比重(%)[1]											
最低20%人口收入占全部收入的比重(%)：农村						9.4		9.1			
最低20%人口收入占全部收入的比重(%)：城市						7.0		7.0			
第二个20%人口收入占全部收入的比重(%)：农村						13.2		12.9			
第二个20%人口收入占全部收入的比重(%)：城市						10.6		10.8			
第三个20%人口收入占全部收入的比重(%)：农村						16.5		16.2			
第三个20%人口收入占全部收入的比重(%)：城市						14.7		14.7			
第四个20%人口收入占全部收入的比重(%)：农村						21.2		21.1			
第四个20%人口收入占全部收入的比重(%)：城市						20.9		20.7			
最高20%人口收入占全部收入的比重(%)：农村						39.7		40.6			
最高20%人口收入占全部收入的比重(%)：城市						46.8		46.7			
五等分高低收入比[1]：农村						4.2		4.4			
城市						6.7		6.6			
文化、教育和卫生											
公共教育支出占比(%)[2]	11.3	10.3	9.8	10.1	10.6	11.4	11.4	11.6	11.6	10.9[9]	11.2[10]
在校学生人数(万人)[2]											
小学入学人数(I-V类)	11380	13370	13550	13530	13360	13480	13990	13480	3240[11]		
中学入学人数(IX-XII类)	2890	3990	4450	4630	4850	5140	5510	5450	5960[11]		
高等教育入学人数(大学及以上)	863	1555	1721	1850	2074	2750	2918	2963	3180[11]		
25岁及以上人口接受过高等教育的比重(%)[1]	5.7			7.0		8.0		8.9			
公共医疗支出占比重(%)[2]	4.7	4.7	4.8	4.6	4.8	4.7	4.6	4.7	4.6	4.8[9]	4.9[10]
医生数(万人)[3]	7.0	70.1	73.1	76.1	79.4	82.7	86.0	89.0	92.3	93.9[11]	
医院病床数(万张)[3]	50.6	49.3	48.3	49.5	54.0	57.7	78.5	62.3	62.9	67.6[11]	
意外死亡人数(非自然原因)(万人)[4]	**23.8**	**29.3**	**31.6**	**31.8**	**33.5**	**36.0**	**36.7**	**37.2**	**37.8**	**45.2**	
疾病致死人数(人)											
霍乱(人)	18	3	3	1	12	9	10	2	5	5[11]	
疟疾(人)	1005	1707	1311	1055	1144	1018	754	519	440	535[11]	
登革热(人)	7	184	69	80	96	110	169	242	168	131[11]	
黑热病(人)	150	187	203	151	93	105	80	29	20	11[11]	
肺结核(人)	10463	64539	64824	66204	66345	63781	63261				
按所有权划分的住房											
自有住房(每1000住户)											
城市	668[5]				616[1]		692[5]	611[6]			
农村	943[5]				950[1]		947[5]	933[6]			
租住(每1000住户)											
城市	285[5]				352[1]		276[5]	354[6]			
农村	36[5]				33[1]		34[5]	51[6]			
其他(每1000住户)											
城市	47[5]				33[1]		33[5]	34[6]			
农村	21[5]				16[1]		19[5]	16[6]			

表 6.2.3　居民生活水平——印度

（续表）

	2000	2006	2007	2008	2009	2010	2011	2012	2013	2014	2015
生活质量											
按基础设施划分的住房											
自来水系统(每1000住户)											
农村	243[5]				301[1]		308[5]	312[6]			
城市	687[5]				743[1]		706[5]	691[6]			
供电设施(每1000住户)											
农村	435[5]				660[1]		553[5]	800[6]			
城市	876[5]				961[1]		927[5]	979[6]			
厕所(每1000住户)											
农村	219[5]				348[1]		307[5]	406[6]			
城市	737[5]				887[1]		814[5]	912[6]			
基尼系数[1][7]											
城市	0.342					0.371		0.367			
农村	0.260					0.276		0.280			
文盲率[1][8]											
城市(%)	20.2	16.7	16.5	15.7		14.6		14		14	
农村(%)	44.2	36.5	34.9	33.0		31.2		30		29	
按设施配备划分的住房(%)[5]											
无线电收音机、晶体管收音机	35.1						19.9				
电视机	31.6						47.2				
电话	9.1						63.2				
自行车	43.7						44.8				
滑板车、摩托车、机动脚踏两用车	11.7						21.0				
汽车、吉普车、有蓬货车	2.5						4.7				
无上述设施配备	39.5						17.8				
城市中拥有自来水的人口占比(%)	36.7						43.5				
城市中拥有天然气的人口占比(%)	17.5						28.5				
每人每天热值摄入量(大卡)[1]											
农村	2149					2020		2099			
城市	2156					1946		2058			
每人每天蛋白质摄入量(克)[1]											
农村	59.1					55.0		56.5			
城市	58.5					53.5		55.7			
每人每天脂肪摄入量(克)[1]											
农村	36.1					38.3		41.6			
城市	49.6					47.9		52.5			

资料来源：

1.印度统计和计划执行部，全国抽样调查办公室，国家统计体系有关消费者支出与就业及失业全国统计报告。印度营养摄入及饮用水，卫生及住房条件(各期)。

2.印度国家计划委员会。

3.印度人力资源开发部，《教育概览》(各期)，《高等教育调查主要指标》(各期)。

4.印度卫生和家庭福利部，《全国卫生概览》。

5.印度财政部，经济调查。

6.印度内政部，国家犯罪记录局，《印度意外死亡与自杀报告》(各期)。

7.印度内政部，印度注册登记办公室，2001−2011年《普查报告》。

8.印度统计和计划执行部，2016年《统计年鉴》。

脚注：

(1)指国家抽样调查轮(即表中所指从上年7月到当年6月这一时期)。五分位组和营养摄入为统一基准期，而贫困线数据依据Tendulkar法涉及混合回忆期。

(2)财政年度数据，即当年4月1日到下年3月31日。教育和卫生支出指的是一般政府支出(包括中央政府和地方政府)。

(3)当年12月底数据。医生数是指在全国及州医师协会注册的医生数，病床数是指包括社区健康中心在内的公立医院的病床数。

(4)包括交通事故、空难、火灾、中毒、触电造成的死亡人数。

(5)2000年和2001年数据根据2001年和2011年普查得来，数据时点分别是2001年3月31日和2011年3月31日。

(6)2012年7–12月调查数据。2012年自来水数据包括管道/公共自来水，但不包括瓶装水。

(7)支出数据是混合参考期数据。

(8)7岁及以上人口文盲率。根据2011年普查数据，城市文盲率为15.9%，农村文盲率为32.2%。

(9)修订数据。

(10)预算估计。

(11)初步数据。

表 6.2.4　居民生活水平——中国

	2000	2006	2007	2008	2009	2010	2011	2012	2013	2014	2015
收入与支出											
住户人均收入(人民币)											
居民人均可支配收入									18311	20167	21966
城镇居民可支配收入	6280	11759	13786	15781	17175	19109	21810	24565			
农村居民纯收入	2253	3587	4140	4761	5153	5919	6977	7917			
住户人均消费支出(人民币)											
居民人均消费支出									13220	14491	15712
城镇居民现金消费支出	4998	8697	9997	11243	12265	13471	15161	16674			
农村居民消费支出	1670	2829	3224	3661	3993	4382	5221	5908			
住户人均储蓄余额(人民币)	5076	12293	13058	16407	19541	22619	25505	29508	32894	35477	
日均不足1.25美元的贫困人口占总人口比重(%)[1]				**3.1**		**2.0**	**1.3**				
各组占全部收入或消费的比重(%)[1]				**100.0**		**100.0**					
最低20%人口收入占全部收入的比重(%)				4.8		4.7					
第二个20%人口收入占全部收入的比重(%)				9.6		9.7					
第三个20%人口收入占全部收入的比重(%)				15.0		15.3					
第四个20%人口收入占全部收入的比重(%)				22.7		23.2					
最高20%人口收入占全部收入的比重(%)				47.9		47.1					
五等分高低收入比[1]				**10.0**		**10.1**					
生活质量											
住户消费支出构成											
全国居民人均消费支出(%)									100.0	100.0	100.0
食品烟酒									31.2	31.0	30.6
衣着									7.8	7.6	7.4
居住									22.7	22.1	21.8
生活用品及服务									6.1	6.1	6.1
交通通信									12.3	12.9	13.3
教育文化娱乐									10.6	10.6	11.0
医疗保健									6.9	7.2	7.4
其他用品和服务									2.5	2.5	2.5
城镇居民现金消费支出(%)	100.0	100.0	100.0	100.0	100.0	100.0	100.0	100.0			
食品	39.4	35.8	36.3	37.9	36.5	35.7	36.3	36.2			
衣着	10.0	10.4	10.4	10.4	10.5	10.7	11.0	10.9			
居住	11.3	10.4	9.8	10.2	10.0	9.9	9.3	8.9			
家庭设备及用品	7.5	5.7	6.0	6.2	6.4	6.7	6.7	6.7			
交通通信	8.5	13.2	13.6	12.6	13.7	14.7	14.2	14.7			
文教娱乐	13.4	13.8	13.3	12.1	12.0	12.1	12.2	12.2			
医疗保健	6.4	7.1	7.0	7.0	7.0	6.5	6.4	6.4			
其他	3.4	3.6	3.6	3.7	3.9	3.7	3.8	3.9			
农村居民消费支出(%)	100.0	100.0	100.0	100.0	100.0	100.0	100.0	100.0			
食品	49.1	43.0	43.1	43.7	41.0	41.1	40.4	39.3			
衣着	5.7	5.9	6.0	5.8	5.8	6.0	6.5	6.7			
居住	15.5	16.6	17.8	18.5	20.2	19.1	18.4	18.4			
家庭设备及用品	4.5	4.5	4.6	4.8	5.1	5.3	5.9	5.8			
交通通信	5.6	10.2	10.2	9.8	10.1	10.5	10.5	11.1			
文教娱乐	11.2	10.8	9.5	8.6	8.5	8.4	7.6	7.5			
医疗保健	5.2	6.8	6.5	6.7	7.2	7.4	8.4	8.7			
其他	3.1	2.2	2.3	2.1	2.1	2.1	2.3	2.5			

表 6.2.4 居民生活水平——中国

(续表)

	2000	2006	2007	2008	2009	2010	2011	2012	2013	2014	2015
基尼系数[2]		0.487	0.484	0.491	0.490	0.481	0.477	0.474	0.473	0.469	0.462
农村自来水普及率(%)	55.2	61.1	62.7	65.5	68.4	71.2	72.1	74.6	76.4	79.0	
城市燃气普及率(%)	45.4	79.1	87.4	89.6	91.4	92.0	92.4	93.2	94.3	94.6	
城市人均公园绿地面积(平方米)	3.7	8.3	9.0	9.7	10.7	11.2	11.8	12.3	12.6	13.1	
公共医疗支出占GDP比重(%)[3]	4.6	4.5	4.3	4.6	5.0	4.8	5.0	5.2	5.3	5.5	
文化，教育和卫生											
家庭文教娱乐支出比重(%)									10.6	10.6	11.0
城镇	13.4	13.8	13.3	12.1	12.0	12.1	12.2	12.2	12.7		
农村	11.2	10.8	9.5	8.6	8.5	8.4	7.6	7.5	7.3		
按教育程度划分的在校学生数(万人)											
普通高等教育	556.1	1738.8	1884.9	2021.0	2144.7	2231.8	2308.5	2391.3	2468.1	2547.7	
普通中学	7368.9	8451.9	8243.3	8050.4	7867.9	7703.2	7519.0	7228.4	6875.0	6784.3	
职业中学	503.2	676.2	740.5	761.1	785.7	729.8	683.6	624.9	535.3	473.6	
普通小学	13013.3	10711.5	10564.0	10331.5	10071.5	9940.7	9926.4	9695.9	9360.5	9451.1	
特殊教育	37.8	36.3	41.9	41.7	42.8	42.6	39.9	37.9	36.8	39.5	
学前教育	2244.2	2263.9	2348.8	2475.0	2657.8	2976.7	3424.4	3685.8	3894.7	4050.7	
25岁及以上人口接受过高等教育的比重(%)	4.3					8.8					
每千人口执业(助理)医师数(人/千人)	1.7	1.6	1.6	1.7	1.8	1.8	1.8	1.9	2.1	2.1	
每千人口医院床位数(张/千人)[4]	2.4	2.5	2.6	2.8	3.1	3.3	3.5	3.9	4.5	4.9	

资料来源：

1.中华人民共和国教育部，年度统计资料，2000—2015年。

2.中华人民共和国国家卫生和计划生育委员会，年度统计资料，2000—2015年。

3.中华人民共和国住房和城乡建设部，年度统计资料，2000—2015年。

4.中华人民共和国国家统计局，中国城乡住户一体化统计调查，2013—2015年；中国城市住户调查，2000—2012年；农村住户调查，2000—2012年。

5.中国人民银行，《中国金融年鉴》，2000—2015年。

6.中华人民共和国国家统计局，《中华人民共和国2015年国民经济和社会发展统计公报》。

7.世界银行《世界发展指标》数据库(WDI)。

脚注：

(1)世界银行《世界发展指标》数据库(WDI)。

(2)基尼系数指标是按居民人均可支配收入计算的。

(3)为卫生总费用占GDP比重。

(4)指每千人口医院和卫生院床位数。

表 6.2.5　居民生活水平——南非

	2000	2006	2007	2008	2009	2010	2011	2012	2013	2014
收入和支出										
居民家庭人均可支配收入(兰特)	6364	28819			31856		42905			
居民家庭人均生活消费支出(兰特)[1]	7546	21613			26149		34897			
日均不足1.25美元的贫困人口占总人口比重(%)	**17.0**	**9.7**			**10.7**		**7.4**			
各组占全部收入或消费的比重(%)		**100.0**			**100.0**		**100.0**			
最低20%人口收入占全部收入的比重(%)		2.8			2.9		2.7			
第二个20%人口收入占全部收入的比重(%)		5.3			5.5		5.4			
第三个20%人口收入占全部收入的比重(%)		8.4			8.9		9.0			
第四个20%人口收入占全部收入的比重(%)		15.9			17.6		17.7			
最高20%人口收入占全部收入的比重(%)		67.6			65.1		65.2			
五等分高低收入比		**38.4**			**50.5**		**45.9**			
生活质量										
居民家庭消费支出构成(%)	100.0	100.0			100.0		100.0			
食品和含酒精饮料[2]	27.7	14.4			19.3		12.8			
酒精饮料和烟草	2.6	1.2			1.0		1.1			
服装和鞋类	5.4	5.0			4.8		4.5			
住房，水、电、气和其他燃料	13.6	23.6			24.9		32.0			
家具和家庭设备	8.7	6.9			5.4		5.1			
卫生	1.5	1.7			1.3		1.4			
交通	13.3	19.9			15.3		17.1			
通信	3.4	3.5			3.4		2.8			
娱乐和文化	3.7	4.6			4.3		3.0			
教育	2.4	2.4			2.8		2.7			
餐饮和住宿	3.6	2.2			2.4		2.4			
其他商品和服务	14.2	14.4			14.9		14.7			
其他未分类	0.0	0.3			0.3		0.1			
基尼系数(不含税的人均支出)	0.650	0.670			0.640		0.650			
文盲率(%)[3]		24.3	23.3	22.8	19.9	19.3	18.2	16.5	16.2	15.8
文盲率(%)[4]					5.9	5.9	6.0	5.5	5.5	5.1
按房间数量划分的住房(%)[5]										
一间		20.7	22.9	18.6	18.3	18.3	17.6	18.5	18.9	19.1
两间		13.6	13.5	13.0	12.5	10.8	10.2	9.5	9.1	8.9
三间		12.2	12.1	13.1	12.5	12.1	12.2	11.1	11.4	10.9
四间及以上		53.6	51.4	55.3	56.7	58.8	60.1	61.0	60.6	61.1
按所有权划分的住房(%)[6]		70.0	67.7	73.8	65.1	67.3	61.4			
私有房产[7]		69.7	67.3	73.7	66.4	69.0	63.9	65.6	66.4	
私有房产		59.8	57.8	61.9	56.0	58.1				
国有房产		10.3	9.7	12.1	11.0	10.9				
市有房产		19.9	22.5	18.3	20.9	20.6				
其他		10.1	9.9	7.7	12.2	10.4				
按设施配备划分的住房(%)										
具有户内自来水		41.1	41.5	43.4	42.1	41.6	43.3	44.5	45.3	46.3
具有户内或庭院自来水		71.7	72.5	71.0	70.4	72.0	73.4	72.2	72.1	73.3
下水道[5]		53.3	57.9	56.1	57.0	60.3	59.2	59.6	59.1	62.2
城市拥有自来水的人口占比(%)[8]		71.1	71.6	70.2	69.9	70.6	71.9	70.6	72.2	73.4

表 6.2.5　居民生活水平——南非

（续表）

	2000	2006	2007	2008	2009	2010	2011	2012	2013	2014
教育、文化和娱乐										
居民家庭教育、文化和娱乐支出占比(%)	6.1	6.6								
教育支出占总支出的比重(%)	26.0	19.1	18.5	18.8	18.9	19.5	20.3			
25岁及以上人口接受过高等教育的比重(%)		4.1	4.3	4.6	5.8	6.1	6.2	6.4	6.9	
医药和医疗支出占总支出的比重(%)	14.3	11.3	11.3	10.9	11.1	11.5	11.8			
医生数量(每千人)(9)		0.3	0.4	0.4	0.4	0.4				
医院病床数(每千人)(9)			2.2	2.2	2.2	2.0				

资料来源：

1.南非统计局，住户调查，2002−2009年；收入和支出调查，2000年；收入和支出调查，2005−2006年；地区卫生信息系统，2010年；《南非卫生回顾》(各期)。

2.南非财政部，《预算回顾》(各期)。

脚注：

(1)不包括自住房估算的租金。

(2)按消费者价格指数进行了调整。

(3)指年满20岁但还没有完成小学教育的人(相当于7年级教育)。修订数据。

(4)指不会阅读或者不能以任何一种语言书写的人。修订数据。

(5)根据家庭马桶是否与公共污水处理系统相连进行数据修订。

(6)完全拥有或部分拥有。

(7)完全拥有或部分拥有的住所。

(8)所有在住房或者院子里安装了管道或自来水管的人口，指全部人口而不仅仅指城市人口。

(9)每一千个没有医疗保险的人。

图6.1 公共教育支出占GDP比重

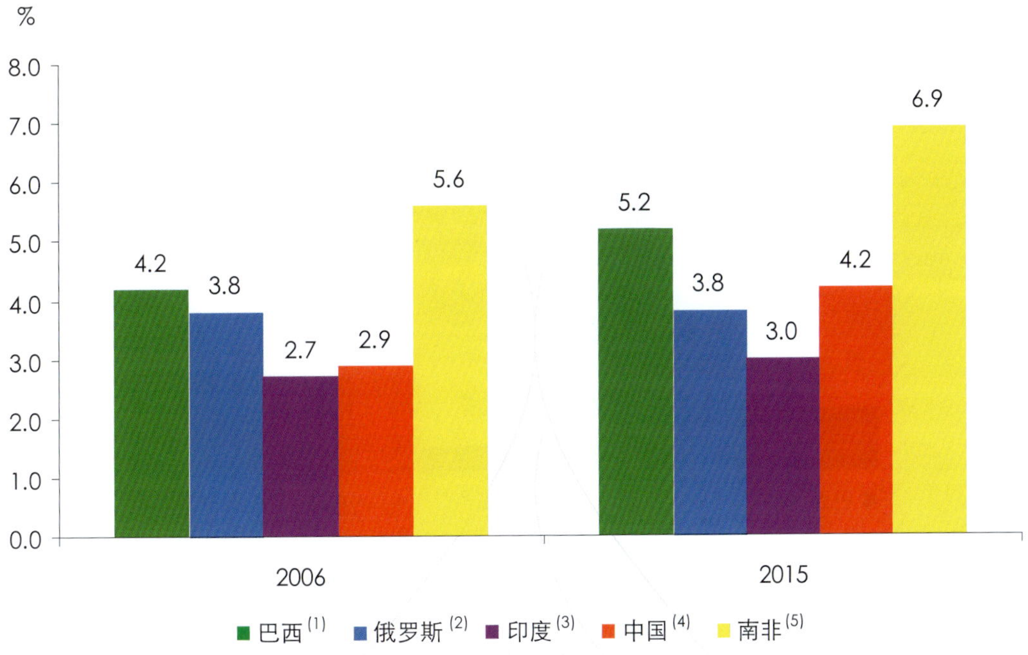

注：（1）2015年数据为2013年数据。
（2）2015年数据为初步数据。
（3）2015年数据为预算估计数据。
（4）2015年数据为2014年数据。
（5）2015年数据为2012年数据。

图6.2 公共卫生支出占GDP比重

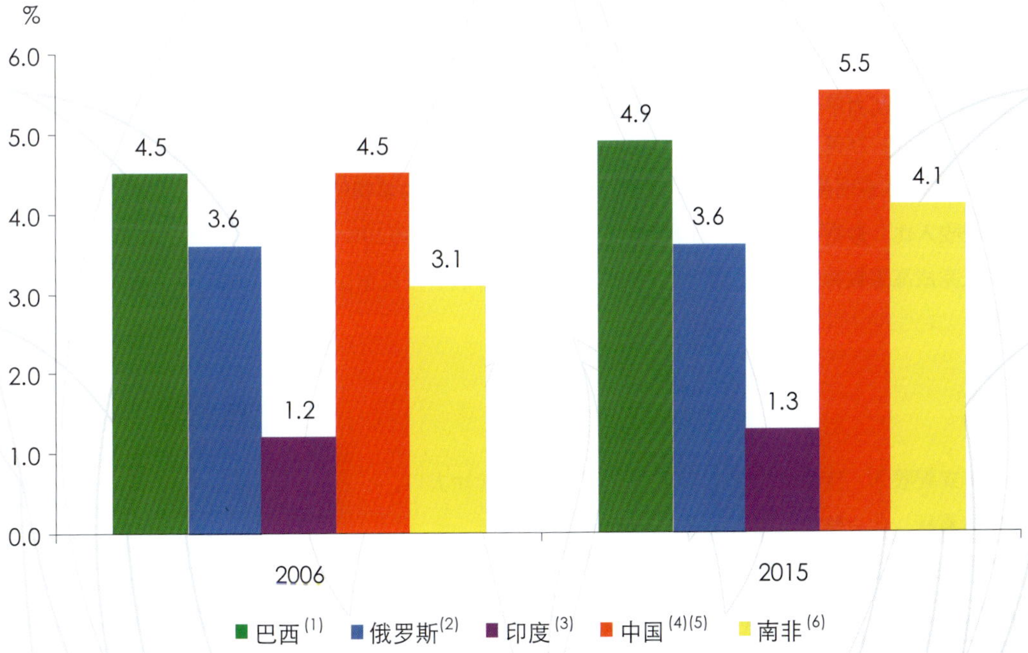

注：（1）2015年数据为2013年数据。
（2）2015年数据为初步数据。
（3）2015年数据为预算估计数据。
（4）卫生总费用占GDP的比重。
（5）2015年数据为2014年数据。
（6）2015年数据为2012年数据。

图6.3　2015年每百人小汽车拥有量

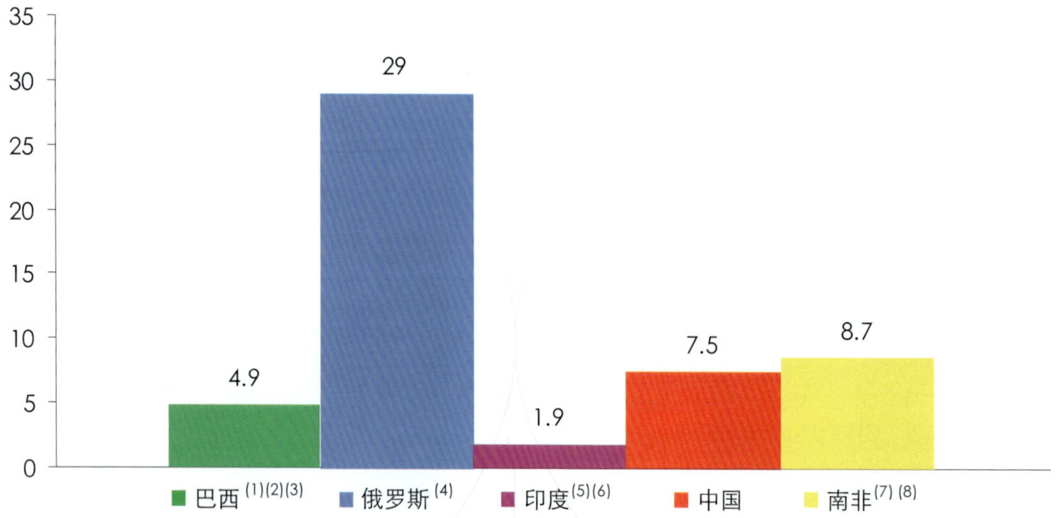

注：(1)每百人车辆拥有量。

(2)估计数据。

(3)2015年数据为2014年数据。

(4)乘用车。

(5)数据是由当年3月31日注册乘用车数量除以年中人口得到的。

(6)初步数据。

(7)数据来源于一般住户调查(GHS)。在该调查中，受访者被询问是否至少拥有一辆车。计算公式为：拥有在用车辆的住户总数量/总人口数*1000。

(8)2015年数据为2014年数据。

主要统计指标解释

通用解释

国际贫困线（按购买力平价计算的每天1.25美元）以下的人口占总人口比例　每天依靠不足2005年国际价格（根据购买力平价折算）1.25美元生活人口所占百分比。

20%人口分组的收入或消费百分比份额　20%人口分组（五等分）的累积份额。

五等分高低收入比　最富有20%人口的平均收入（或消费）与最贫困20%人口的平均收入（或消费）之比。

25岁及以上完成高等教育的人口占比　25岁及以上完成高等教育（根据国际教育标准分类5或6）的人口占总人口百分比份额。

国家解释

巴西

住户人均可支配收入　住户可支配收入除以当年7月1日的常住人口。

住户人均储蓄额　住户储蓄总额除以当年7月1日的常住人口。

工资　为月度工资，为通常在参考月份即每年9月份领取的工资。

a）雇员收入　为正常工作整月的情况下每个月的总收入。如果收入是变化的，那么平均月收入则为调查年份的参考月份的收入。雇员月收入统计不包括企业发给雇员的第13个月（第14个月，第15个月等）工资以及企业支付给工人的利润分成，另外，住房、食品、服装、交通、用餐和食品券等也不包括在雇员收入的统计范围之内。

b）雇主及自用生产者收入　通常为每月的盈余。如果每月盈余是变化的，则指调查年份参考月的平均月度盈余。盈余为总收入减去总支出（项目费用，例如支付雇员、原材料、电费、电话费用）之后的获利。为了雇主自己消费而进行的企业生产收入不包括在内。

俄罗斯

实际工资增长率　是用工资总额除以相应时间内的消费价格指数得到的。平均名义工资是用雇员总的应发工资除以年平均雇员数。雇员总应发工资包括雇主在完整或不完整的时间段内以货币或非货币形式支付给雇员的总工资，其中包括与工作条件相关的补偿性支出、罚款、额外费用、奖金、用餐、居住等费用，这些支付具有定期性的特征。从各州预算外社会基金中支付给雇员的福利不包括在工资范围之内。

医生总数　包括拥有高等医学教育学历，在治疗和卫生机构、社会保障机构、研究机构、个人培训机构、公共卫生管理机构和其他机构中从业的医生。

医院床位数　是指配备必需设备，并随时准备接收病人的病床。

公园和绿地面积　包括公共使用的绿地面积（公园、花园、广场和公园道路）、森林公园和城市花园。

基尼系数　为衡量人口收入实际分布与绝对平等分配线的偏离程度的指标。

印度

基尼系数　是印度国家计划委员会根据全国抽样调查得到的消费支出数据计算的（消费支出数据在印度被作为测量不平等程度的基础数据）。基尼系数有单一报告期数据，也有混合报告期数据。本表采用的是混合报告期数据，即对于不同项目采用不同的回忆期。

高等教育　根据印度政府人力资源发展部高等教育司印度教育标准分类2014（InSED），高等教育定义如下：高等教育建立在高中教育之上，提供专业教育领域的学习活动。它针对综合且专业的高层次学习。高等教育包括通常认为的学术教育，还包括中专或职业教育。

在国家统计体系的就业和失业及教育调查中中，“高等教育”没有予以定义。不过，为本手册起见，总体受教育水平达到“大学本科及以上”的则被看作完成了“高等教育”。

中国

国家财政性教育经费　包括国家财政预算内教育经费，各级政府征收用于教育的税费，企业办学校教育经费，校办产业、勤工俭学和社会服务收入用于教育的经费。

城市燃气普及率　是报告期末使用燃气的城市人口数与城市人口总数的比率。

城市人均公园绿地面积　为城市公园绿地面积与城市人口总数的比值。城市公园绿地指向公众开放的，以游憩为主要功能，有一定的游憩设施和服务设施，同时兼有健全生态，美化景观，防灾减灾等综合作用的绿化用地。

普通高等学校　指按国家规定的设置标准和审批程序批准举办的，通过全国普通高等学校统一招生考试，招收高中毕业生为主要培养对象，实施高等学历教育的全日制大学、独立设置的学院和高等专科学校、高等职业学校及其他机构（独立学院和分校、大专班）。口径上仅包括普通本专科生。

普通中学　分为普通高级中学和普通初级中学两个阶段。普通初级中学指独立设置的招收小学毕业的适龄人口进行初级中等基础教育的机构。普通高级中学指独立设置的招收初中毕业生进行高级中等基础教育的教育机构。

职业中学　包括职业初中和职业高中。指经县或县以上教育行政部门批准，招收小学或初中毕业生实施初级或高级中等职业技师教育的教学机构。

普通小学　指由县或县以上教育行政部门批准，招收学龄儿童实施初等教育的教学机构。

特殊教育　指独立设置的招收盲聋哑和智残儿童，以及其他特殊需要的儿童、青少年进行普通或职业初、中等教育的教学机构。

学前教育　包括幼儿园和学前班。幼儿园是指招收三岁以上（含三岁）学龄前儿童，对其进行保育和教育的单位。设立幼儿园须经县级以上教育行政部门或乡（镇）人民政府审查合格，并予备案。学前班是指在部分不能满足学龄前幼儿三年入园的地区，组织学龄前儿童进行一年教育的一种形式。

执业(助理）医师　指具有《医师执业证》及其“级别”为“执业（助理）医师”且实际从事医疗、预防保健工作的人员，不包括实际从事管理工作的执业医师。执业（助理）医师类别分为临床、中医、口腔和公共卫生。

每千人口执业(助理)医师=（执业医师数+执业助理医师数)/人口数×1000。人口数系公安部户籍人口。

每千人口医院、卫生院床位数=(医院床位数+卫生院床位数)/人口数×1000。人口数系公安部户籍人口。

南非

高等教育学历　包括高级证书、研究生证书、学士学位、荣誉学位、高等学位等。

资源和环境

表 7.1　　资源和环境概况

	2000	2006	2007	2008	2009	2010	2011	2012	2013	2014
森林面积(万公顷)										
巴西	54594					51952		46300		49350
俄罗斯[(1)]	87154	87076	87076	87079	87081	87098	87118	87181	87183	87184[(2)]
印度[(3)]	6984	7003	6997	6998	6999	7003	7004	7001	6979	7017[(4)]
中国	17491	19545	19545	19545	20769	20769	20769	20769	20769	20769
南非	133	128	127	126	128	127	127			
多年生作物面积(万公顷)										
巴西	618	634	632	634	616	622	630	611	590	573
俄罗斯[(1)]	186	180	179	179	180	180	180	180	181	183[(2)]
印度[(11)]		789	807	837	860	966	935	967	995	924
中国[(5)]	1100	1260	1325	1360	1400	1450	1520	1580	1600	
南非	96	83	81	80	79	79	78			
人均二氧化碳排放量										
巴西(千克)	9952	8151	7604	7854	5238	5222	5140	4774	5123	4969
俄罗斯(千克)[(6)]	14493	17109	16918	17109	15722	16251	16593	16955	16500	
印度(千克)[(7)]	940	1120	1210	1260	1410	1450	1500	1580	1490	
中国(千克)										
南非(千克)	8	9	9							
人均二氧化硫排放量										
巴西(克/立方米)[(8)]	82	66	80	56	39	48				
俄罗斯(千克)[(9)]	37	33	32	32	31	31	30	30	29	28
印度(千克)										
中国(千克)[(10)]	16	20	19	18	17	16	17	16	15	14
南非(千克)										

资料来源：

巴西

1.《2015年全球森林资源评估》。

2. 巴西国家地理与统计局，市政农业生产调查。

3.《巴西第二次〈联合国气候变化框架公约〉全国信息通报》第5章第1节第2部分。

4.《全国按来源和去向划分的温室气体人为排放量》的附件部分《1990至2005年按气体种类和部门划分的温室气体排放量估计》，2010年于巴西利亚出版。

5. 巴西国家地理与统计局调查司，1980至2050年巴西按性别和年龄划分的人口预测，2010年于巴西利亚出版。

6. 巴西国家地理与统计局《巴西可持续发展指标》。

7. 巴西科学技术创新和通信部。

俄罗斯

1. 俄罗斯联邦统计局。

2. 俄罗斯联邦地理登记、地籍勘察和制图局。

3. 俄罗斯联邦水文气象和环境监测局。

印度

1. 印度农业部经济和统计处，《土地利用统计一览》。

2. 印度环境和森林部，《印度森林调查》和《印度森林状况报告》(各期)。

3. 国际能源组织数据。

中国

1.中华人民共和国国家统计局，《中国统计年鉴》，2015年。

2.中华人民共和国环境保护部。

3.世界银行《世界发展指标》数据库。

南非

世界银行前年发展指标。

脚注：

巴西

(8)浓度数据(g/m³)的地域范围仅限某些大都市区(累西腓、萨尔瓦多、 贝洛奥里藏特、 维多利亚、 里约热内卢、圣保罗、 库里蒂巴、阿雷格里港和联邦区)，二氧化硫排放浓度值未使用人口数进行加权调整。

俄罗斯

(1)年终数据。

(2)不包括克里米亚地区。

(6)数据由俄罗斯水文气象和环境监测局提供。二氧化碳排放量数据参考了土地利用情况，并随着土地利用情况的变化而有所变化。森林面积数据来自依据蒙特利尔议定书进行监测的、俄罗斯1990−2013年按照排放源分类的人类引起的气体排放以及按照温室气体吸收分类的吸收量数据库。

(9)固定污染源排放物。

印度

(3)除2013年、2014年以外的数据指的是农业年度(当年7月至下年6月)。2013年、2014年后的数据为初步数据，根据“印度森林调查”估算得到。

(4)2015年评估数据。全国数据来自国家遥感中心。海德巴拉数据是2013年10月至2014年2月的数据。

(7)燃料燃烧产生的二氧化碳(按人均计算)排放量按部门汇总。如果将土地利用变化情况和森林情况考虑进来，根据印度环境和森林部发布的《印度第二次〈联合国气候变化框架公约〉全国信息通报》，2000和2007年印度人均二氧化碳排放量则分别为0.7和1.08吨。

(11)农业年度数据，即表中年份7月至次年6月的常年园艺作物。

中国

(5) 世界银行《世界发展指标》数据库，利用土地面积乘以多年生作物占土地面积比重计算。

(10) 当年二氧化硫排放总量与当年平均人口数的比值。

表 7.2.1　资源和环境——巴西

	2000	2006	2007	2008	2009
自然资源					
淡水资源-总量(立方米/秒)[1]	247889	228460	228221	215991	216473
保护区(个)					304
保护区面积(万公顷)					7399
主要矿产储量					
原油(亿吨)	18	16	17	17	17
天然气(亿立方米)	3608	5876	5834	5879	6004
石灰岩(亿吨)	455	460	488	503	530
装饰性石料(亿吨)		180	158	267	272
铁矿(亿吨)	113	261	196	400	200
镁矿和白云石(亿吨)	35	3	3	6	3
煤矿(亿吨)	74	93	93	93	25
粘土(亿吨)	18	48	55	59	62
云母(万吨)	10	124	[2]		
高岭土(亿吨)	25	73	73	73	73
工业用砂(万吨)	161	258	269	274	266
铝(铝土矿)(亿吨)	18	35	36	26	16
长石、白榴石和霞石(万吨)		44		43	16
正长岩(亿吨)	5	11	12	12	12
石膏(亿吨)	9	13	13	13	12
滑石(万吨)	5703	18614	10691	18000	18000
盐(万吨)		3032	3032		2164
其他装饰性石料(万吨)		25011	38193	40083	39165
	2010	2011	2012	2013	2014
自然资源					
淡水资源-总量(立方米/秒)[1]	220294	246432	231916	231916	
保护区(个)			313	320	
保护区面积(万公顷)			7506	7601	
主要矿产储量					
原油(亿吨)	19	20	21	21	22
天然气(亿立方米)	8233	9055	9181	8388	8593
石灰岩(亿吨)					
装饰性石料(亿吨)					
铁矿(亿吨)	204	296	199	231	
镁矿和白云石(亿吨)	3	2	2	2	
煤矿(亿吨)	25	24	22	32	
粘土(亿吨)					
云母(万吨)	400	<400	<500		
高岭土(亿吨)	73	72	74	71	
工业用砂(万吨)					
铝(铝土矿)(亿吨)	26	57	59	71	
长石、白榴石和霞石(万吨)	32	32	32	32	
正长岩(亿吨)					
石膏(亿吨)	2	2	3	3	
滑石(万吨)	22700				
盐(万吨)	2165	2163	2163	2163	
其他装饰性石料(万吨)					

资料来源：

1. 奇科门德斯生物多样性保护研究所报告。网址：http://www.icmbio.gov.br/portal/images/stories/servicos/geoprocessamento/DCOL/dados_tabulares/Dados_Gerais_das_UC_fev_2015.pdf
2. 国家水利署。巴西水资源商情2013年报告。网址：http://arquivos.ana.gov.br/institucional/spr/conjuntura/PDFs%20agregados/ANA_Conjuntura_Recursos_Hidricos_Brasil_capitulos_.pdf
3. 巴西矿产和能源部全国矿产局，国家石油管理局。2015年3月报告。网址：http://www.dnpm.gov.br/dnpm/sumarios/sumario-executivo-2014/view.
4. 巴西国家环境部，国家登记保护区。网址：www.mma.gov.br/cadastro_uc

脚注：

(1)直至2012年的最佳信息为历史均值为214361。

(2)2007年云母储量定性判断为丰富。

表 7.2.2 资源和环境——俄罗斯

	2000	2010	2011	2012	2013	2014
自然资源						
淡水资源(亿立方米)[1]	45230	43317	43987	42179	46146	46230
年径流量(亿立方米)[2]	618		535	516	493	506
保护区数量(个)[3]	135	141	143	144	146	150
保护区面积(万公顷)[3]	4006	4157	4301	4324	4526	4657
主要矿产储量[4]						
原油(亿吨)	245	282	287	289	292	294
天然气(万亿立方米)	63.8	67.8	68.4	68.9	69.3	70.3
煤矿(亿吨)	2772	2730	2731	2740	2741	2739
铁矿(亿吨)	1020	990	989	1007	1060	1094
锰矿(万吨)	15450	23210	23210	23200	23020	23000
铜矿(万吨)	8450	8960	9270	9140	9080	9190
铅矿(万吨)	1960	1960	1950	1940	1930	1940
锌矿(万吨)	6090	6070	6060	6030	6030	6030
铝土矿(万吨)	153950	143740	143120	142710	142120	141400
钨矿(万吨)	172	148	147	157	157	156
锡矿(万吨)	230	226	222	217	217	217
锑矿(万吨)	30	32	32	32	31	34
金矿(万吨)	0.9	1.2	1.3	1.3	1.3	1.3
银矿(万吨)	11	11	11	12	12	12
石墨矿(万吨)	8820	8820	8810	8810	8810	9040
人均氮氧化合物排放量(千克)[5]	**12**	**13**	**13**	**14**	**13**	
人均一氧化碳排放量(千克)[6]	**34**	**39**	**40**	**42**	**37**	
环保支出占GDP的比重(%)	**1.5**	**0.8**	**0.8**	**0.7**	**0.7**	**0.8**

资料来源：

1.俄罗斯联邦统计局。

2.俄罗斯联邦水资源管理局。

3.俄罗斯联邦地下储量管理局。

4.俄罗斯联邦水文气象和环境监测局。

5.俄罗斯联邦自然资源与环境部。

脚注：

(1)俄罗斯联邦水文气象和环境监测局数据，数据为地表径流总量。

(2)数据是由俄罗斯联邦水资源管理局生产和发布的。

(3)包括国家级的自然保护区以及国家公园。

(4)数据是由俄罗斯自然资源与环境部生产和发布的。

(5)对固定污染源排放的氮氧化合物可以折算成二氧化氮排放量。

(6)为固定污染源一氧化碳排放量。

表 7.2.3　资源和环境——印度

	2000	2006	2007	2008	2009	2010	2011	2012	2013	2014	2015
自然资源											
淡水资源[(1)]											
总计(亿立方米)	11230	11230	11230	11230	11210	11210	11230	11230	11230	11230	11230
地表水(亿立方米)	6900	6900	6900	6900	6900	6900	6900	6900	6900	6900	6900
地下水(亿立方米)	4330	4330	4330	4330	4310	4310	4330	4330	4330	4330	4330
保护区数量(个)											
国家公园(个)	89	96	98	99	99	102	102	102	102	103	103
野生动植物园区(个)	489	506	510	513	513	516	517	524	526	525	531
保护区数量(个)[(2)(3)]	578	606	619	661	661	669	675	686	689	692	726
保护区面积											
国家公园(平方公里)	37594	38183	38220	39233	39233	40074	40074	40074	40074	40333	40500
野生动植物园区(平方公里)	117882	120244	120544	122138	122138	122586	122616	123548	124235	116254	117608
保护区面积(平方公里)[(2)(3)]	155476	158470	158879	162651	162651	164063	164512	165642	166348	158645	160499
主要矿产储量[(4)]											
原油(万吨)	70300	75600	72500	77000	77300	77500	75700	76000	75800	76274	76300
天然气(亿立方米)	7600	10750	10550	10900	11150	11490	12780	13300	13550	14272	14880
煤(亿吨)						2670			2989	3020	
铁矿(亿吨)	63					81			66		
锰矿(万吨)	10454					14198			9587		
铜矿砂(万吨)	28958					39437			23757		
金属铜(万吨)	301					477			300		
铅金属(万吨)	134					225			212		
锌金属(万吨)	641					1245			1089		
铅锌金属(万吨)	10083					10898			10280		
铝土矿(万吨)	52410					59294			83020		
金原矿石(万吨)	1009					2412			1462		
黄金(吨)	59					111			72		
银矿砂(万吨)	9198					18756			11828		
银(万吨)	0.3					0.8			0.8		
石墨(万吨)	480					803			847		
环境支出(亿卢比)[(5)]	**16.2**	**20.9**	**22.4**	**24.0**	**25.3**	**46.6**	**46.5**	**38.8**	**41.6**	**50.4**	**48.6**
环境支出占GDP的比重(%)[(5)]	**0.007**	**0.005**	**0.004**	**0.004**	**0.004**	**0.006**	**0.005**	**0.004**	**0.004**	**0.004**	**0.004**

资料来源：

1.印度水资源部中央水资源委员会，《水资源及相关统计》。

2.印度环境和森林部、印度野生动物所，国家野生动物数据库。

3.印度石油和天然气部，《印度石油和天然气统计》。

4.印度矿业部，印度矿务局，《印度矿产目录——矿产目录一览》(各期)。

脚注：

(1)该数据各年份相同，数据来自中央水资源委员会水资源再评估研究成果。

(2)包括陆地和海洋保护区。

(3)包括国家公园、野生动物保护区、资源保护区和部落保护区。

(4)3月31日或4月1日数据。

(5)环境支出为财政年度数据(当年4月至下年3月)，GDP数据按市场价格的现价计算。2015年环境支出数据为2015年4月到2016年1月。

表 7.2.4　资源和环境——中国

	2000	2006	2007	2008	2009	2010	2011	2012	2013	2014
自然资源										
淡水资源总量(亿立方米)	27701	25330	25255	27434	24180	30906	23257	29529	27958	27267
自然保护区数(个)	1227	2395	2531	2538	2541	2588	2640	2669	2697	2729
自然保护区面积(万公顷)	9821	15154	15188	14894	14775	14944	14971	14979	14631	14699
主要矿产储量										
原油(万吨)		275857	283254	289043	294920	317435	323968	333258	336733	343335
天然气(亿立方米)		30009	32124	34050	37074	37793	40206	43790	46429	49452
煤炭(亿吨)		3335	3261	3261	3190	2794	2158	2299	2363	2400
铁矿(亿吨)		221	224	226	213	222	193	195	199	207
锰矿(万吨)		22856	22444	23440	18577	19516	18241	20938	21548	21415
铜矿(万吨)		3070	2932	2891	2951	2871	2812	2734	2752	2836
铅矿(万吨)		1351	1346	1360	1340	1272	1292	1455	1578	1721
锌矿(万吨)		4227	4251	4282	3839	3251	3124	3491	3766	4034
铝土矿(万吨)		74167	75073	73514	83924	89733	105064	90590	98324	98322
镍矿(万吨)		273	299	287	282	312	272	261	254	253
钨矿(万吨)		241	241	235	229	221	157	234	235	233
锡矿(万吨)		154	152	146	144	138	139	118	116	111
锑矿(万吨)		95	95	74	77	71	56	45	46	53
金矿(万吨)		0.20	0.19	0.19	0.19	0.19	0.18	0.19	0.19	0.20
银矿(万吨)		5	4	4	4	4	4	4	4	4
石墨(万吨)		5395	5481	5749	5432	5412	6230	4879	5348	4129
环境污染治理投资占国内生产总值的比重(%)		**1.28**	**1.37**	**1.56**	**1.52**	**1.86**	**1.47**	**1.55**	**1.54**	**1.51**

资料来源：

1.中华人民共和国环境保护部，年度统计资料，2000—2014年。

2.中华人民共和国水利部，年度统计资料，2000—2014年。

3.中华人民共和国国家统计局，《中国统计年鉴》，2000—2015年。

表 7.2.5　资源和环境——南非

	2000	2005	2008	2010
自然资源				
自然保护区数(个)				488
自然保护区面积(万公顷)				7605
主要矿产储量				
铁矿(万吨)			150000	
锰矿(万吨)			400000	
铜矿(万吨)			1300	
铅矿(万吨)			300	
锌矿(万吨)			1500	
镍矿(万吨)			1200	
锑矿(万吨)			20	
金矿(万吨)			3	
环保支出占GDP的比重(%)	**0.01**		**0.01**	**0.01**

资料来源：

1.南非水利局，2010年。

2.南非环境事务局，2010年。

图7.1　森林面积（2014年）

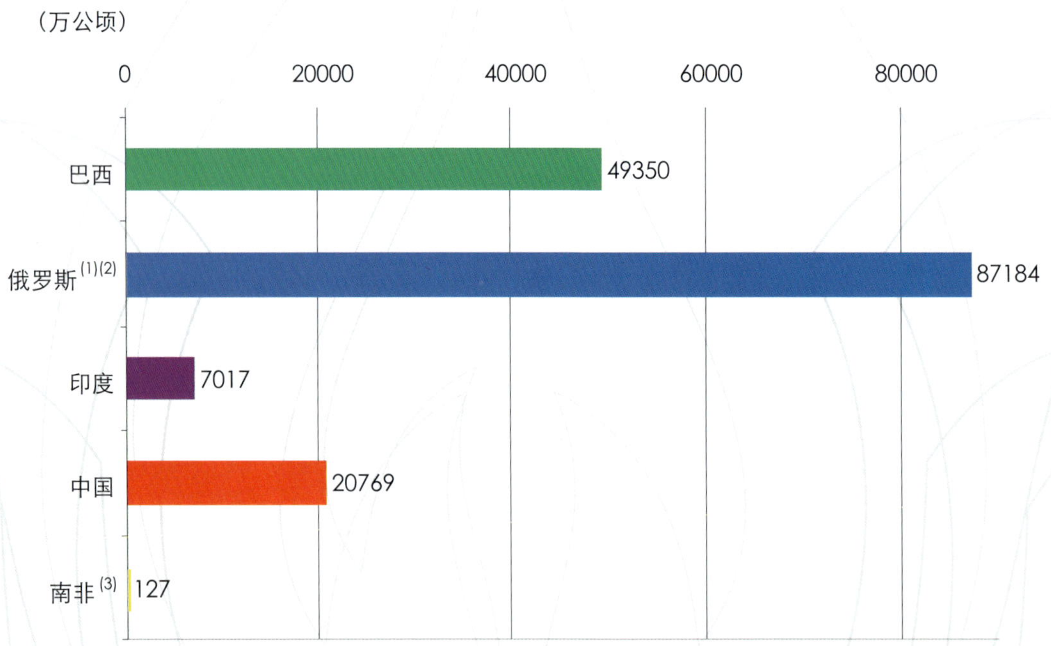

注：(1)年终数据。

(2)不包括克里米亚地区。

(3)2011年数据。

主要统计指标解释

国家解释

巴西

淡水资源 到2012年巴西淡水资源径流量的历史均值为 214361立方米/秒。

人均二氧化硫排放量 数据的地域范围仅限某些大都市区（累西腓、萨尔瓦多、 贝洛奥里藏特、 维多利亚、 里约热内卢、 圣保罗、 库里蒂巴、阿雷格里港和联邦区），二氧化硫排放浓度值未使用人口数进行加权调整。

多年生作物面积 是几年内不需要再重新种植的长期生长作物的土地面积，如可可和咖啡。它包括花卉型的树木和灌木及苗圃，但是不包括归入森林类的树木和多年生草场和牧场。

人均二氧化碳排放量 第3次全国温室气体大会后，对数据进行了修订。2015年的数据修订包含了1970−2014年的所有部门，不过土地的使用只修订了1990−2014年的数据。

方法论的基础是巴西人为排放和温室气体的去除，这一估计是有巴西科学技术创新通信部发布的。第3次大会涉猎了农业、能源和工业加工和废弃物等部门的方法论。土地使用的变化采用了第二次大会的存量数据方法论。”

俄罗斯

多年生作物面积 指种植多年生作物(水果和浆果种植园、葡萄、茶叶、多年生缠绕草本植物等)的农业用地面积。

淡水资源 指国内可再生的淡水资源（河流径流量以及国内降水形成的地下水）。

年径流量 为年淡水取用量，没有考虑蓄水池损失。

印度

人均二氧化碳排放量 是用二氧化碳排放总量除以年中人口得到，数据代表二氧化碳排放量净值（含处理掉的二氧化碳）。印度环境和森林部有时需要向联合国通报数据，这时按《联合国气候变化框架公约》统计该数据时会将土地利用变化情况和森林情况考虑进来。虽然7.1表提供了时间序列数据，但仅指燃料燃烧产生的排放量，汇总方法为根据国际能源机构规定的按部门统计的方法进行汇总。

多年生作物 包括所有的水果、坚果和大田作物。

中国

水资源总量 指一定区域内的水资源总量指当地降水形成的地表和地下产水量，即地表径流量与降水入渗补给量之和，不包括过境水量。

自然保护区 指对有代表性的自然生态系统、珍稀濒危野生动植物物种的天然分布区、水源涵养区、有特殊意义的自然历史遗迹等保护对象所在的陆地、陆地水体或海域，依法划出一定面积进行特殊保护和管理的区域。以县及县以上各级人民政府正式批准建立的自然保护区为准。风景名胜区、文物保护区不计在内。

环境污染治理投资 指在工业污染源治理和城市环境基础设施建设的资金投入中，用于形成固定资产的资金。包括工业新老污染源治理工程投资、建设项目“三同时”环保投资，以及城市环境基础设施建设所投入的资金。

工业

表 8.1　工业概况

	2000	2006	2007	2008	2009	2010	2011	2012	2013	2014	2015
工业生产指数(上年=100)											
巴西	106.6	102.7	106.0	103.1	92.9	110.2	100.4	97.7	102.1	97.0	91.7
俄罗斯	108.7	106.3	106.8	100.6	89.3	107.3	105.0	103.4	100.4	101.7	96.6(1)
印度(2)	105.0	112.9	115.5	102.5	105.3	108.2	102.9	101.1	99.9	102.8	102.4
中国(3)	111.4	116.6	118.5	112.9	111.0	115.7	113.9	110.0	109.7	108.3	106.1(1)
南非	104.2	104.7	104.2	99.6	86.2	104.6	102.8	102.2	101.3	100.1	100.0
原油产量											
巴西(万吨)	6200	8720	8850	9200	9870	10400	10650	10460	10240	11410	12330
俄罗斯(万吨)(4)	32400	48100	49100	48800	49450	50600	51240	51900	52200	52600	53300(1)
印度(万吨)(2)	3243	3399	3412	3351	3369	3768	3809	3786	3779	3750(1)	
中国(万吨)	16300	18477	18632	19043	18949	20301	20288	20748	20990	21140	21460(1)
南非(万升)(5)	210		260								
发电量(亿千瓦时)											
巴西	3490	4193	4490	4630	4630	5160	5330	5525	5700	5905	5608(6)
俄罗斯	8778	9958	10153	10404	9920	10380	10549	10693	10591	10642	10634
印度(2)(7)	5545	7525	8131	8409	9060	9657	10514	11085	11756	12560(1)	
中国	13556	28657	32816	34669	37147	42072	47130	49876	54316	56496	58106(1)
南非	2107	2538	2635	2583	2496	2596	2625	2579	2561	2547	2497

资料来源：

巴西

1.巴西国家地理与统计局，2000−2015年工业生产指数。
2.国家石油天然气和生物燃料局。
3.巴西国家电力调度中心。
4.巴西能源研究公司。

俄罗斯

俄罗斯联邦统计局。

印度

1.印度统计和计划执行部，《工业生产指数快报新闻发布稿》。
2.印度石油和天然气部，《印度石油和天然气统计》(各期)。
3.财政部，《经济调查》，2015−2016年。

中国

1.中华人民共和国国家统计局，《工业统计年报》，2000−2015年。
2.中华人民共和国国家统计局，《工业生产调查月报》，2000−2015年。
3.中华人民共和国国家统计局，《中华人民共和国2015年国民经济和社会发展统计公报》。

南非

1.南非石油工业协会。
2.南非统计局，《月度制造业生产和销售调查》，2000−2015年。
3.南非统计局，《月度电力生产和配送调查》，2000−2015年。

脚注：

巴西

(6)数据来自巴西能源研究公司。

俄罗斯

(1)初步数据。
(4)包括液态天然气。

印度

(1)初步数据。
(2)印度数据为财政年度数据，即当年4月至下年3月。
(7)指公用事业单位和非公用事业单位的总发电量(包括火电，水电和核电)。2008年数据不是财政年度，为日历年度数据(非2008−2009财年数据，即2008年4月到2009年3月)。

中国

(1)初步数据。
(3)规模以上工业企业的覆盖范围在2011年进行了调整，即从2011年起为年主营业务收入2000万元以上工业企业，2011年之前为年主营业务收入500万元以上的工业企业。

南非

(5)包括汽油、飞机燃料、照明石蜡、燃料油、沥青、液化石油气。

表 8.2.1　主要工业产品产量——巴西

	2000	2006	2007	2008	2009	2010	2011	2012	2013	2014
原煤产量(万吨)	600	700	700	700	700	610	770	740	900	
天然气产量(亿立方米)[1]	133	198	181	216	211	229	241	258	282	319
铁矿石原矿产量(万吨)	21800	45800	51700	40900	34310	43520	46930	46960	45410	
钢产量(万吨)	3021	4414	5110	5494	4240	4924	5233	5112	5193	
乘用车产量(万辆)	132	222	246	271	270	292	285	301	317	
家用电冰箱产量(万台)	435	611	641	702	760	786	797	828	910	
电视机产量(万台)	602	1289	1139	1087	864	1221	1354	1408	1496	
移动电话使用量(万部)[2]	1092	6172	6927	6952	5585	5762	6313	5691	6246	
家用洗衣机产量(万台)	321	440	594	610	739	753	867	1001	1033	
农用化肥产量(万吨)	1907	2121	2703	2859	2220	2368	2951	3072	3219	
锯材产量万(立方米)	1350	2905	2267	2683	1778	1916	1967	2099	2323	
机制纸及纸板产量(万吨)		1600	1700	1900	1830	1910	1950	2190	2210	
水泥产量(万吨)	3643	4156	4434	5251	5327	6847	7030	7904	7408	
棉布产量(万吨)	50	100	100	100	60	70	60	60	50	
毛机织物(呢绒)产量(万套)	18	197	231	184	104	204	186	52	36	
鞋产量(吨)[3]	8865	22364	21091	32396	62978	52426	32484	76719	66301	

资料来源：

巴西国家地理与统计局，年度工业调查，2000–2014年。

脚注：

自2005年起，年度工业调查覆盖所有雇员人数超过30人的公司。

(1)国家石油局。

(2)为全国移动电话产量。

(3)巴西鞋产量由两部分组成，一部分按重量(千克)统计，另一部分按数量(双)统计。例如2012年鞋产量约为74881吨+162585万双。

表 8.2.2　主要工业产品产量——俄罗斯

	2000	2006	2007	2008	2009	2010	2011	2012	2013	2014	2015[1]
原煤产量(亿吨)	2.6	3.1	3.1	3.3	3.0	3.2	3.4	3.6	3.5	3.6	3.7
天然气产量(亿立方米)	5840	6560	6530	6660	5830	6510	6710	6550	6680	6430	6330
铁矿石原矿产量(万吨)[2]	8680	10200	10500	10000	8680	9590	10400	10400	10200	10200	10100
钢产量(万吨)	5915	7082	7237	6871	5936	6684	6811	7039	6886	7055	6938
乘用车产量(万辆)	97	118	129	147	60	121	174	196	193	170	121
家用电冰箱产量(万台)[3]	133	300	354	373	281	356	410	430	413	369	312
电视机产量(万台)	112	460	682	703	488	1197	1471	1617	1471	1626	864
电话机产量(万部)	85	31	20	19	17						
家用洗衣机产量(万台)	95	202	271	269	231	276	303	336	387	386	349
矿物化肥产量(万吨)[4][5]	1221	1621	1730	1621	1464	1789	1883	1783	1844	1972	1992
锯材产量(万立方米)[6]	2058	2236	2442	2178	1909	2189	2264	2121	2174	2153	2139
纸及纸板产量(万吨)	530	740	760	770	740	770	760	780	780	820	810
水泥产量(万吨)[7]	3239	5473	5993	5355	4427	5039	5615	6169	6655	6914	6210
棉布产量(亿平方米)	18	22	21	19	15	15	12	14	13	12	12
毛机织物(呢绒)产量(万平方米)	5460	2900	2870	2390	1810	2070	1930	1410	1280	1170	930
鞋产量(万双)	5651	7867	7924	8192	8117	10279	11025	10332	11833	11582	9034

资料来源：

俄罗斯联邦统计局。

脚注：

(1)初步数据。

(2)2010年以后指精铁矿。

(3)家用电冰箱和冷冻柜。

(4)100%折纯量。

(5)从2010年开始，指的是矿物和化学肥料。

(6)包括枕木。2009年后的数据指的是纵向锯开或切开的、呈片状或去皮的、厚度需超过6毫米的木材，以及未浸染的铁路或电车轨道枕木。

(7)从2010年开始，指的是硅酸盐水泥、硫酸铝水泥、熔渣水泥以及水凝水泥。

表 8.2.3 主要工业产品产量——印度

	2000	2006	2007	2008	2009	2010	2011	2012	2013	2014	2015
原煤产量(亿吨)	3.1	4.3	4.6	4.9	5.3	5.3	5.4	5.6	5.7	6.1[(1)]	
天然气产量(亿立方米)	295	317	324	328	475	522	476	407	354	337[(1)]	
铁矿石产量(万吨)	8059	18770	21325	21296	21855	20716	16858	13662	15218	12890[(1)]	
粗钢产量(万吨)	3100	5082	5386	5844	6584	7067	7429	7842	8169	8898	
乘用车产量(万台)	52	124	143	152	193	245	278	267	252	259	
家用电冰箱产量(万台)	213	504	614	672	800	872					
家用洗衣机产量(万台)	73	181	219	256	305	308					
农用化肥产量(万吨)[(2)]	1475	1610	1471	1433	1622	1638	1636	1574	1609	1627	
水泥产量(所有种类)(万吨)	10400	16131	17431	18694	20663	21598	23049	24823	25583	27004	28284
棉布产量(不包括针织品)(亿平方米)	197	262	272	269	289	317	306	339	355	370	384[(1)]

资料来源：

1.印度财政部，《经济调查》。

2.印度石油和天然气部，《印度石油与天然气统计》(各期)。

3.印度矿产部矿业局。

4.印度钢铁部，《年度报告》(各期)。

5.印度统计和计划执行部，2016年《统计年鉴》。

6.印度化学品及化学肥料部化学肥料局，《年度报告》。

7.印度工商部计划局。

8.印度纺织部纺织专员办公室。

脚注：

数据按财政年度统计，即当年4月至下年3月。

(1)初步数据。

(2)仅指钾肥、氮肥和磷肥有效成份。

表 8.2.4　主要工业产品产量——中国

	2000	2006	2007	2008	2009	2010	2011	2012	2013	2014	2015(1)
原煤产量(亿吨)	14	26	28	29	31	34	38	39	40	39	38
天然气产量(亿立方米)	272	586	692	803	853	958	1053	1106	1209	1302	1346
铁矿石原矿产量(万吨)	22256	58888	70666	82674	88122	107771	130749	130964	148636	152672	138129
粗钢产量(万吨)	12850	41915	48929	50306	57218	63723	68528	72388	81314	82231	80383
乘用车产量(万台)	61	387	480	504	748	958	1013	1077	1210	1248	1163
家用电冰箱产量(万台)	1279	3531	4397	4800	5930	7296	8699	8427	9256	8796	7993
彩色电视机产量(显像管)(万台)	3936	8375	8478	9187	9899	11830	12231	12824	12745	14129	14476
移动通信手持机产量(万台)	5248	48014	54858	55945	68193	99827	113258	118155	152344	168203	181261
家用洗衣机产量(万台)	1443	3561	4005	4447	4974	6248	6716	6791	7301	7114	7275
农用化肥产量(万吨)	3186	5345	5825	6028	6385	6338	6419	6832	7026	6877	7432
锯材产量(万立方米)	634	2486	2829	2841	3230	3723	4460	5568	6298	6837	7429
纸及纸板产量(万立方米)	2487	6863	7792	8404	8965	9833	11011	10957	11323	11786	11774
水泥产量(万吨)	59700	123676	136117	142356	164398	188191	209926	220984	241924	249207	235940
棉布产量(亿米)	139	235	271	424	320	383	365	370	399	388	390
毛机织物(呢绒)产量(亿米)	3	4	5	9	5	6	5	5	5	6	6
皮革鞋靴产量(亿双)	15	30	32	33	35	42	43	45	45	45	46

资料来源：

1.中华人民共和国国家统计局，《工业统计年报》，2000–2015年。

2.中华人民共和国国家统计局，《工业生产调查月报》，2000–2015年。

3.中华人民共和国国家统计局，《中华人民共和国2015年国民经济和社会发展统计公报》。

4.中华人民共和国国家林业局，《统计年报》，2000–2015年。

脚注：

(1)初步数据。

表 8.2.5　按行业划分的主要工业产品销售额——南非

单位：亿兰特

	2000	2006	2007	2008	2009	2010	2011	2012	2013	2014	2015
钢铁产品销售额	353	797	995	1337	789	935	969	949	1016	1157	1081
汽车销售额	396	926	961	1045	742	877	919	929	1048	1237	1281
家用电器销售额	50	83	85	83	79	81	83	89	94	102	107
基本化学品销售额(1)	255	456	546	792	567	614	700	757	844	964	867
锯木及刨木销售额	35	72	77	79	64	71	76	82	88	94	110
纸和纸品销售额	255	364	389	467	436	478	494	523	558	609	658
非金属矿产品销售额(2)	157	314	355	382	363	370	392	409	446	461	457
纺织品销售额(3)	63	63	67	67	60	55	55	55	60	67	71
鞋销售额	31	31	34	37	38	40	41	44	46	51	51

资料来源：

南非统计局。

脚注：

(1)包括肥料。

(2)包括水泥。

(3)包括棉织品。

图8.1　工业生产指数

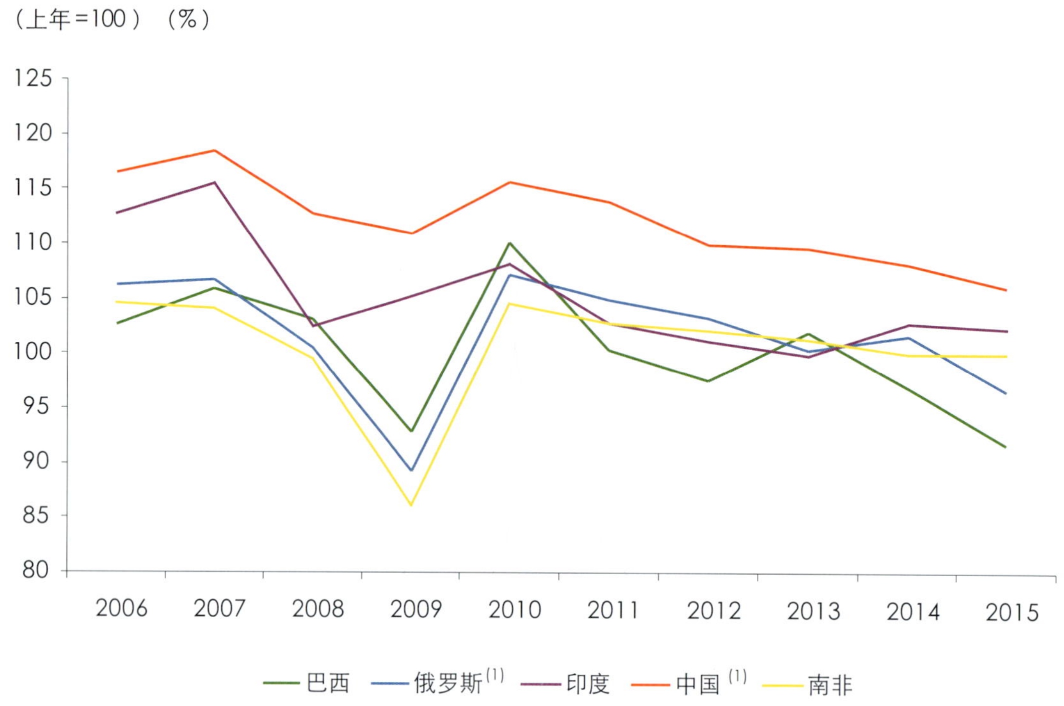

注：（1）2015年为初步数据。

主要统计指标解释

国家解释

巴西

主要工业产品产量数据　为雇员人数超过30人的制造业单位产量数据。

移动电话使用量　反映了全国移动电话产量。

俄罗斯

工业生产指数　按经济活动进行分类包括采矿和采掘业、制造业、电气水的生产和供应业，并根据非正规经济活动进行了调整。

印度

工业生产指数　是一个相关产量的简单加权算术平均值，权重与年度工业调查所取得的工业部门产值成正比。在行业层级，权重按各行业总产值比例分配。

新的印度工业生产指数基期是2004/2005年，涵盖范围扩大到682个调查品(可以合并成399个调查品类别，其中采矿业有1类，制造业397类，电力行业1类），包括61个采矿业调查品，620个制造业调查品，电力部门1个调查品，这三大部门在印度全国工业生产指数中的权重分别为14.16%、75.53%和10.32%。行业分类依照2004年印度国家行业分类标准（NIC－2004）。

中国

工业生产指数　为使用生产者价格指数缩减法所计算的规模以上工业企业的工业增加值的发展速度。2011年起规模以上工业企业为年主营业务收入2000万元以上工业企业，之前为年主营业务收入500万元以上的工业企业。

锯材　是指以原木为原料，利用锯木机械或手工工具将原木纵向锯成具有一定断面尺寸(宽、厚度）的木材加工生产活动而形成的木材。

能源

表 9.1　能源概况

	2000	2006	2007	2008	2009	2010	2011	2012	2013	2014	2015
一次能源生产总量(万吨标准油当量)											
巴西(1)	15333	21180	22348	23651	24110	25317	25653	25730	25826	27300	
俄罗斯	151620	179620	182070	183330	178780	187250	190120	191800	191400	191700	
印度(2)	20400	25271	26504	27843	30641	31774	32061	32082	32005	33700(3)	
中国(4)	97000	171330	184920	194190	200260	218490	238120	245730	251150	253310	253400(5)
南非	15300	15400	15400	15700	15700	16200	16100	16400			
能源总消费量(万吨标准油当量)											
巴西(6)	19000	22562	23801	25260	24393	26877	27234	28361	29621	30600	
俄罗斯	113120	122780	123900	126000	121660	127540	130760	132510	130830	133770	
印度(7)		37065	39381	41211	46678	48524	49780	51345	51605	53700(3)	
中国(4)	102870	200530	218010	224430	235290	252450	270930	281500	291840	298060	301000(5)
南非	9100	8600	8500	9200	8300	6900	6600	6300			
人均能源消费量											
巴西(千克标准油当量)(8)	1109	1198	1249	1312	1254	1368	1373	1417	1467	1514	
俄罗斯(吨标准当量)	7715	8581	8677	8828	8520	8928	9148	9255	9114	9156	
印度(千克标准油当量)		327	343	355	397	411	408	416	413	423(3)	
中国(千克标准油当量)(9)	809	1530	1654	1694	1768	1887	2016	2084	2150	2185	2195(5)
南非(千克标准油当量)	1799	1700	1680	1819	1641	1539	1275	1217			
能源净进口量占能源消费总量的比重(%)											
巴西	22.0	8.0	8.0	8.4	3.9	7.6	7.9	10.7	14.4	12.7	
俄罗斯	2.9	1.8	1.9	2.1	1.9	1.7	2.0	1.7	1.9	1.9	
印度						49.8(3)	51.3(3)	58.4(3)	63.4(3)	67.8(3)	
中国	3.4	7.2	8.1	8.5	11.6	13.6	14.7	15.3	15.7	16.2	
南非	21.0	25.0	24.0	27.0	26.0	26.0	33.0	41.0			
电力出口											
巴西(亿千瓦小时)	0.1	2.8	20.3	6.9	10.8	12.6	25.4	4.7		0.0	
俄罗斯(亿千瓦小时)	228.5	209.3	184.7	207.4	179.2	192.6	236.6	143.1	157.3	81.2	
印度(亿千瓦小时)			2.9	0.6	0.6	0.6	1.3				
中国(亿千瓦小时)	98.8	122.7	145.7	166.4	173.9	190.6	193.1	176.5	186.7	181.6	
南非(亿千瓦小时)	40.1	137.7	145.0	141.7	140.5	146.5	149.6	150.4			
电力进口											
巴西(亿千瓦小时)	443.5	414.5	408.7	429.0	410.6	359.1	384.3	407.2	403.3	337.8	
俄罗斯(亿千瓦小时)	87.9	51.2	56.7	31.1	30.7	18.6	99.7	83.4	114.6	88.7	
印度(亿千瓦小时)			52.3	53.6	56.1	56.1	56.1	51.5	56.1	50.0(3)	
中国(亿千瓦小时)	15.5	53.9	42.5	38.4	60.1	55.5	65.6	68.7	74.4	67.5	
南非(亿千瓦小时)	47.2	97.8	113.5	105.7	123.0	121.9	118.9	100.1			
电力消费											
巴西(亿千瓦小时)	3212	3900	4121	4283	4260	4647	4810	4984	5162	5311	
俄罗斯(亿千瓦小时)	8637	9800	10025	10227	9771	10206	10411	10633	10548	10650	
印度(亿千瓦小时)	3166	4564	5020	5276	5696	6170	6729	7088	7519	8143(3)	
中国(亿千瓦小时)	13472	28588	32712	34541	37032	41935	47001	49763	54203	56384	
南非(亿千瓦小时)	1957	2313	2412	2359	2296	2383	2025	2265			

表 9.1　能源概况

（续表）

	2000	2006	2007	2008	2009	2010	2011	2012	2013	2014	2015
人均电力消费											
巴西(千瓦小时)[12]	1839	2070	2163	2224	2190	2366	2425	2490	2557	2630	
俄罗斯(千瓦小时)	5931	6851	7020	7165	6843	7145	7283	7425	7350	7290	
印度(千瓦小时)[13]	512[14]	672	717	734	779	819	884	914	957	1010	
中国(千瓦小时)	1067	2181	2482	2608	2782	3135	3497	3684	3993	4133	
南非(千瓦小时)								3707[15]			

资料来源：

巴西

巴西矿业和能源部，《2015年巴西能源平衡短表》。

俄罗斯

俄罗斯联邦统计局，《能源平衡短表》。

印度

1.印度统计和计划执行部中央统计局，《能源统计》(2010年和2016年)。

2.印度电力部中央电力局，《2015年印度电力部门执行摘要》(各期)。

中国

1.中华人民共和国国家统计局，《中国能源统计年鉴》，2000−2015年。

2.中华人民共和国国家统计局，《中华人民共和国2015年国民经济和社会发展统计公报》

3.中华人民共和国国家统计局，《工业统计年报》，2000−2015年。

南非

南非统计局，《能源账户》、《发电量和可分配量》，2011年1月(统计发布第P4141号)。

脚注：

巴西

(1)一次能源生产总量包括不合格的和未使用的天然气。

(6)能源总消费量包括部门最终能源消费量和转换、分配和存储过程中的损耗以及能源部门最终消费量。

(8人均能源消费量=总消费量/人口数。

(12)人均电力消费量不包括能源部门的能源消费和损耗。

印度

数据为财政年度数据(当年4月至次年3月)。

(2)一次能源不包括火电。

(3)初步数据。

(7)包括的能源种类有煤炭、原油、天然气和电力(水电、核电和火电)。

(13)(总发电量+净进口量)/年中人口数。

(14)从第八个和第九个五年计划的期末(分别为1997年3月和2002年3月)的人均消费量估算得到该数据。

中国

(4)一次能源生产总量和能源消费总量中的电力、热力按等价热值折算。

(5)初步数据。

(9)人均能源消费量按年平均人口计算。

南非

(10)指在南非边界按计量体系测算的流出南非的能源物质。

(11)指在南非边界按计量体系测算的流入南非的能源物质。

(15)估计数据。

表 9.2　能源平衡表——巴西、俄罗斯、印度和中国(2014年)

单位：万吨标准油当量

	一次能源产量					存货增加	进口	出口
	总计	固态	液态	气态	电力			
巴西[1]	27259	7148	13436	3358	3300[2]	-147	8187	4000[3]
俄罗斯	191650	15600[4]	85340[5]	51830	38890[6]	-700	2580	59770
印度[7]	33700	25469	3746	3016	1400[8]	278	3640	-5013
中国[9]	253310	186440	21280	11910	33690	-3380	54130[10]	5790[10]

	国际燃料舱能源消费		平衡差	人均消费量（千克）	消费量				
	空运	海运			总计	固态	液态	气态	电力
巴西	249	345	700[10]	1514[11]	30600[12]	8930	13686	4329	3606
俄罗斯[4]				9156	133760	9040[4]	47860[5]	37950	38910[6]
印度				423[15]	53700	25500[16]	22300[17]	4440	1400[18](16)
中国(2012年)			200	2185	298060	195530	51860	16990	33680

资料来源：

巴西

巴西矿产和能源部，《巴西能源平衡表》，2015年。

俄罗斯

俄罗斯联邦统计局，《能源平衡短表》。

印度

统计和计划执行部，《2016年能源统计》。

中国

中华人民共和国国家统计局。

脚注：

巴西

(1)一次能源生产总量包括不合格的和未使用的天然气。

(2)电力包括水电、核电和风电。

(3)出口包括国际燃料舱能源。

(11)平衡差仅包括不合格的和未使用的天然气，是从本表中其它数据计算得出的。

(12)人均能源消费量=总消费量/人口数

(13)能源总消费量包括部门最终能源消费量和转换、配送和存储过程中的损耗以及能源部门最终消费量。

固体：矿物和煤的衍生品(不包括焦炉煤气)、柴禾和木炭、甘蔗渣、固体酒精、生物质(其他可再生的)和其他主要残剩物。

液体：石油及其衍生品、糖浆、甘蔗汁、乙醇、植物油(其他可再生的)和液化天然气(其他非可再生的)。

气体：天然气、焦炉煤气、沼气(其他可再生的)和工业用气(其他非可再生的)。

电力：水利发电和火力发电、铀(U308)和衍生品、风力发电。

俄罗斯

(4)煤、页岩油、燃料泥炭(具有相对湿度)、木柴。

(5)石油提取物，包括液化天然气，燃料加工品，能源的易燃派生产品(派生燃料)。

(6)电力和热力。

印度

(7)一次能源生产包括煤及褐煤固体、液体原油，天然气，水电和核电，天然气，电力公用事业公司用的核、水电、太阳能、风能和其他。

(8)热电不是一次能源来源。

(14)消费包括煤及褐煤为固体，原油和天然气液体，气体，水电和核电事业的电力核电，水电，太阳能，风能及其他。

(15)计算人均消费量的时候，人口采用的是年中人口。

(16)由于消费量数据的缺失，用生产量来近似表示消费量。

(17)原油是指炼油厂的炼油吞吐量。

(18)包含公共事业的水电和核电。

中国

(9)一次能源产量：固态为煤炭，液态为石油，气态为天然气，电力为水电、核电及其他诸如风能和地热能等发电的一次电力。

(10)进口量和出口量采用海关统计数据。进口量中包括中国轮船、飞机在国外加油量，出口量中包括外国轮船、飞机在中国加油量。

表 9.2.1　　能源概况——巴西

	2000	2006	2007	2008	2009	2010	2011	2012	2013	2014
原油消费量(万吨)(1)	8070	8622	8843	8963	9045	9064	9196	9702	10788	10993
汽油消费量(万吨)(2)	1269	1388	1374	1406	1419	1694	2013	2362	2356	2475
电力消费量(亿千瓦小时)(3)	3212	3754	3949	4099	4073	4379	4567	4720	4867	5311
能源产量(亿千瓦小时)										
火电(4)	385	565	583	782	608	957	845	1152	1568	1894
水电	3044	3488	3740	3696	3910	4033	4283	4153	3910	3734
核电	60	138	123	140	130	145	157	160	146	154
风电		2	6	12	14	22	30	59	66	122

资料来源：

巴西矿业和能源部，《巴西能源平衡表》，2015年。

脚注：

(1)原油消费量：炼油厂原油投入量。

(2)汽油消费量：仅指车用汽油(不包括乙醇和生物柴油)。

(3)电力消费量：不包括能源部门的能源消费量和损耗。

(4)从火电生产的能源产量包括从石油产品、天然气、工业煤气、煤和生物质能获得的能源。

表 9.2.2　　能源概况——俄罗斯

	2000	2006	2007	2008	2009	2010	2011	2012	2013	2014
原油消费量(万吨)(1)	18294	22756	23249	24204	24408	25588	26490	27802	28356	29893
汽油消费量(万吨)	2326	2789	2876	3157	3128	3336	3380	3506	3508	3590
电力消费量(亿千瓦小时)	8640	9800	10030	10230	9770	10210	10410	10630	10548	10650
发电量(亿千瓦小时)	8780	9960	10150	10400	9920	10380	10550	10690	10590	10640
火电	5820	6640	6760	7100	6520	6990	7170	7260	7030	7070
水电	1650	1760	1790	1670	1760	1680	1650	1650	1830	1750
核电	1310	1560	1600	1630	1640	1710	1729	1777	1730	1810

资料来源：

俄罗斯联邦统计局。

脚注：

(1)包括液态天然气。

表 9.2.3 能源概况——印度

	2000	2006	2007	2008	2009	2010	2011	2012	2013	2014[3]
原油消费量(万吨)[1]	**10344**	**14655**	**15610**	**16077**	**19277**	**19699**	**20412**	**21921**	**22250**	**22324**
电力消费量(亿千瓦时)[2]	**3166**	**4564**	**5020**	**5276**	**5696**	**6170**	**6729**	**7088**	**7519**	**8143**
国内		1110	1209	1301	1418	1553	1711	1837	1998	2174
商用		402	467	535	590	639	654	728	742	784
工业电力		1719	1894	1959	2092	2250	2400	2505	2621	2841
公共照明		58	61	61	62	67	75	81	86	87
铁路、电车		108	111	118	124	133	142	141	155	162
农业		990	1042	1078	1195	1264	1410	1475	1527	1689
公共用水和污水排放		103	118	122	126	137	153	162	192	188
其他		73	117	101	90	126	185	159	197	217
电力生产(亿千瓦时)[4]	**5608**	**7525**	**8131**	**8409**	**9060**	**9657**	**10568**	**11085**	**11756**	**12789**
公用事业[5][6]	5012	6707	7226	7412	7999	8447	9225	9645	10267	11169
热电[7]	4099	5384	5853	6161	6772	7041	7597	8179	8576	9515
水电	744	1135	1204	1101	1041	1144	1305	1137	1348	1292
核电	169	188	170	149	186	263	323	329	342	361
非公用事业[8]	596	818	905	997	1061	1209	1344	1440	1490	1621

资料来源：

1.印度统计和计划执行部，2000年数据来自《2010年能源统计》，2006到2014年数据来自《2016年能源统计》

2.能源部，中央电力局。

脚注：

为财年数据(当年4月至次年3月)。

(1)原油是指炼油厂的炼油吞吐量。

(2)英文单位为KWH,即千瓦小时。

(3)初步数据。

(4)包括公共和非公共部门。

(5)包含水电、核电和热电。

(6)公用事业：其本质目的是电能的生产、输送和分配。这些可能是私人企业、合作组织、地方或区域机关、国有事业或政府机构。

(7)1996−96年以后，热能包括可再生能源。

(8)非公用事业：一个独立的电力生产商，它不是一个公用事业，但它拥有设施以产生电力并销售到公用事业和最终用户。他们可能是私人持有的设施，公司，合作社，如农村太阳能或风能生产商，和非能源的工业关注，能够将多余的能量注入系统。

表 9.2.4　能源概况——中国

	2000	2006	2007	2008	2009
按部门分类的原油消费量(万吨)					
总计	21232	32245	34032	35510	38129
农、林、牧、渔、水利业					
工业	21052	32082	33868	35345	37975
建筑业	3				
交通运输、仓储和邮政业	175	164	164	166	153
批发、零售业和住宿、餐饮业	0.18				
其他	1.40				
生活消费					
按部门分类的汽油消费量(万吨)					
总计	3505	5243	5519	6146	6173
农、林、牧、渔、水利业	89	168	173	160	168
工业	682	499	525	586	671
建筑业	116	181	179	196	235
交通运输、仓储和邮政业	1528	2592	2613	3090	2882
批发、零售业和住宿、餐饮业	70	123	132	135	148
其他	793	1064	1120	1122	1070
生活消费	228	616	778	855	999
按部门分类的电力消费量(亿千瓦时)					
总计	13472	28588	32712	34541	37032
农、林、牧、渔、水利业	533	827	879	887	940
工业	10005	21268	24291	25389	26854
建筑业	160	271	309	367	422
交通运输、仓储和邮政业	281	467	532	572	617
批发、零售业和住宿、餐饮业	419	847	930	1017	1137
其他	623	1556	1709	1913	2190
生活消费	1452	3352	4063	4396	4872
电力生产量(亿千瓦时)					
火电	11142	23696	27229	27901	29828
水电	2224	4358	4853	5852	6156
核电	167	548	621	684	701

表 9.2.4　能源概况——中国

（续表）

	2010	2012	2013	2014	2015
按部门消费的原油消费量(万吨)					
总计	42875	46679	48652	51547	
农、林、牧、渔、水利业					
工业	42717	46560	48503	51502	
建筑业					
交通运输、仓储和邮政业	158	119	149	45	
批发、零售业和住宿、餐饮业					
其他					
生活消费					
按部门分类的汽油消费量(万吨)					
总计	6956	8166	9366	9776	
农、林、牧、渔、水利业	169	193	199	217	
工业	689	581	523	489	
建筑业	275	287	326	331	
交通运输、仓储和邮政业	3275	3778	4382	4665	
批发、零售业和住宿、餐饮业	168	200	221	218	
其他	1166	1461	1819	1738	
生活消费	1214	1667	1896	2119	
按部门分类的电力消费量(亿千瓦时)					
总计	41935	49763	54203	56384	
农、林、牧、渔、水利业	976	1013	1027	1013	
工业	30872	36232	39237	40803	
建筑业	483	608	675	722	
交通运输、仓储和邮政业	735	915	1001	1059	
批发、零售业和住宿、餐饮业	1292	1691	1877	1996	
其他	2452	3084	3398	3615	
生活消费	5125	6219	6989	7176	
电力生产量(亿千瓦时)					
火电	33319	38928	42470	42686	42420(1)
水电	7222	8721	9203	10643	11264(1)
核电	739	974	1116	1325	1708(1)

资料来源：

1.中华人民共和国国家统计局，《中国能源统计年鉴》，2000–2015年。

2.中华人民共和国国家统计局，《中华人民共和国2015年国民经济和社会发展统计公报》。

3.中华人民共和国国家统计局，《工业统计年报》，2000–2015年。

脚注：

(1)初步数据。

表 9.2.5　能源概况——南非(2012年)

	煤炭	原油	电力	天然气	水电
能源供给量(万亿焦耳)					
a.国内生产量	6136393	2259	932526	44827	14488
b.进口量	3161	807980	36022	121221	
c.供给总量(a+b)	6139554	810239	968548	166048	14488
能源使用量(万亿焦耳)					
a.按行业划分的中间消耗量	3743901	810237	656905	166044	14488
农业和渔业	220		20552		
商业部门	72440		101459	35	
建筑业			392		
电、气和蒸汽生产	3386748	810237	98625	86702	14488
制造业	273465		298789	79299	
采矿和采掘业	10451		123314		
运输、仓储及通讯业	577		13774	8	
b.库存增加					
c.私人消费总量	144880		151567		
热力、电力等的消费量					
d.出口	2129996	2	54126	12	
e.配送损耗					
f.使用总量(a+b+c+d+e)	6018777	810239	862598	166056	14488
能源使用流量占比					
总量(%)	100.0	100.0	100.0	100.0	100.0
农业和渔业			2.1		
商业部门	1.2		10.5		
建筑业					
电、气及蒸汽生产	55.2	100.0	10.2	52.2	100.0
制造业	4.5		30.8	47.8	
采矿和采掘业	0.2		12.7		
运输、仓储及通讯业			1.4		
国内使用	2.4		15.6		
出口	34.7		5.6		
库存增加					
进口(%)	0.1	99.7	3.7	73.0	

表 9.2.5　能源概况——南非(2012年)

(续表)

	核能[1]	石油产品	可再生品和废物利用	能源供给总量或消费总量
能源供给量(万亿焦耳)				
a.国内生产量	141458	1011320	640415	8923686
b.进口量		226296		1194680
c.供给总量(a+b)	141458	1237616	640415	10118366
能源使用量(万亿焦耳)				
a.按行业划分的中间消耗量	141458	845553	301833	6680419
农业和渔业		39793		60565
商业部门		6358		180292
建筑业		8258		8650
电、气和蒸汽生产	141458		222065	4760324
制造业			79768	731321
采矿和采掘业		44935		178700
运输、仓储及通讯业		746209		760567
b. 存货变化				
c. 私人消费总量		92497	338582	727526
热力、电力等的消费量				
d.出口		96668		2280804
e.配送损耗		47910		47910
f.使用总量(a+b+c+d+e)	141458	1082628	640415	9736659
能源使用流量占比				
总量(%)	100.0	100.0	100.0	100.0
农业和渔业		3.2		0.6
商业部门		0.5		1.8
建筑业		0.7		0.1
电、气及蒸汽生产	100.0		34.7	47.0
制造业			12.5	7.2
采矿和采掘业		3.6		1.8
运输、仓储及通讯业		62.4		7.5
国内使用		7.5	52.9	
出口		7.8		7.2
存货增加				
进口(%)		18.3		22.5

资料来源：

南非能源局，2012年。

脚注：

(1)核能数据来源于核电站的电力生产数据，并且按照33%的效率估算。

图9.1　2014年人均电力消费量

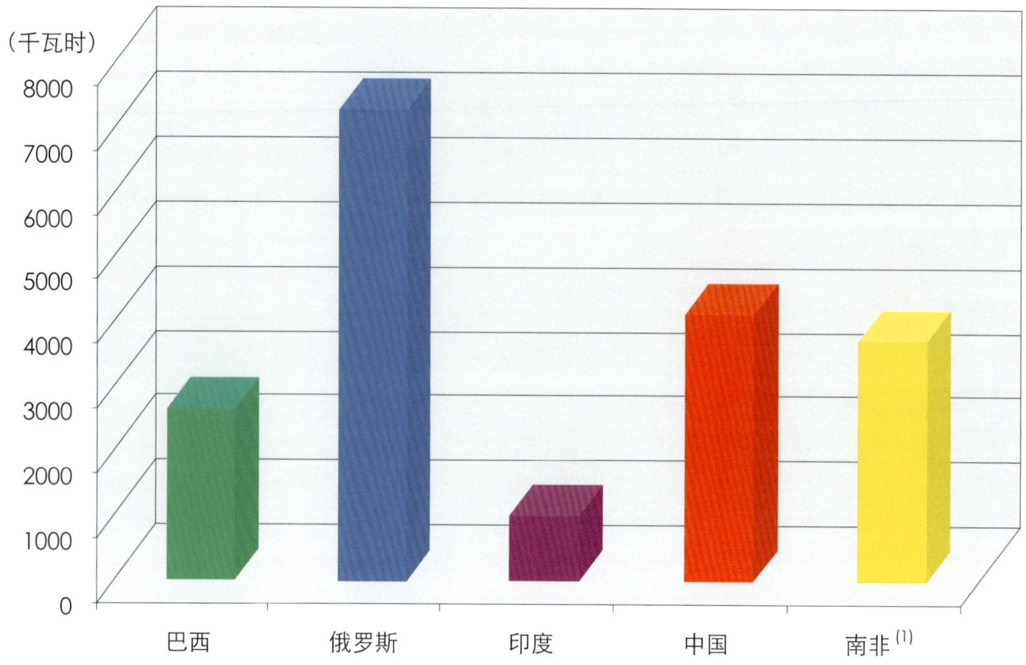

注：（1）2012年估计数。

主要指标解释

国家解释

巴西

原油消费量 炼油厂原油投入量。

汽油消费量 仅指车用汽油，不包括乙醇和生物柴油。

电力消费量 不包括能源部门的能源消费量和损耗。

从火电生产的能源产量 包括从石油产品、天然气、工业煤气、煤和生物质能获得的能源。

一次能源生产总量 包括不合格的和未使用的天然气。

电力 包括水电、核电和风电。

出口 包括国际燃料舱能源。

平衡差 仅包括不合格的和未使用的天然气，是从本表中其它数据计算得出的。

人均能源消费量 =总消费量/人口数。

能源总消费量 包括部门最终能源消费量和转换、配送和存储过程中的损耗以及能源部门最终消费量。

固体：矿物和煤的衍生品（不包括焦炉煤气）、柴禾和木炭、甘蔗渣、固体酒精、生物质（其他可再生的）和其他主要残剩物。

液体：石油及其衍生品、糖浆、甘蔗汁、乙醇、植物油（其他可再生的）和液化天然气（其他非可再生的）。

气体：天然气、焦炉煤气、沼气（其他可再生的）和工业用气（其他非可再生的）。

电力：水力发电和火力发电、铀（U308）和衍生品、风力发电。

俄罗斯

计算标准燃料（常规燃料）当量热值的方法：将天然燃料（如油、煤、气和石油产品等）的实际热值折算成煤当量值，继而折算成标准燃料当量值。

印度

一次能源生产总量 一次能源不包括火电。

人均电力消费量 =（总发电量+净进口量）/年中人口数。

中国

一次能源生产总量 是指一定时期内，全国一次能源生产量的总和。该指标是观察全国能源生产水平、规模、构成和发展速度的总量指标。一次能源生产量包括原煤、原油、天然气、水电、核能及其他动力能(如风能、地热能等)发电量，不包括低热值燃料生产量、生物质能、太阳能等的利用和由一次能源加工转换而成的二次能源产量。

能源消费总量 是指一定时期内，全国各行业和居民生活消费的各种能源的总和。该指标是观察能源消费水平、构成和增长速度的总量指标。能源消费总量包括原煤和原油及其制品、天然气、电力，不包括低热值燃料、生物质能和太阳能等的利用。能源消费总量分为终端能源消费量、能源加工转换损失量和能源损失量三部分。

南非

总体： 本章中数据来源于当年度南非能源平衡表。能源产品的定义、标准都符合国际标准，即《能源统计标准》和国际能源署的《能源统计手册》。

技术说明

电、气和蒸汽生产：假定包含液体燃料。

核电：核能数据来源于核电站的电力生产数据，并且按照33%的效率估算。

私人消费总量 假设为常住部门和因不能明确分类而列入其他部门的消费总量。

农业、林业、牧业和渔业

表 10.1　农业、林业、牧业和渔业概况

指标	2000	2006	2007	2008	2009	2010	2011	2012	2013	2014	2015
耕地面积(万公顷)											
巴西[1]	5000	6100	6200	6500	6500	6500	6700	6700	7100	7500	
俄罗斯[3]	12400	12200	12200	12200	12200	12100	12100	12200	12200	12200	
印度[4]	15600	15500	15600	15600	15500	15600	15600	15500			
中国[5]	13004	13004	13004	12172	13538	13527	13524	13516	13516	13506	
南非							1200				
谷物产量(万吨)											
巴西[6]	4500	5700	6700	7700	6800	7300	7500	8700	9779	9800	10300[2]
俄罗斯	6540	7820	8150	10820	9710	6100	9420	7090	9240	10530	10500
印度[4]	18600	20300	21600	22000	20300	22600	24200	23900	24600	23500	23600[7]
中国	40522	45099	45632	47847	48156	49637	51939	53935	55269	55727	57228
南非[8]	1384	906	943	1528	1450	1464	1283	1443	1390	1700	1200
肉类产量(万吨)											
巴西[9]	1033	1735	1852	1947	1953	2075	2158	2204	2325	2377	2406[2]
俄罗斯[10]	445	528	579	627	672	717	752	809	854	907	948[11]
印度[12][13]	185	230	401	428	457	487	551	595	624	669	
中国	6014	7089	6866	7279	7650	7926	7965	8387	8535	8707	8625
南非[14]	155	263	272	279	281	298	297	296	303	315	329
鱼类捕获量(万吨)											
巴西[15]	67	78	78	79	83	79	80				
俄罗斯	378	326	342	333	373						
印度[12]	566	687	713	762	785	823	867	904	958[11]	1007[11]	
中国	1161	924	920	951	957	987	1022	1162	1173	1251	1293
南非											

资料来源:

巴西

1.巴西国家地理与统计局，《市政农业生产调查》，《2016年农业生产调查》和《季度性畜屠宰调查》。

2.2008至2011年渔业数据来自巴西渔业和水产养殖部。

3.2000至2007年渔业数据来自巴西环境与可再生资源管理局。

俄罗斯

1.俄罗斯联邦统计局。

2.俄罗斯联邦登记、地籍和制图局。

印度

1.印度农业部经济和统计司，“地区农业单产统计数据库”、《土地利用统计数据一览》和《统计快报》。

2.印度农业部，《畜牧业乳业和渔业司年报》(不同版本)和渔业统计手册(不同版本)。

中国

1.中华人民共和国国家统计局，《中国统计年鉴》,2000−2015年。

2.中华人民共和国国家统计局，《中华人民共和国2015年国民经济和社会发展统计公报》。

3.中华人民共和国国土资源部，《中国国土资源公报》。

南非

1.南非统计局。

2.南非国家农业、林业和渔业局。

脚注：

巴西

(1)收获面积。

(2)初步数据。

(6)指主要谷物(玉米、稻谷和小麦)。

(9)指主要肉类(牛肉、鸡肉和猪肉)。

(15)渔业数据仅指海洋和陆地捕获的鱼类。

俄罗斯

(3)数据由俄罗斯联邦登记、地籍和制图局生产和发布。为年末数据。

(10)畜禽屠宰量。

(11)初步数据。

印度

(4)此处的年度数据为农业年度数据，一个农业年度指从当年7月至下年6月。

(7)数据来自第四次预估数。

(11)初步数据。

(12)指财政年度数据，即从当年3月至下年2月。

(13)2007–2008财年后的数据来自商业性家禽养殖场的肉产量。

中国

(5)2000–2007年耕地面积数据来自1996年第一次全国农业普查“土地利用调查主要数据公报”。2008年为土地变更调查数据。2009年后的数据来自《2015年中国土地和资源公报》(国务院第二次全国土地调查领导小组办公室2016年4月发布)。

南非

(8)主要谷物(玉米、小麦、大麦和高粱)。

(14)主要肉类(牛肉及小牛肉、绵羊肉、山羊肉和禽肉)。

表 10.2.1　农业、林业、牧业和渔业——巴西

指标	2000	2006	2007	2008	2009	2010	2011	2012	2013	2014	2015[1]
农作物收获面积(万公顷)											
总计	**5020**	**6135**	**6167**	**6462**	**6458**	**6455**	**6727**	**6735**	**7129**	**7539**	
按品种划分的主要农产品收获面积占比(%)											
大豆	27.2	35.9	33.3	32.9	33.7	36.1	35.6	37.1	39.1	39.6	
玉米	23.7	20.6	22.3	22.4	21.1	19.6	19.6	21.1	21.4	20.2	
甘蔗	9.6	10.4	11.5	12.6	13.3	14.1	14.3	14.4	14.3	13.7	
豆类	8.6	6.6	6.1	5.9	6.3	5.3	5.5	4.0	3.9	4.2	
稻谷	7.3	4.8	4.7	4.4	4.4	4.2	4.1	3.6	3.3	3.1	
咖啡	4.5	3.8	3.7	3.4	3.3	3.3	3.2	3.1	2.9	2.6	
小麦	2.3	2.5	3.0	3.7	3.8	3.4	3.2	2.8	2.9	3.7	
木薯	3.4	3.1	3.1	2.9	2.7	2.8	2.6	2.5	2.1	2.1	
棉花	1.6	1.5	1.8	1.6	1.3	1.3	2.1	2.1	1.3	1.5	
桔子	1.7	1.3	1.3	1.3	1.2	1.2	1.2	1.1	1.0	0.9	
腰果	1.3	1.2	1.2	1.2	1.2	1.2	1.1	1.1	1.0	0.8	
高粱	1.1	1.2	1.1	1.3	1.2	1.0	1.1	1.0	1.1	1.1	
可可	1.4	1.1	1.0	1.0	1.0	1.0	1.0	1.0	1.0	0.9	
香蕉	1.0	0.8	0.8	0.8	0.7	0.8	0.7	0.7	0.7	0.6	
烟草	0.6	0.8	0.7	0.7	0.7	0.7	0.7	0.6	0.6	0.5	
椰子	0.5	0.5	0.5	0.4	0.4	0.4	0.4	0.4	0.4	0.3	
燕麦	0.4	0.5	0.2	0.2	0.2	0.3	0.3	0.3	0.3	0.3	
剑麻	0.4	0.5	0.5	0.4	0.4	0.4	0.4	0.4	0.2	0.2	
蓖麻籽	0.4	0.2	0.3	0.2	0.2	0.2	0.3	0.1	0.1	0.1	
主要农产品产量(万吨)											
大豆	3282	5246	5786	5983	5735	6876	7482	6585	8172	8676	9704
玉米	3232	4266	5211	5893	5072	5536	5566	7107	8027	7988	8571
甘蔗	32612	47741	54971	64530	69161	71746	73401	72108	76809	73716	75495
豆类	306	346	317	346	349	316	344	279	289	329	311
稻谷	1114	1153	1106	1206	1265	1124	1348	1155	1178	1218	1231
咖啡	381	257	225	280	244	291	270	304	296	280	265
小麦	173	248	411	603	506	617	569	442	574	626	543
木薯	2304	2664	2654	2670	2440	2497	2535	2304	2148	2324	2276
棉花	202	290	411	398	290	295	507	497	342	424	412
桔子	1706	1803	1868	1854	1762	1850	1981	1801	1755	1693	1627
主要农产品单产(公斤/公顷)											
大豆	2403	2379	2813	2816	2636	2947	3121	2637	2928	2866	3022
玉米	2718	3382	3785	4079	3714	4366	4211	5006	5254	5176	5508
甘蔗	67878	75117	77632	79274	80255	79044	76448	74297	75339	70625	73396
豆类	705	857	836	915	850	922	935	1032	1028	1034	1069
稻谷	3038	3879	3826	4231	4404	4127	4896	4786	5007	5201	5740
咖啡	1678	1112	993	1258	1142	1346	1257	1433	1421	1404	1335
小麦	1515	1592	2219	2549	2080	2828	2660	2310	2749	2209	2203
木薯	13481	14046	14009	14137	13861	13949	14623	13612	14080	14826	15227
棉花	2472	3224	3651	3743	3567	3554	3608	3596	3621	3751	3910
桔子	19925	22375	22752	22158	22379	23340	24240	24689	24992	24884	23477

表 10.2.1 农业、林业、牧业和渔业——巴西

(续表)

	2000	2006	2007	2008	2009	2010	2011	2012	2013	2014	2015[1]
水果产量(万吨)[2]	**3510**	**4228**	**4334**	**4314**	**4141**	**4283**	**4530**	**4257**	**4197**	**4173**	
牲畜存栏数(万头，万只)											
牛	16988	20589	19975	20231	20531	20954	21282	21128	21176	21234	
鸡	65925	81989	93004	99099	102122	102815	105199	103204	102692	110444	
蛋鸡	18350	19162	19762	20771	20887	21076	21622	21323	22186	22662	
绵羊	1479	1602	1624	1663	1681	1738	1767	1679	1729	1761	
猪	3156	3517	3595	3682	3805	3896	3931	3880	3674	3793	
肉类产量(万吨)											
牛肉	390	689	705	662	666	698	678	735	817	806	749
鸡肉	508	816	899	1022	994	1069	1142	1153	1196	1252	1314
猪肉	134	230	248	264	293	308	337	315	312	319	343
奶类产量(万吨)[3]											
牛奶	1919	2466	2538	2678	2824	2982	3116	3136	3326	3415	

资料来源：

巴西国家地理与统计局，《市政农业生产调查》、《市政养牛调查》(2000–2014)、《季度牲畜屠宰调查》(2000–2015)和《农业生产调查》(2016年2月)。

脚注：

(1)初步数据。

(2)水果产量包括以下水果：桔子、香蕉、葡萄、菠萝、木瓜、西瓜、苹果、椰子、百香果、芒果、柑橘、柠檬、甜瓜、番石榴、桃子、柿子、鳄梨、腰果、无花果、梨、坚果和。

(3)1公斤相当于1.03升。

表 10.2.2 农业、林业、牧业和渔业——俄罗斯

指标	2000	2006	2007	2008	2009	2010	2011	2012	2013	2014	2015
农业生产指数及其分项指数[1]	**106.2**	**103.0**	**103.3**	**110.8**	**101.4**	**88.7**	**123.0**	**95.2**	**105.8**	**103.5**	**103.0**[2]
所有农作物(农场)生产指数	110.9	100.3	102.3	118.0	98.6	76.2	146.9	88.3	111.2	104.9	102.9[2]
所有畜牧业(农场)生产指数	101.1	105.6	104.3	103.0	104.6	100.9	102.3	102.7	100.6	102.0	103.1[2]
农作物播种面积或收获面积(万公顷)[3]	**8470**	**7530**	**7480**	**7690**	**7780**	**7520**	**7670**	**7630**	**7810**	**7850**	**7930**
主要农作物种植面积占比(%)											
谷物和豆类	53.9	57.4	59.2	60.8	61.1	57.5	56.8	58.2	58.7	58.8	58.8
小麦	27.4	31.3	32.6	34.6	36.9	35.4	33.3	32.3	32.1	32.2	33.8
薯类	0.2	0.1	0.1	0.1	0.1	0.1	0.1	0.1	0.1	0.1	0.1
油料作物	6.5	10.2	9.3	10.1	10.3	12.8	13.6	13.2	14.2	14.3	14.5
油菜籽	0.3	0.7	0.9	0.9	0.9	1.1	1.2	1.6	1.7	1.5	1.3
葵花籽	5.5	8.2	7.1	8.0	8.0	9.5	9.9	8.6	9.3	8.8	8.8
大豆	0.5	1.1	1.0	1.0	1.1	1.6	1.6	1.9	2.0	2.6	2.7
纤维作物	0.1	0.1	0.1	0.1	0.1	0.1	0.1	0.1	0.1	0.1	0.1
甜菜	1.0	1.3	1.4	1.1	1.1	1.5	1.7	1.5	1.2	1.2	1.3
烟草											
马铃薯	3.3	2.8	2.8	2.8	2.8	2.9	2.9	2.9	2.7	2.7	2.7
其他蔬菜	0.9	0.8	0.8	0.8	0.8	0.9	0.9	0.9	0.9	0.9	0.9
饲料	34.1	27.1	26.1	24.1	23.5	24.0	23.7	23.0	22.1	21.8	21.4
主要农产品产量(万吨)											
谷物和豆类											
总计	6542	7823	8147	10818	9711	6096	9421	7091	9239	10532	10479
小麦	3446	4493	4937	6377	6174	4151	5624	3772	5209	5971	6179
坚果	1	1	1	1	1	1	1	1	1	2	2
油料作物[4]	447	822	704	897	819	746	1222	1056	1314	1286	1384
油菜籽[4]	15	52	63	75	67	67	96	95	126	134	101
葵花籽[4]	392	674	567	735	645	535	906	750	984	848	928
大豆[4]	34	81	65	75	94	122	164	168	152	236	271
马铃薯	2947	2826	2720	2885	3113	2114	3268	2953	3020	3150	3365
甜菜	1405	3067	2884	2900	2489	2226	4764	4506	3932	3351	3903
其他蔬菜	1082	1137	1151	1296	1340	1213	1470	1463	1469	1546	1610
烟草											
水果[5]	296	217	281	266	306	246	292	292	337	351	336

表 10.2.2　农业、林业、牧业和渔业——俄罗斯

(续表)

	2000	2006	2007	2008	2009	2010	2011	2012	2013	2014	2015
主要农产品单产(公斤/公顷)											
谷物和豆类											
总计	1560	1890	1980	2380	2270	1830	2240	1830	2200	2410	2370
小麦	1610	1950	2100	2450	2320	1910	2260	1770	2230	2500	2390
坚果[6]	800	660	910	1220	1490	1470	1550	2030	2340	2330	2410
油料作物[4]	890	1120	1100	1200	1150	990	1240	1140	1330	1240	1290
油菜籽[4]	860	1160	1180	1200	1200	1100	1140	970	1130	1260	1120
葵花籽[4]	900	1140	1130	1230	1150	960	1250	1220	1450	1310	1420
大豆[4]	1010	990	920	1050	1190	1180	1380	1220	1260	1230	1300
马铃薯	10470	13330	13200	13750	14270	10020	14840	13440	14460	14960	15910
甜菜	18830	32540	29200	36240	32320	24070	39170	40890	44210	37010	38780
其他蔬菜	14330	17260	17880	19620	19920	18030	20810	21090	21390	21780	22510
烟草	750	660	3020	2450	2800	1070	1290	3000			
水果[5][6]	4280	4395	5840	5510	6380	5195	6200	6840	7970	7660	7640
主要种类水果产量(万吨)											
幼苗	152	99	134	118	151	104	126	147	165	171	160
核果	47	22	42	48	50	43	50	47	52	51	52
亚热带水果	0.07	0.22	0.16	0.18	0.19	0.23	0.21	0.09	0.12	0.12	0.11
柑橘类水果	0.02	0.01	0.01	0.01	0.01	0.01	0.01	0.01	0.01	0.01	0.01
矮生浆果	70	72	74	73	75	67	75	71	77	76	76
葡萄	28	23	32	27	30	32	41	27	44	53	48
牲畜数量(按品种划分，年末数)											
黄牛(万头)	2752	2156	2155	2104	2067	1997	2011	1993	1956	1926	1896[2]
水牛(万头)	1582	1619	1634	1616	1723	1722	1726	1882	1908	1955	2142[2]
肉羊和山羊(万头)	1496	2019	2150	2177	2199	2182	2286	2418	2434	2471	2453[2]
肉类产量(万吨)[7]	445	528	579	627	672	717	752	809	854	907	948[2]
奶类产量(万吨)	3226	3134	3199	3236	3257	3185	3165	3176	3053	3079	3078[2]
牛奶	3200	3119	3192	3212	3233	3159	3139	3150	3029	3051	
禽蛋(亿枚)	341	382	382	381	394	406	411	420	413	419	425[2]
鱼类捕获量(万吨)	378	326	342	333	373						
农用拖拉机拥有量(年末数)(万台)[8]	75	44	41	36	33	31	29	28	26	25	
农用收割机拥有量(年末数)(万台)[9]	29	16	15	13	12	11	10	10	9	9	
化肥施用量(公斤/公顷)[10]	19	27	32	36	36	36	36	36	36	36	36
圆木砍伐量(万立方米)[11]	9500	11800	13400	10800	9700	11700	12300	12200	12000	12300	12000[2]
水果和蔬菜总产量(万吨)	1380	1350	1430	1560	1650	1460	1760	1750	1810	1900	1950

资料来源：

俄罗斯联邦统计局。

脚注：

(1)上年=100

(2)初步数据。

(3)总播种面积。

(4)2011年后，数据为加工后的重量。

(5)水果(不包括坚果)、浆果和葡萄。

(6)2012年之前的农产品单产按到达结果年龄的果树每公顷产量计算；2012到2015年数据为每公顷收获面积产量。

(7)用于屠宰的牲畜和禽类。

(8)农业组织可用的拖拉机(不包括带有挖掘功能的拖拉机、改良后的拖拉机以及类似机器)，2008年以后的数据不包括微型企业的拖拉机。

(9)可用的收割机和甜菜收割机(不含植物顶部收割机)，2008年以后的数据不包括微型企业的收割机。

(10)指农业组织每公顷农作物所施用的矿物肥料，2008年以后的数据不包括微型企业施用的矿物肥料。

(11)从2010年起，指原木。

表 10.2.3　农业、林业、牧业和渔业——印度

指标	2000	2006	2007	2008	2009	2010	2011	2012	2013	2014	2015[1]
主要农作物生产指数(上年=100)[2][3]	**94.0**	**114.0**	**100.8**	**100.0**	**96.1**	**117.7**	**108.2**	**91.8**	**103.6**	**99.2**	
谷物	94.4	103.8	106.2	101.8	93.3	110.9	107.2	97.9	102.9	95.6	
粮食	92.8	104.1	106.2	101.0	94.5	113.6	104.5	98.3	103.1	95.0	
非粮食	95.5	118.9	98.5	99.1	97.6	121.8	111.4	85.2	103.9	101.0	
水果和蔬菜	100.5	104.7	111.2	101.8	104.1	107.7	105.1	104.6	104.7		
主要农作物种植面积结构[3]											
播种总面积(万公顷)	18530	19238	19522	19531	18899	19760	19560	18220	18850	18520	
谷物(%)	54.3	52.1	52.4	51.6	52.3	51.4	51.2	53.5	53.0	54.4	
稻谷	24.1	22.6	22.8	23.1	22.5	21.9	22.3	23.5	23.4	23.8	
小麦	13.9	14.7	14.7	14.3	15.1	15.2	15.4	16.5	16.2	17.0	
玉米	3.6	4.1	4.2	4.2	4.3	4.3	4.4	4.8	4.8	5.0	
大豆(%)	3.5	4.3	4.5	4.9	5.1	4.9	5.2	5.9	6.2	5.9	
油料作物(%)	12.3	13.8	13.7	14.1	13.7	14.6	14.4	14.5	14.9	13.8	
花生	3.5	3.0	3.3	3.2	2.9	2.9	2.7	2.6	2.9	2.6	
油菜籽	2.4	3.5	3.0	3.1	2.8	2.8	2.8	3.5	3.5	3.1	
芝麻	0.9	1.1	1.1	1.0	1.1	1.1	1.0	0.9	0.9	0.9	
棉花(%)	4.6	4.7	4.9	4.8	5.3	5.5	6.2	6.6	6.3	6.9	
其他纤维作物(%)	0.5	0.5	0.5	0.5	0.5	0.1	0.1	0.5	0.4	0.4	
甘蔗(%)	2.3	2.7	2.6	2.5	2.4	2.6	2.8	2.7	2.6	2.7	
烟草(%)	0.1	0.2	0.2	0.2	0.3	0.2	0.2	0.2	0.2	0.2	
茶(%)	0.3	0.3	0.3	0.3	0.3	0.3	0.3	0.3	0.3	0.3	
蔬菜(%)	3.4	2.9	3.1	3.0	2.8	2.8	2.8	5.0	5.0	5.2	
水果(%)	2.1	2.1	2.2	2.2	2.1	2.0	2.0	3.8	3.8	3.3	
主要农产品产量[3]											
谷类(万吨)	18574	20309	21601	21990	20344	22624	24220	23879	24579	23487	23576[9]
棉花(万包)	952	2263	2588	2228	2402	3300	3520	3422	3590	3481	3015[9]
花生(万吨)	641	486	918	717	543	827	696	469	971	740	677[9]
油菜籽(万吨)	419	744	583	720	661	818	660	803	788	628	682[9]
芝麻(万吨)	52	62	76	64	59	89	81	69	72	83	87[9]
马铃薯(万吨)	2214	2860	3466	3439	3658	4234	4148	4534	4156		
甘蔗(万吨)	29596	35552	34819	28503	29230	34238	36104	34120	35214	36233	35216[9]
烟草(万吨)	49	47	44	54	67	80	75	66			
水果(万吨)	4314	5956	6559	6847	7152	7488	7642	8129	8898	8882	
蔬菜(万吨)		11499	12845	12908	13374	14655	15633	16219	16290	16830	

表 10.2.3　农业、林业、牧业和渔业——印度

（续表）

	2000	2006	2007	2008	2009	2010	2011	2012	2013	2014	2015[1]
主要农作物单产(公斤/公顷)[3]											
谷类	1840	2020	2151	2183	2075	2256	2415	2450	2460	2330	
棉花	190	421	467	403	403	499	491	490	510	460	
花生	980	866	1459	1163	991	1411	1323	990	1760	1550	
油菜籽	940	1095	1001	1143	1183	1185	1121	1262	1190	1080	
芝麻	302	360	420	350	300	430	430	400	430	470	
马铃薯	18404	16400	19300	18810	19900	22724	21753	22760	21100	22200[1]	
甘蔗	68580	69022	68877	64553	70020	70091	71668	68250	70520	71510	
烟草	1318	1274	1255	1390	1500	1630	1610	1540			
畜禽渔产品产量[4]											
肉类产量(万吨)[5]	185	230	401	428	457	487	551	595	624	669	
奶类产量(万吨)[6]	7965	10258	10793	11218	11643	12185	12790	13243	13769	14631	
牛奶(万吨)	3296	4460[8]	4682	4981	5220	5490	5777	5981	6220		
禽蛋产量(亿枚)[7]	366	507	536	556	603	630	664	697	748	785	
鱼类产量(万吨)	566	687	713	762	800	823	867	904	958[1]	1007[1]	
化肥施用量[3]											
总量(N+P+K)(万吨)	1670	2165	2257	2491	2649	2812	2779	2554	2448	2558	
氮肥(N))(万吨)	1092	1377	1442	1509	1558	1656	1730	1682	1675	1695	
磷肥[p](万吨)	422	554	552	651	727	805	791	665	563	610	
钾肥(K)(万吨)	157	234	264	331	363	351	258	206	210	253	
每公顷(公斤)	90	112	115	128	140	142	142	131	125	128	
牲畜存栏数[8]											
牛(万头)			19908					19090			
水牛(万头)			10534					10870			
绵羊和山羊(万头)			21210					20024			
牲畜(万头)			52970					51206			
家禽(万只)			64883					72921			

资料来源：

1.印度农业部经济和统计处出版物：《农业统计数据一览》、《农业统计口袋书》、《土地利用统计数据一览》、“面积、产量和单产统计数据库”和《统计快报》。

2.印度农业部，《畜牧业乳业和渔业司年报》(不同版本)。

3.印度农业部，“印度园艺数据库”。

4.印度农业部，2012年第19届牲畜普查。

脚注：

(1)临时数据。

(2)上年=100。

(3)此处的年度数据为农业年度数据，一个农业年度指从当年7月至下年6月。

(4)畜禽渔产品数据按财政年度统计，即当年3月至下年2月。

(5)自2007–2008财年起包括了商业性家禽养殖场的肉产量。

(6)奶类包括奶牛、水牛和羊所产的奶。

(7)禽蛋包括鸡蛋和鸭蛋。

(8)牲畜存栏数是从每五年一次的“牲畜普查”中得到的。2003、2007和2012年的三次普查数据已经纳入进来，参考日期为10月15日。

(9)数据为第四次预估数。

表 10.2.4 农业、林业、牧业和渔业——中国

指标	2000	2006	2007	2008	2009	2010	2011	2012	2013	2014	2015
农业生产指数及其分类(上年=100) (1)(2)											
总指数	103.6	105.4	103.9	105.7	104.6	104.4	104.5	104.9	104.0	104.2	103.9
种植业	101.4	105.4	104.0	104.8	103.8	104.1	105.6	104.4	104.4	104.4	105.1
林业	105.4	105.6	106.9	108.1	107.1	106.5	107.6	106.7	107.3	106.1	105.1
畜牧业	106.3	105.0	102.3	106.8	105.8	104.1	101.7	105.2	102.0	103.0	100.5
渔业	106.5	106.0	104.8	106.0	105.8	105.5	104.5	105.1	105.2	104.4	104.1
农作物播种面积或收获面积(万公顷)											
总计	15630	15215	15346	15627	15861	16067	16228	16342	16463	16545	16637
按品种划分的农作物播种面积或收获面积占比(%)											
稻谷	19.2	19.0	18.8	18.7	18.7	18.6	18.5	18.4	18.4	18.3	18.2
小麦	17.1	15.5	15.5	15.1	15.3	15.1	15.0	14.9	14.6	14.5	14.5
玉米	14.8	18.7	19.2	19.1	19.7	20.2	20.7	21.4	22.1	22.4	22.9
大豆	6.0	6.1	5.7	5.8	5.8	5.3	4.9	4.4	4.1	4.1	3.9
薯类	6.7	5.2	5.3	5.4	5.4	5.4	5.5	5.4	5.4	5.4	5.3
油料	9.9	7.7	7.4	8.2	8.6	8.6	8.5	8.5	8.5	8.5	8.4
花生	3.1	2.6	2.6	2.7	2.8	2.8	2.8	2.8	2.8	2.8	2.8
油菜籽	4.8	3.9	3.7	4.2	4.6	4.6	4.5	4.5	4.6	4.6	4.5
芝麻	0.5	0.4	0.3	0.3	0.3	0.3	0.3	0.3	0.3	0.3	0.3
棉花	2.6	3.8	3.9	3.7	3.1	3.0	3.1	2.9	2.6	2.6	2.3
麻类	0.2	0.2	0.2	0.1	0.1	0.1	0.1	0.1	0.1	0.1	0.0
糖料	1.0	1.0	1.2	1.3	1.2	1.2	1.2	1.2	1.2	1.1	1.0
甘蔗	0.8	0.9	1.0	1.1	1.1	1.0	1.1	1.1	1.1	1.1	1.0
甜菜	0.2	0.1	0.1	0.2	0.1	0.1	0.1	0.1	0.1	0.1	0.1
烟草	0.9	0.8	0.8	0.8	0.9	0.8	0.9	1.0	1.0	0.9	0.8
蔬菜	9.7	10.9	11.3	11.4	11.6	11.8	12.1	12.5	12.7	12.9	13.2
其他	12.1	11.0	10.9	10.2	9.6	9.7	9.6	9.3	9.2	9.1	9.4
主要农产品产量(万吨)											
谷类	40522	45099	45632	47847	48156	49637	51939	53935	55269	55741	57228
棉花	442	753	762	749	638	596	659	684	630	618	560
花生	1444	1289	1303	1429	1471	1564	1605	1669	1697	1648	1644
油菜籽	1138	1097	1057	1210	1366	1308	1343	1401	1446	1477	1493
芝麻	81	66	56	59	62	59	61	64	62	63	64
马铃薯	1326	1290	1296	1416	1465	1631	1766	1855	1919	1910	9486
甘蔗	6828	9709	11295	12415	11559	11079	11443	12311	12820	12561	11697
甜菜	807	751	893	1004	718	930	1073	1174	926	800	803
烟草	255	246	240	284	307	300	313	341	337	299	299
茶	68	103	117	126	136	148	162	179	192	210	225
水果	12436	17102	18136	19220	20396	21401	22768	24057	25093	26142	27375
前五种水果的面积(万公顷)											
柑桔	127	181	194	203	216	221	229	231	242	252	251
苹果	225	190	196	199	205	214	218	223	227	231	233
梨	101	109	107	107	107	106	109	109	111	111	112
葡萄	28	42	44	45	49	55	60	67	71	77	80
香蕉	25	29	31	32	34	36	39	39	39	40	41
前五种水果的产量(万吨)											
苹果	2043	2606	2786	2985	3168	3326	3598	3849	3968	4092	4261
柑桔	878	1790	2058	2331	2521	2645	2944	3168	3321	3493	3660
梨	841	1199	1290	1354	1426	1506	1579	1707	1730	1796	1870
香蕉	494	690	780	783	883	956	1040	1156	1208	1179	1247
葡萄	328	627	670	715	794	855	907	1054	1155	1255	1367

表 10.2.4　农业、林业、牧业和渔业——中国

（续表）

指标	2000	2006	2007	2008	2009	2010	2011	2012	2013	2014	2015
前三种香料的产量(万吨)											
花椒		16	19	25	26	25	24	19	26	41	29
八角		9	10	10	11	12	12	14	14	15	16
桂皮		9	9	7	6	8					
主要农产品单产(公斤/公顷)											
谷物	4753	5310	5320	5548	5447	5524	5707	5824	5894	5892	5984
棉花	1093	1295	1286	1302	1289	1229	1308	1458	1449	1463	1476
花生	2973	3258	3302	3365	3361	3455	3502	3598	3663	3580	3562
油菜籽	1519	1833	1874	1835	1877	1775	1827	1885	1923	1947	1982
芝麻	1034	1173	1147	1243	1307	1312	1385	1463	1490	1468	1519
马铃薯	2806	3063	2925	3036	2883	3133	3256	3354	3554	3428	17190
甘蔗	57626	70450	71228	71210	68093	65700	66485	68600	70576	71352	73121
甜菜	24518	39767	41360	40754	38536	42498	47361	49793	50922	57647	58680
烟草	1776	2066	2058	2140	2203	2234	2143	2134	2079	2047	2156
年末牲畜存栏数(万头)											
猪	41634	41850	43989	46291	46996	46460	46863	47592	47411	46583	45113
牛	12353	10465	10595	10576	10727	10626	10360	10343	10385	10578	10817
绵羊和山羊	27948	28370	28565	28085	28452	28088	28236	28504	29036	30315	31100
肉类产量(万吨)	6014	7089	6866	7279	7650	7926	7965	8387	8535	8707	8625
奶类产量(万吨)	919	3302	3633	3732	3678	3748	3811	3875	3650	3841	3870
牛奶	827	3193	3525	3556	3519	3576	3658	3744	3531	3725	3755
禽蛋产量(万吨)	2182	2424	2529	2702	2742	2763	2811	2861	2876	2894	2999
鱼类捕获量(万吨)	1161	924	920	951	957	987	1022	1162	1173	1251	1293
农用拖拉机和收割-脱粒机年底拥有量(万台)(3)	2264	2762	2876	3059	3176	3294	3365	3453	3429	2492	2485
化肥施用量(公斤/公顷)	265.3	323.9	332.8	335.3	340.7	346.1	351.5	357.3	359.1	362.4	362.0

资料来源：

1.中华人民共和国国家统计局，《中国农村统计年鉴》，2000–2015年。

2.中华人民共和国国家统计局，《中国统计年鉴》，2000–2015年。

3.中华人民共和国国家统计局，《中华人民共和国2015年国民经济和社会发展统计公报》。

脚注：

(1)2003年以前的农业生产指数以1990年不变价格计算；2003年起执行新国民经济行业分类标准，总产值包括农林牧渔服务业产值。

(2)上年=100。

(3)农用拖拉机和收割–脱粒机年底拥有量包括大中型拖拉、小型拖拉机和联合收获机，未包括脱粒机。

表 10.2.5　农业、林业、牧业和渔业——南非[1]

指标	2000	2006	2007	2008	2009	2010	2011	2012	2013	2014	2015
农业生产指数(%)											
谷物		100.1	99.8		100.2	100.0	104.2	106.8	107.7	119.5	99.2
林产品		99.7	100.3		99.8	100.0	100.0				
畜产品		100.2	99.9		100.1	100.0	100.0	101.5	104.2	107.8	112.3
主要农产品产量(万吨)											
谷物											
玉米	1100	662	713	1270	1205	1282	1036	1212	1181	1425	996
小麦	235	211	191	213	196	143	201	187	187	175	146
大麦	14	24	22	19	22	19	31	30	27	30	33
高粱	35	10	18	26	28	20	16	14	15	27	12
葵花籽	53	52	30	87	80	49	86	52	56	83	66
大豆	15	42	21	28	52	57	71	65	78	95	107
棉花	7	4	3	3	2	2	5	3	1	2	5
花生	11	7	6	9	10	9	6	6	4	7	6
干豆	7	7	4	6	7	5	4	5	6	8	7
甘蔗	2122	2105	2028	1972	1926	1866	1602	1680	1728	2003	1776
烟草	3	2	1	1	1	1	2	2	2	1	1
水果(果园产)											
香蕉	38	34	35	39	37	40	39	39	42	46	43
苹果	60	63	71	78	82	72	78	80	90	78	93
柑橘	171	209	217	228	215	215	234	238	286	276	266
梨	30	32	34	34	34	37	35	34	37	40	39
葡萄	21	30	26	27	30	27	35	27	26	27	31
菠萝	17	16	15	13	12	9	11	10	10	9	10
主要农产品单产(公斤/公顷)											
谷物											
玉米	3210	4140	2790	4540	4960	4670	4370	4490	4250	5300	3750
小麦	2510	2750	3010	2850	3050	2560	3320	3660	3700	3670	3020
大麦	1830	2630	3030	2810	2890	2350	3890	3510	3290	3550	3560
高粱	2480	2580	2550	2940	3230	2270	2240	2790	2350	3360	1710
葵花籽	1340	1100	950	1550	1260	1230	1340	1150	1100	1390	1150
大豆	1640	1760	1120	1700	2170	1820	1700	1380	1520	1890	1560
棉花	1368	2180	2825	2927	3245	4085	3563	3514	2112	3167	3291
花生	1370	1520	1420	1640	1820	1530	1170	1300	880	1430	1070
干豆	1000	1230	780	1350	1530	1180	1000	1200	1380	1470	1150
马铃薯	2987	3633	3522	4047	4141	4116	4179	4159	4353	4383	4635
甘蔗	67741	66023	66355	64168	67002	67072	59082	66455	67205	75329	65138
烟草	1904	2483	2133	2676	2639	3075	2777	3207	2923	2745	2918
肉类产量(万吨)											
牛肉和小牛肉	58	83	83	80	80	90	88	87	95	100	107
羊肉	10	14	17	16	16	16	15	16	18	18	18
山羊肉	1	1	1	1	1	1	1	1	1	1	1
禽肉	87	147	153	164	165	171	173	171	167	172	179
奶类产量(万吨)											
牛奶	269	295	299	304	300	312	311	321	326	334	354
禽蛋(万吨)	**33**	**41**	**44**	**47**	**45**	**46**	**50**	**52**	**51**	**50**	**52**

资料来源：

1.南非统计局。

2.南非农业、林业和渔业局。

脚注：

(1)指商业性农业数据。

图10.1　谷物产量

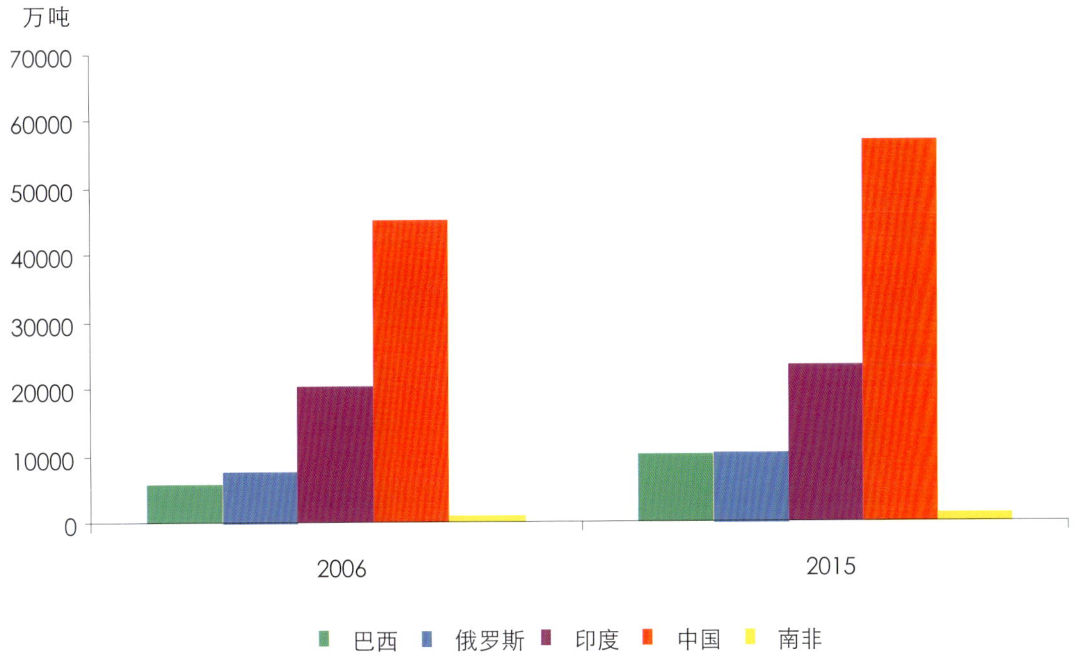

主要统计指标解释

通用解释

耕种面积　包括播种和处于休耕期的耕地面积。

单产　为产量与播种面积的比值。

国家解释

巴西

水果产量　包括以下水果：桔子、香蕉、葡萄、菠萝、木瓜、西瓜、苹果、椰子、百香果、芒果、柑橘、柠檬、甜瓜、番石榴、桃子、柿子、鳄梨、腰果、无花果、梨、坚果和榅桲。

耕种面积　仅包括收获面积。

牛奶产量　用升表示的奶类数据转换为千克表示，转换公式为1公斤=1.03升。

2015年最终数据将在2016年9月发布。

鱼类捕获量　2011年后没有数据。

俄罗斯

农业产量　汇总了包括私人部门企业（例如家庭企业和农场企业以及个体雇主）在内的所有农业生产机构的种植业和畜牧业的产量，数据以价值量表示，按现价实际价格计算。为了计算农业生产指数，产量指标是用上年可比价格计算的。

印度

印度农业部是负责印度农业统计数据的采集、编制和发布的枢纽。

印度农业部农业合作司的经济和统计处主要负责农作物统计，数据按农业年度统计，即报告期为当年7月至下年6月。农业部畜牧业乳业和渔业司生产和发布牲畜数据，数据按财年统计，即报告期为当年4月至下年3月。

耕种面积　包括净播种面积和当前休耕面积。

中国

农业生产指数　为使用生产者价格缩减指数计算的农业总产值的发展速度。

TAM

交通运输

表 11.1 交通运输概况

	2000	2006	2007	2008	2009	2010	2011	2012	2013	2014	2015
铁路营业里程（万公里）											
巴西	2.9	2.9	2.9	3.1	3.0	2.8	2.9	2.9	3.0	3.0	3.0
俄罗斯	8.6	8.5	8.5	8.6	8.6	8.6	8.6	8.6	8.6	8.6	8.6
印度(1)	6.3	6.3	6.3	6.3	6.4	6.4	6.4	6.5	6.5	6.6	6.6
中国	6.9	7.7	7.8	8.0	8.6	9.1	9.3	9.8	10.3	11.2	12.1
南非	2.1	2.1	2.1	2.1	2.1	2.1					
公路里程（万公里）											
巴西	157	157	157	161	156	156	156	156	156	156	157
俄罗斯(3)	53	60	62	63	65	67	73	93	98	102	105
印度(1)	18	21	22	22	23	23	23	24	25	26	27
中国	168	346	358	373	386	401	411	424	436	446	458
南非											
管道输油（气）里程（万公里）											
巴西		0.7	0.7	0.7	0.7	0.8	0.8	0.8	0.8	0.8	0.8
俄罗斯	4.8	5.0	5.0	4.9	4.9	4.9	5.1	5.5	5.5	5.5	5.5
印度(1)(7)	1.6	2.2	2.5	2.6	2.9	3.0	3.1	3.4	3.8	4.1	4.1
中国	2.5	4.8	5.4	5.8	6.9	7.8	8.3	9.2	9.8	10.6	10.9
南非	0.3	0.3	0.3	0.3	0.3	0.3					
旅客周转量（所有方式）（亿人公里）											
巴西											
俄罗斯	4962	4765	4973	5122	4642	4840	5028	5326	5472	5562	5307(2)
印度											
中国(4)(9)	12261	19197	21593	23197	24835	27894	30984	33383	27572	28650	30059
南非											
货物周转量（所有方式）（亿吨公里）											
巴西											
俄罗斯	36375	48000	49154	49477	44456	47517	49145	50560	50840	50800	50910(2)
印度											
中国(4)(5)(8)	44321	88840	101419	110300	122133	141837	159324	173804	168014	181670	178356
南非											
航空旅客周转量（亿人公里）											
巴西	482	568	606	691	764	940	1078	1135	1160	1225	1275
俄罗斯	534	939	1110	1226	1125	1471	1668	1958	2252	2414	2268
印度(6)	262	639	779	784	894	1032	1128	1000	1140	1269	
中国	971	2371	2792	2883	3375	4039	4537	5026	5657	6334	7283
南非											

资料来源：

巴西

1. 巴西陆路运输局。
2. 巴西民航局。
3. 国家交通运输基础设施部，《2015年全国运输系统》。
4. 国家石油天然气和生物燃料机构。

俄罗斯

1. 俄罗斯联邦统计局。
2. 联邦公路局。
3. 俄罗斯航空局。

印度

1.印度铁道部，《印度铁路年度统计报表》，(各期)。

2.印度道路运输及公路部，《印度基本道路统计》，(各期)。

3.印度石油和天然气部，《印度石油和天然气统计》(各期)。

4.印度民航部民航总局，《航空运输统计》，(各期)。

中国

1.中华人民共和国交通运输部，《年度统计资料》，2000–2015年。

2.中国民用航空局，《年度统计资料》，2000–2015年。

3.中国铁路总公司，《年度统计资料》，2012–2015年。

4.中国石油天然气集团公司，《年度统计资料》，2000–2015年。

5.中国海洋石油总公司，《年度统计资料》，2015年。

6.中华人民共和国国家统计局，《中国统计年鉴》，2000–2015年；《中华人民共和国2015年国民经济和社会发展统计公报》。

7.中国石油化工集团公司，《年度统计资料》，2000–2015年。

南非

南非国家交通运输集团有限公司。

脚注：

俄罗斯

(2)初步数据。

(3)指运营中的铺有路面的公共道路(包括高速公路)的里程。数据为年末数。

印度

(1)公路仅包括国家和邦一级的公路(不包括乡村道路、工程道路和城市道路等)，表中数据为当年3月31日数据，2014年和2015年数据为临时数据。

(6)为财年数据，即当年4月至下年3月。

(7)包括原油和天然气管道。

中国

(4)自2013年，因分类改变，故2013年和2014年数据无法与之前数据比较。

(5)自2013年，管道运输统计口径在原中国石油天然气集团公司、中国石油化工集团公司基础上增加中国海洋石油总公司。

(8)所有方式：包括铁路、公路、水路、航空和管道。

(9)所有方式：包括铁路、公路、水路和航空。

表 11.2.1　交通运输——巴西

	2000	2006	2007	2008	2009	2010	2011	2012	2013	2014
交通运输量										
公路客运量(亿人公里)		0.28	0.28	0.27						
铁路旅客周转量(亿人公里)	4.16	4.64	4.44	4.58	4.21	4.38	4.22	4.21	3.92	
铁路货物周转量(亿吨公里)	1557	2381	2571	2670	2453	2779	2932	3017	2986	
航空旅客周转量(亿人公里)[1]	480	570	610	690	760	940	1080	1130	1160	
航空货物周转量(亿吨公里)[1]	61	69	70	74	80	100	117	121	125	130
石油管道运输量(亿吨)		2.51								
每万平方公里土地上运营的铁路长度(公里)[2]	**34**	**34**	**34**	**36**	**35**	**33**	**34**	**34**	**35**	**35**
汽车拥有量										
汽车(万辆)	1997	2787	2985	3206						
乘用汽车和公共汽车(万辆)	2023	2822	3023							
涉及人员伤亡的道路交通事故										
事故数(起)[3]	378811	424137	508186							
受伤人数(人)[3]	358762	404385	484900							
死亡人数(人)[3]	20049	19752	23286							

资料来源：

1. 巴西陆路运输局。
2. 巴西民航局。
3. 国家交通运输基础设施部，《2015年全国运输系统》。

脚注：

(1)指付费的国内和国际运输量。

(2)估计数。

(3)指州际和国际客运量。

表 11.2.2 交通运输——俄罗斯

	2000	2006	2007	2008	2009	2010
交通运输量						
公路旅客周转量(亿人公里)[1]	1737	1360	1499	1521	1415	1406
公路货物周转量(亿吨公里)[2]	1527	1988	2058	2163	1801	1993
铁路旅客周转量(亿人公里)	1671	1778	1741	1759	1515	1389
铁路货物周转量(亿吨公里)	13732	19508	20903	21162	18653	20113
航空旅客周转量(亿人公里)	534	939	1110	1226	1125	1471
航空货物周转量(亿吨公里)	25	29	34	37	36	47
石油管道运输量(万吨)	29500	46100	46200	45600	47400	49200
公路里程(万公里)[3]	**53**	**60**	**62**	**63**	**65**	**67**
每万平方公里土地上运营的铁路长度(公里)			**50**		**50**	
汽车拥有量[4]						
卡车登记量(万辆)	440	493	517	535	532	541
乘用汽车和公共汽车(万辆)	2099	2762	3029	3292	3398	3525
涉及人员伤亡的道路交通事故						
事故数(起)	157596	229140	233809	218322	203618	199431
受伤人数(人)	179401	285362	292206	270883	255484	250635
死亡人数(人)[5]	29594	32724	33308	29936	27659	26567

表 11.2.2 交通运输——俄罗斯

(续表)

	2011	2012	2013	2014	2015
交通运输量					
公路旅客周转量(亿人公里)[1]	1386	1333	1260	1271	1180[6]
公路货物周转量(亿吨公里)[2]	2228	2489	2501	2468	2325[6]
铁路旅客周转量(亿人公里)	1398	1446	1385	1300	1206
铁路货物周转量(亿吨公里)	21278	22224	21962	23005	23059
航空旅客周转量(亿人公里)	1668	1958	2252	2414	2268
航空货物周转量(亿吨公里)	50	51	50	52	55
石油管道运输量(万吨)	54400	52300	52500	53200	54300
公路里程(万公里)[3]	73	93	98	102	105
每万平方公里土地上运营的铁路长度(公里)	**50**	**50**	**50**	**50**	**50**
汽车拥有量[4]					
卡车登记量(万辆)	555	575	605	624	623
乘用汽车和公共汽车(万辆)	3732	3972	4231	4430	4513
涉及人员伤亡的道路交通事故					
事故数(起)	199868	203597	204068	199723[7]	184000
受伤人数(人)	251848	258618	258437	251793[7]	231197
死亡人数(人)[5]	27953	27991	27025	26958[7]	23114

资料来源：

1.俄罗斯联邦统计局。
2.俄罗斯联邦内务部。
3.俄罗斯联邦航空运输局。

脚注：

(1)指为了商业目的由法人企业和个体企业(包括小企业)运送的旅客。
(2)所有组织机构的货物周转量。
(3)铺有路面的公共道路，年末数。
(4)自然人和法人作为物质财产而拥有的小汽车数量。
(5)从2009年起为事故后30天内死亡的人数；2009年之前为事故后7天内死亡的人数。
(6)初步数据。
(7)不包括克里米亚地区.

表 11.2.3　交通运输——印度

	2000	2006	2007	2008	2009
交通运输量					
铁路旅客周转量(亿人公里)	4570	6948	7700	8380	9035
铁路货物周转量(亿吨公里)	3155	4834	5232	5520	6013
民航客运量(亿人)	0.18	0.43	0.53	0.50	0.57
航空旅客周转量(亿人公里)	262	639	779	784	894
航空货物周转量(亿吨公里)	5.49	8.60	10.40	12.00	14.28
公路旅客周转量(亿人公里)(5)	20760	45460	48600	51970	55560
公路货物周转量(亿吨公里)(6)	4940	7660	8520	9200	10150
航空运输时间(万小时)	35	92	114	121	125
飞机飞行距离(亿公里)	2.03	5.40	6.80	7.20	7.17
机动车生产量(万辆)(1)	476	1109	1085	1117	1406
乘用车和公共汽车登记数量(万辆)(2)	671	1252	1400	1538	1680
小汽车拥有量(万辆)(3)	530	911	1015	1120	1237
每万平方公里土地上运营的铁路长度(公里)	**192**	**193**	**192**	**195**	**195**
涉及人员伤亡的道路交通事故					
事故数(起)	391449	460920	479216	484704	486384
受伤人数(人)	399265	496481	513340	523193	515458
死亡人数(人)	78911	105749	114444	119860	125660

表 11.2.3　交通运输——印度

（续表）

	2010	2011	2012	2013	2014
交通运输量					
铁路旅客周转量(亿人公里)	9785	10465	10981	11404	11472
铁路货物周转量(亿吨公里)	6265	6686	6506	6667	6626
民航客运量(亿人)	0.67	0.75	0.69	0.76	0.87
航空旅客周转量(亿人公里)	1032	1128	1000	1140	1269
航空货物周转量(亿吨公里)	16.46	17.50	15.29	16.35	17.60(4)
公路旅客周转量(亿人公里)(5)	59400	63510	67910		
公路货物周转量(亿吨公里)(6)	11280	12120	12850		
航空运输时间(万小时)	136	146	125	142	150
飞机飞行距离(亿公里)	7.62	8.30	7.19	8.15	8.98
机动车生产量(万辆)(1)	1792	2038	2065	2148	
乘用车和公共汽车登记数量(万辆)(2)	1864	2084	2325	2675	
小汽车拥有量(万辆)(3)	1375	1547	1757	2050	
每万平方公里土地上运营的铁路长度(公里)	**196**	**197**	**199**	**200**	**201**
涉及人员伤亡的道路交通事故					
事故数(起)	499628	497686	490383	486476	489400
受伤人数(人)	527512	511394	509667	494893	493474
死亡人数(人)	134513	142485	138258	137572	139671

资料来源：

1.印度铁道部，《印度铁路年度统计报表》(各期)。
2.印度道路运输和公路部，《印度基本公路统计》(各期)，以及印度道路运输及公路部，《印度基本道路统计》(各期)以及《运输年鉴》。
3.印度石油和天然气部，《财年印度石油和天然气统计》(各期)。
4.印度民航部民航总局，《航空运输统计》(各期)。

脚注：

铁路和民航数据以及汽车生产量按财年统计，即当年4月至下年3月。车辆登记数量和拥有量为3月31日数据，有关事故、受伤和死亡的数据按日历年度统计。
(1)包括乘用汽车、商用汽车、三轮车和两轮车。
(2)包括小汽车、吉普车、出租车和公交车。
(3)印度汽车登记数量为当年3月31日数据，但2000年数据为2001年3月31日数据。
(4)2014/2015年数据不包括印度最大的快递公司——蓝色飞镖快递公司数据。
(5)2006/07年至2012/13年的 公路运输数据为估计数。
(6)2007/08年至2012/2013年的公路运输数据为估计数。

表 11.2.4　交通运输——中国

	2000	2006	2007	2008	2009	2010
交通运输量						
公路旅客周转量(亿人公里)	6657	10131	11507	12476	13511	15021
公路货物周转量(亿吨公里)	6129	9754	11355	32868	37189	43390
铁路旅客周转量(亿人公里)	4533	6622	7216	7779	7879	8762
铁路货物周转量(亿吨公里)	13770	21954	23797	25106	25239	27644
航空旅客周转量(亿人公里)	971	2371	2792	2883	3375	4039
航空货物周转量(亿吨公里)	50	94	116	120	126	179
水运旅客周转量(亿人公里)	101	74	78	59	69	72
水运货物周转量(亿吨公里)	23734	55486	64285	50263	57557	68428
石油管道运输量(亿吨)(1)	1.9	3.3	4.1	4.4	4.5	5.0
国内定期航班航线里程(万公里)(2)	99	115	130	134	143	169
定期航班通航机场数(个)(3)	139	142	148	152	165	175
每万平方公里土地上运营的铁路长度(公里)	**72**	**80**	**81**	**83**	**89**	**95**
民用汽车拥有量						
汽车拥有量(万辆)(4)	1609	3697	4358	5100	6281	7802
小汽车拥有量(万辆)(5)		2395	2962	3595	4591	5862
涉及人员伤亡的道路交通事故						
事故数(起)	616971	378781	327209	265204	238351	219521
受伤人数(人)	418721	431139	380442	304919	275125	254075
死亡人数(人)	93853	89455	81649	73484	67759	65225

表 11.2.4　交通运输——中国

(续表)

	2011	2012	2013	2014	2015(6)
交通运输量					
公路旅客周转量(亿人公里)	16760	18468	11251	10997	10743
公路货物周转量(亿吨公里)	51375	59535	55738	56847	57956
铁路旅客周转量(亿人公里)	9612	9812	10596	11242	11961
铁路货物周转量(亿吨公里)	29466	29187	29174	27530	23754
航空旅客周转量(亿人公里)	4537	5026	5657	6334	7283
航空货物周转量(亿吨公里)	174	164	170	188	208
水运旅客周转量(亿人公里)(7)	75	77	68	74	73
水运货物周转量(亿吨公里)(7)	75424	81708	79436	92775	91772
石油管道运输量(亿吨)(1)	6	6	7	7	8
国内定期航班航线里程(万公里)(2)	200	200	260	287	292
定期航班通航机场数(个)(3)	178	180	190	200	206
每万平方公里土地上运营的铁路长度(公里)	**97**	**102**	**107**	**116**	**126**
民用汽车拥有量					
汽车拥有量(万辆)(4)	9356	10933	12670	14598	16285
小汽车拥有量(万辆)(5)	7204	8683	10313	12075	13866
涉及人员伤亡的道路交通事故					
事故数(起)	210812	204196	198394	196812	
受伤人数(人)	237421	224327	213724	211882	
死亡人数(人)	62387	59997	58539	58523	

资料来源：

1. 中华人民共和国交通运输部，年度统计资料，2000–2015年。

2.中国民用航空局，年度统计资料，2000–2015年。

3.中国铁路总公司，年度统计资料，2012–2015年。

4.中国石油天然气集团公司，年度统计资料，2000–2015年。

5.中国海洋石油总公司，年度统计资料，2015年。

6.中华人民共和国国家统计局，《中国统计年鉴》，2000–2015年；《中华人民共和国2015年国民经济和社会发展统计公报》。

7.中华人民共和国公安部，年度统计资料，2000–2015年。

8.中国石油化工集团公司，年度统计资料，2000–2015年。

脚注：

(1)2013年，管道运输统计口径在原中国石油天然气集团公司、中国石油化工集团公司基础上增加中国海洋石油总公司。

(2)自2011年起，原指标“国内民用航线里程”更名为“国内定期航班航线里程”，统计口径不发生变化。

(3)自2011年起，原指标“民用机场数”更名为“定期航班通航机场数”，统计口径不发生变化。

(4)汽车拥有量不包括三轮汽车和低速货车。

(5)小汽车拥有量包括小型载客汽车和微型载客汽车拥有量。

(6)初步数据。

(7)自2013年起，因分类改变，2013年和2014年数据无法与之前数据比较。

表 11.2.5　交通运输——南非

	2005	2006	2007	2008	2009	2010
交通运输量						
公路客运量(亿人)				2.83	2.88	2.88
公路货运量(亿吨)				4.79	4.27	4.50
铁路客运量(亿人)[(1)(2)]	4.98	5.03	5.92	6.13	6.44	5.20
铁路货运量(亿吨)				1.83	1.83	1.86
石油管道运输量(亿吨)[(3)(4)]	161	170	169	172	178	
每万平方公里土地上运营的铁路长度(公里)						**172**[(5)]
汽车拥有量						
乘用汽车和公共汽车(万辆)	486	519	548	560	574	
涉及人员伤亡的道路交通事故						
死亡人数(人)	11031	10946	12001	9346		

资料来源：

1.南非统计局。

2.南非客运铁路运输局。

3.南非国家交通运输集团有限公司。

脚注：

(1)南非客运铁路运输局。

(2)仅包括地铁。

(3)管道运输。

(4)陆地运输调查是涵盖南非铁路和公路运输的客货运输月度调查。这项调查是从2010年企业抽样框(BSF)中抽取的样本，BSF覆盖出于增值税目的而登记的企业。这项调查已经于2003年开始取代了陆地货运调查，并于2008年进行了重新设计。

(5)估算数据。

图11.1　2015年每万平方公里土地上运营的铁路长度

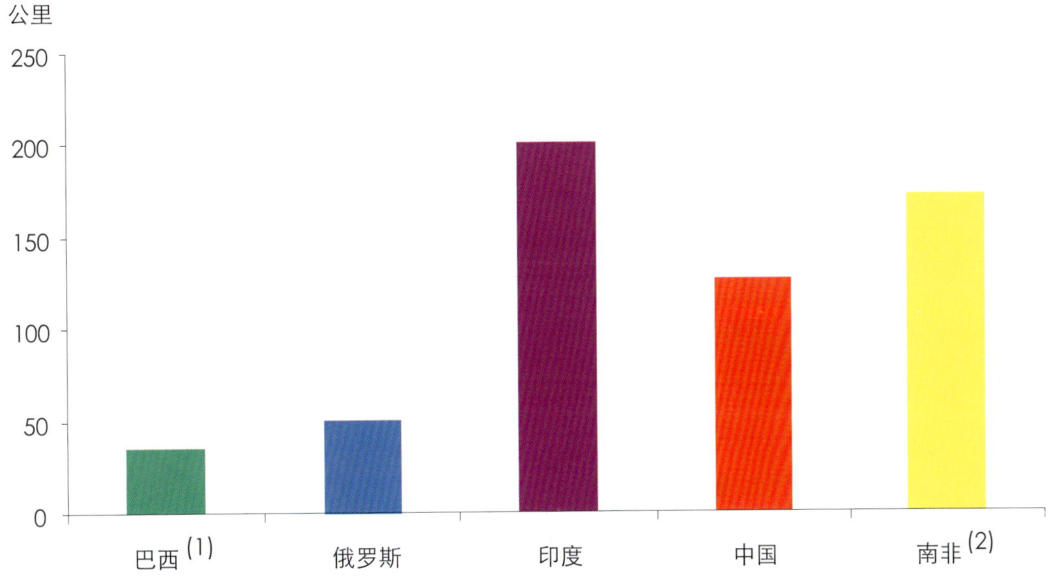

注：（1）为2014年数据。

（2）为2010年的估计数。

主要统计指标解释

国家解释

俄罗斯

旅客周转量(所有方式)　由各种运输工具运送旅客数量与平均运距的乘积，计量单位是“人公里”。所有方式包括铁路、公共汽车、出租车、电车、有轨电车,地铁、海运、内陆水运和空运。

货物周转量(所有方式)　由各种运输工具实际完成运送货物的吨数与运送距离的乘积计算的货物运输量，计量单位是吨公里。所有方式包括铁路、汽车、管道、海运、内陆水运和空运。

公路　指作为联邦财产的联邦道路，作为俄罗斯联邦主体财产的地区和地区间道路，以及作为自治州、市和市辖区财产的地方道路。

印度

铁路营业里程　路线总公里数，包括电气化和非电气化铁路。

公路里程　不包括城市道路和工程道路。

石油管道里程　包括陆地和海上基础设施。

民航　航空运输和飞行数据包括印度的航空运输公司提供的国内和国际航线服务。

中国

铁路营业里程　又称营业长度（包括正式营业和临时营业里程），指办理客货运输业务的铁路正线总长度。

公路里程　指在一定时期内实际达到《公路工程[WTBZ]技术标准JTJ01—88》规定的等级公路，并经公路主管部门正式验收交付使用的公路里程数。

管道输油（气）里程　指油品（或天然气）的实际输送距离，一般按输油（气）管道的单线长度计算。

货物（旅客）周转量　指在一定时期内，由各种运输工具运送的货物（旅客）数量与其相应运输距离的乘积之总和。

管道输油（气）里程　指油品（或天然气）的实际输送距离，一般按输油（气）管道的单线长度计算。

国内定期航班航线里程　指统计期内全部国内定期航班航线的航线总长度。

定期航班通航机场数　指供民用航空飞机起飞、降落、滑行、停放以及进行其他活动使用的划定区域数。

汽车拥有量　指报告期末，公安部交通管理部门按照《机动车注册登记工作规范》，已注册登记领有民用车辆牌照的全部汽车数量。

信息社会

表 12.1　信息通信技术(ICT)概况

	2000	2006	2007	2008	2009	2010
每千人电话主线拥有量(条)						
巴西	186	207	207	214	216	217
俄罗斯	226	309	317	319	318	314
印度(1)	26	36	34	33	32	30
中国(2)	124	281	278	258	236	221
南非(4)		49	46	46	44	44
每千人蜂窝移动电话用户数(户)						
巴西	140	532	636	781	905	1047
俄罗斯(5)	22	1081	1199	1398	1614	1664
印度(1)	2	135	204	300	447	632
中国	67	353	416	485	563	644
南非						
每千户家庭中拥有蜂窝式移动电话的家庭数(户)(6)		682	739	778	836	869
每千人蜂窝式移动电话用户数(户)(7)		659	773	847	870	886
每千人个人电脑拥有量(台)						
巴西(8)				97	127	149
俄罗斯	64	161	218	268	365	437
印度						
中国(9)						
南非(10)						
每千人互联网用户数(户)						
巴西(8)(11)				340	390	410
总人口				348	417	
十岁和十岁以上人口				340	390	410
俄罗斯(17)	20	180	247	268	290	430
印度(12)	5	28	40	44	51	75
中国	18	105	160	226	289	343
南非(13)					24	28
日报种类(种)						
巴西		532	555	673	682	652
俄罗斯(14)	946	805	774	787	793	770
印度(15)	5364	6800	7131	7710	8475	9355
中国(16)	2007	1938	1938	1943	1937	1939
南非						

表 12.1 信息通信技术(ICT)概况

(续表)

	2011	2012	2013	2014	2015
每千人电话主线拥有量(条)					
巴西	220	225	225	221	213
俄罗斯	309	301	289	268	248
印度[1]	27	25	23	22	20
中国[2]	213	206	196	182	168[3]
南非[4]	42	39	37	37	
每千人蜂窝移动电话用户数(户)					
巴西	1239	1339	1364	1380	1257
俄罗斯[5]	1790	1827	1933	1908	1938
印度[1]	742	708	717	754	798
中国	736	825	903	940	925[3]
南非					
每千户家庭中拥有蜂窝式移动电话的家庭数(户)[6]	897	929	948	956	
每千人蜂窝式移动电话用户数(户)[7]	1084	871			
每千人个人电脑拥有量(台)					
巴西[8]	205	224	260		
俄罗斯					
印度					
中国[9]			489	530	555
南非[10]		54	55	60	
每千人互联网用户数(户)					
巴西[8][11]	460	490	510	544	
总人口	465	492			
十岁和十岁以上人口	460	490	510		
俄罗斯[17]	490	638	680	705	
印度[12]	101	126	193	214	262
中国	383	421	458	479	503
南非[13]	27	27	28	31	
日报种类(种)					
巴西	684	727	722	784	
俄罗斯[14]	789	749	739	703	
印度[15]	10205	10908	12109	13350	14573
中国[16]	1928	1918	1915	1912	
南非					

资料来源:

巴西

1.巴西通信局。

2.巴西国家地理与统计局，全国住户抽样调查，2006-2014年。按性别和年龄分组的分量法人口预测结果，2000-2030年。

3.信息和通信技术研究中心 ICT住户调查(2008-2014年)。

4.巴西国家报业协会。

俄罗斯

1.俄罗斯联邦电信和大众传播部。

2.俄罗斯联邦统计局。

3.世界银行。

印度

1.印度电信监管局，《印度电信服务运行指标报告》(各期)。

2.印度信息和广播部，印度报纸注册办公室，《印度出版业》(各期)。

中国

1.中华人民共和国工业和信息化部。

2.中华人民共和国国家统计局，中国城乡住户调查，2013–2015年；中国城镇住户调查，2000–2012年；中国农村住户调查，2000–2012年。

3.中华人民共和国新闻出版广播电影电视总局，年度统计资料，2010–2015年。

南非

1.南非住户调查，2002–2013年。

脚注：

巴西

(8)指十岁及以上人口

(11)2012年前数据只包括经由个人电脑访问互联网的用户数，2013年后涵盖经由所有设备访问互联网的用户数。

俄罗斯

(5)指无线电话(移动)通信用户数。

(17)2013年以前，数据来自世界银行。2013年起，该指标依据俄罗斯联邦统计局有关数据计算而得，具体为过去12个月中使用过互联网的15–72岁人口在15–72岁总人口中所占比例。

(14)周发行三次以上报纸种类。

印度

(1)2000年为2000财年末(即2011年3月31日)数据，其他年份为日历年末数据。电话主线指有线线路，而蜂窝移动电话指无线用户。

(12)2000–2012年数据来自国际电信联盟数据库，2013–2015年数据为印度电信监管局截至当年12月31日的数据。

(15)除2000年为当年12月31日数据外，其他年份均为3月31日数据。

中国

(2)包括小灵通。

(3)初步数据。

(9)从2013年起，国家统计局开展了城乡一体化住户收支与生活状况抽样调查，与2013年前的分城镇和农村住户抽样调查的调查范围、调查方法、指标口径有所不同。

(16)各种报纸的种类。

南非

家计调查相关问题如下：

(4)本住户是否接入电话线？计算方法为，有电话的住户个数/总人口×1000，调查数据。

(6)本住户是否拥有蜂窝式移动电话？计算方法为，至少有一部移动电话的住户个数/住户总数×1000，调查数据。

(7)与运营商签约的移动电话用户数(数据可从南非独立通信监管局网络上获得)/总人口×1000。

(10)本住户是否有计算机(2005年、2012年和2013年)；

(13)本住户住宅是否接入互联网(2009–2013年数据)。

表 12.2.1　信息通信技术(ICT)——巴西[1]

	2000	2006	2007	2008	2009	2010	2011	2012	2013	2014
每100居民的固定电话线(条)	30.9	20.7	20.7	21.4	21.6	21.7	22.0	22.5	22.5	22.1
每100居民中的移动蜂窝电话用户(户)	17.0	53.2	63.6	78.5	90.5	104.7	123.9	132.8	136.4	138.0
每100居民中的固定互联网用户(户)		3.2	4.4	5.6	6.5	7.8	8.7	9.9	11.0	11.8
每100居民中的固定宽带互联网用户(户)	0.2	3.2	4.4	5.6	6.5	7.8	8.7	9.9	11.0	11.8
每100居民中的移动宽带用户(户)				1.0	3.7	9.9	19.8	29.6	51.2	77.8
拥有收音机的家庭比例(%)	87.9	87.8	88.0	88.9	87.9	81.4	83.4	80.9	75.7	72.1
拥有电视机的家庭的比例(%)	87.2	93.0	94.4	95.1	95.7	95.1	96.9	97.2	97.2	97.1
拥有电话的家庭的比例(%)		74.3	76.8	82.1	84.3		89.9	91.2	92.5	93.5
拥有个人电脑的家庭比例(%)	10.6	22.0	26.5	31.2	34.7	38.3	42.9	46.4	48.9	48.5
在过去的3个月(在任何地点)使用了计算机的个人比例(%)		33.1	40.0	38.0	43.0	44.0	48.0	51.0	51.0	50.0
在家中拥有互联网接入的家庭比例(%)		16.7	20.0	23.8	27.4	30.7	36.5	40.3	42.4	42.1
在过去的3个月中(在任何地点)使用过互联网的个人比例(%)		27.8	34.0	34.8	41.6	46.0	46.5	49.2	49.4	54.4
按上网地点分类，过去3个月中个人使用互联网的比例(%)										
家中		40.0	40.0	42.0	48.0	56.0	68.0	74.0	78.0	89.0
工作中		24.4	24.0	21.0	22.0	22.0	31.0	30.0	34.0	33.0
教育地点		15.6	15.0	14.0	14.0	14.0	16.0	15.0	17.0	15.0
其它人家		16.6	24.0	22.0	26.0	27.0	27.0	26.0	25.0	30.0
社区互联网接入设施		3.5	6.0	4.0	4.0	4.0	6.0	4.0	5.0	8.0
商业互联网接入设施		30.1	49.0	48.0	45.0	35.0	27.0	19.0	18.0	11.0
个人使用蜂窝移动电话的比例(%)				53.8	57.6		69.1	72.8	75.2	77.9
按上网频率分类，个人过去3个月中使用互联网的比例(%)										
至少一天一次		46.0	53.0	53.0	58.0	60.0	67.0	69.0	71.0	80.0
至少一星期一次，但不是每天		38.4	34.0	35.0	30.0	30.0	24.0	23.0	22.0	15.0
一星期不到一次		15.6	13.0	12.0	12.0	10.0	8.0	8.0	6.0	5.0
有电的家庭比例(%)	94.5	97.7	98.2	98.6	98.9	98.7	99.3	99.5	99.6	99.7
使用计算机的企业比例(%)		99.3	95.0	94.0	97.0	97.0	99.0	98.0	97.0	97.0
使用互联网的企业比例(%)		94.9	92.0	91.0	93.0	95.0	98.0	97.0	96.0	96.0
利用网络宣传推广的企业比例(%)		48.8	46.0	53.0	51.0	56.0	60.0	55.0	56.0	62.0
具有内联网的企业比例(%)		39.3	37.0	32.0	24.0	31.0	42.0	32.0	31.0	34.0
通过互联网接收订单的企业比例(%)						32.9	12.0	16.0	16.0	21.0
通过互联网发出订单的企业比例(%)						55.0	60.0	59.0	58.0	62.0
拥有局域网(LAN)的企业比例(%)		87.1	77.0	83.0	79.0	81.0	88.0	86.0	84.0	85.0
拥有外联网的企业比例(%)		20.4	24.0	21.0	18.0	21.0	34.0	28.0	28.0	27.0

资料来源：

巴西

1.巴西通信局。

2.巴西国家地理与统计局，全国住户抽样调查，2006-2014年。按性别和年龄分组的分量法人口预测结果，2000-2030年。

3.信息和通信技术研究中心，ICT住户调查(2006-2014年)。

脚注：

(1)指十岁及以上人口。

表 12.2.2 信息通信技术(ICT)——俄罗斯

	2005	2009	2010	2011	2012	2013	2014
每100居民电话主线拥有量(条)	**30**	**32**	**31**	**31**	**30**	**29**	**27**
每100居民中的移动蜂窝电话用户(户)	**86**	**161**	**166**	**179**	**183**	**193**	**191**
每100居民中的互联网用户(户)[(1)]	**15**	**29**	**43**	**49**	**64**	**68**	**71**
拥有下述设备或接入的机构占比							
个人电脑(占全部观测机构的比例)(%)	91.1	93.7	93.8	94.1	94.0	94.0	93.8
邮件(占全部观测机构的比例)(%)	56.0	78.5	81.9	83.1	85.2	86.5	84.2
互联网(占全部观测机构的比例)(%)	53.3	78.3	82.4	84.8	86.9	88.1	89.0
网站(占全部观测机构的比例)(%)	14.5	24.1	28.5	33.0	37.8	41.3	40.3
每百名员工拥有的个人电脑（在全部观测机构中)(台)	23	35	36	39	43	44	47
拥有下述设备或接入的住户占比[(2)]							
个人电脑(%)			54.5	60.1	66.6	71.4	74.8
互联网接入(%)			48.4	56.8	63.8	69.1	73.3

资料来源：

1.俄罗斯联邦统计局。

脚注：

(1)2013年以前，数据来自世界银行。2013年起，该指标依据俄罗斯联邦统计局有关数据计算而得，具体为过去12个月中使用过互联网的15–72岁人口在15–72岁总人口中所占比例。

(2)住户预算抽样调查数据。年底数。

表 12.2.3　信息通信技术(ICT)——印度

	2000	2006	2007	2008	2009	2010	2011	2012	2013	2014	2015
每100居民中的互联网用户数[1](户)		**0.62**	**0.82**	**0.97**	**1.17**	**1.37**	**1.65**	**1.89**	**1.77**		
每100居民中的固定互联网(固定宽带+有线窄带)用户(户)[2]											
总计									1.48	1.51	1.58
农村									0.14	0.21	0.21
城市									4.52	4.41	4.60
每100居民中的固定宽带互联网用户(户)[2]											
总计			0.21	0.34	0.54	0.75	1.00	1.14	1.18	1.22	1.30
农村									0.14	0.15	0.15
城市									3.52	3.64	3.86
每100居民中的有线窄带用户(户)[2]											
总计									0.31	0.28	0.27
农村										0.06	0.06
城市									1.00	0.77	0.74
每100居民中的移动宽带用户(户)[2]											
总计									3.26	5.59	9.44
农村									0.39	2.37	3.41
城市									9.74	12.80	22.78
每100居民中的固定有线窄带用户(户)[2]											
总计									0.04	0.04	0.04
农村											
城市									0.12	0.11	0.12
每100居民中的移动有线窄带用户(户)[2]											
总计									14.53	14.23	15.13
农村									3.39	9.02	9.23
城市									39.72	25.88	28.20
平均每个居民国际互联网带宽(千比特/秒/居民)[2]									**1.03**	**1.18**	**1.54**
每100居民的电话用户数[2](户)											
总计						66.16	70.86	73.34	74.02	77.58	81.83
农村						31.18	37.48	39.85	42.67	46.09	49.94
城市						147.88	167.85	149.90	144.95	148.06	152.45

资料来源：

印度

1.印度电信监管局，《印度电信服务运行指标报告》(各期)。

2.印度信息和广播部。

3.电子和信息技术年度报告(各期)，通讯和信息技术部。

脚注：

(1)当年3月31日数据。

(2)当年12月31日数据。

表 12.2.4　信息通信技术(ICT)——中国

	2000	2006	2007	2008	2009	2010	2011	2012	2013	2014	2015
ICT基础设施和接入核心指标											
每100居民中的宽带互联网用户数(户)		3.87	5.03	6.24	7.79	9.42	11.13	12.94	13.88	14.66	18.88
每100居民中的移动宽带用户数(户)					0.92	3.51	9.53	17.19	29.51	42.59	51.37
平均每个居民国际互联网带宽[1](比特/秒/居民)		205	293	506	681	859	1081	1471	2625	3157	4113
每100户家庭中的移动蜂窝电话用户(户)									203	216	225
城市									206	217	224
农村									200	215	226
拥有个人电脑的家庭所占比例(%)									**42**	**46**	**48**
城市									61	65	67
农村									19	22	24
ICT发展情况											
固定宽带互联网用户(万户)		5085	6641	8288	10398	12629	15000	17518	18891	20048	25947
固定宽带互联网接入时长(亿分钟)										414350	499630
移动互联网接入流量(千G)										2061936	4187533
光缆线路长度(万公里)	121	428	578	678	830	996	1212	1479	1745	2061	2486
长途光缆线路长度(万公里)	29	72	79	80	83	82	84	87	89	93	97
移动电话基站(万个)					112	140	175	207	241	351	466
互联网宽带接入端口(万个)		6486	8539	10890	13836	18781	23239	32108	35945	40546	57709
网站数(万个)	27	84	150	288	323	191	230	268	320	335	423

资料来源：

1.中华人民共和国工业和信息化部，中国互联网络信息中心。

2.中华人民共和国国家统计局，《中国统计年鉴》，2015年；《中华人民共和国2015年国民经济和社会发展统计公报》。

脚注：

(1)平均每个居民国际互联网带宽(比特/秒/居民)采用互联网国际出口带宽指标计算得出。

表 12.2.5　信息通信技术(ICT)——南非

	2000	2006	2007	2008	2009	2010	2011	2012	2013	2014
每千人电话主线拥有量(条)									37	37
每千人蜂窝移动电话用户数(户)									270	278
每千人互联网用户数(人)									28	31
每千人电脑拥有量(台)									55	60
每百户居民拥有电视机家庭数(家庭数)										23.5

资料来源：

1.南非统计局，2002−2013年住户调查数据。

图12.1　每千人蜂窝移动电话用户数

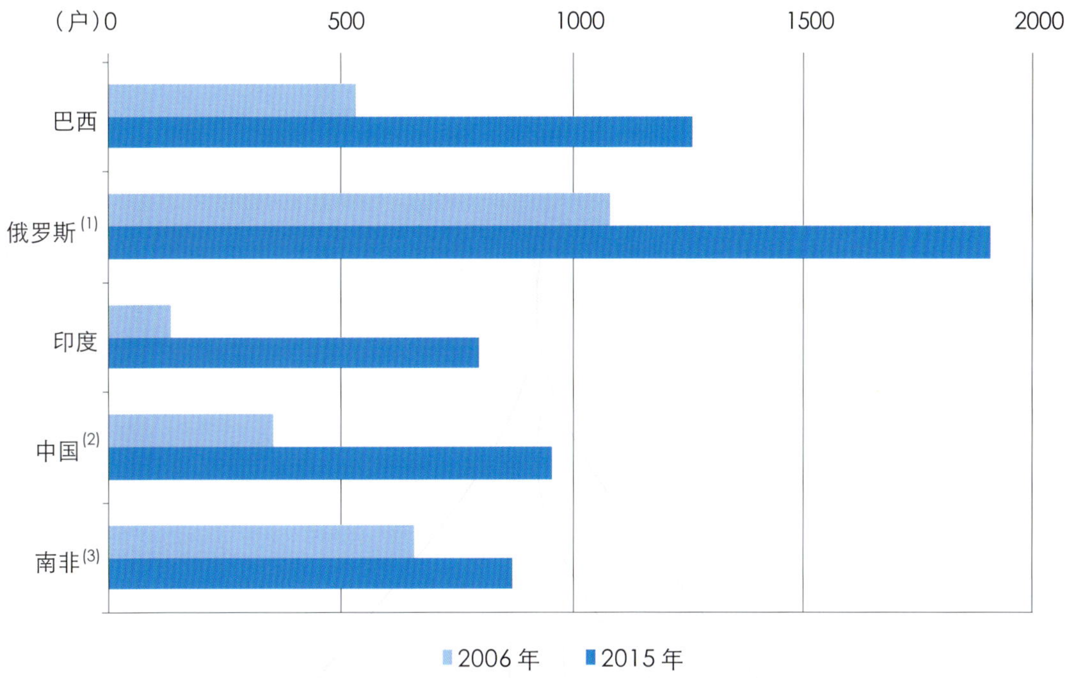

注：（1）2014年数据代替2015年数据。
（2）2015年数据为临时数据。
（3）2012年数据代替2015年数据。

主要统计指标解释

国家解释

巴西

参考时期 根据国际国际手册推荐，调查问卷询问近期三个月内用户使用ICT情况。

每千人互联网用户数 是指10岁及以上的居民。其中：

互联网用户 是指10岁及以上的、在某地（自己家、工作场所、免费或付费上网中心、别人家或者其他任何地方）通过个人电脑台式机或便携式电脑（笔记本电脑、掌中宝、袖珍电脑或手提电脑）在过去三个月的参考期内至少上过一次网的用户。

俄罗斯

电话主线 是指在公用电话亭拥有独立号码的电话机或是公用的共用主线的电话机。这些电话主线在公共网络上进行过转换，并提供本地、城际和国际通信服务。

蜂窝通信 是指移动无线和电话通信。

移动通信 是指为移动通信用户和公共电话网络用户提供通信工具的技术方法（无线电和通信设备、通信主线和通信构造）的综合设施。

机构使用个人电脑和其他信息通信技术情况 是指统计观测覆盖到的机构(不包括小型企业)使用ICT情况。

印度

电话主线 是一种有线通信的方式，例如将用户的终端设备与网络相连接的固定电话线获得的通信，它包括无线本地环路（将固定电话线连接到公共电话交换网络）。

蜂窝移动电话用户 包括无线通信用户。

互联网用户数据 包括固定电话线和无线（移动电话）网络用户数据。

日报 包括使用各种各样语言的报纸以及双语和多语报纸。

互联网用户总数——包括窄带用户和宽带用户。也包括有线互联网用户与无线互联网用户。

中国

（固定）电话主线 是指将用户终端设备与公众交换网进行连接的并在电话交换设备上拥有专门端口的（固定）电话线，包括综合业务数字网（ISDN）信道数，还包括无线市话用户（PHS）数。

蜂窝移动电话用户 是指使用蜂窝技术向公众交换电话网（PSTN）提供接入的公众移动电话业务付费用户，包括模拟和数字蜂窝。

互联网用户（网民） 是指过去半年内使用过互联网的6岁及以上中国居民。

日报 是指报纸，即有中国统一刊号的各种报纸。

固定互联网宽带接入用户 指报告期末在电信企业登记注册，通过xDSL、FTTx+LAN、FTTH/O以及其他宽带接入方式和普通专线接入公众互联网的用户。互联网宽带接入用户按行政区划分为城市宽带接入用户和农村宽带接入用户；按客户类别分为家庭宽带接入用户和单位宽带接入用户。

固定互联网宽带接入时长 指报告期内本企业固定互联网宽带接入用户通过固定宽带网络接入公共互联网发生的实际使用时长。

移动互联网接入流量 指本企业移动电话用户（含无线上网卡用户）通过移动通信网络接入公共互联网或WAP网站发生的计费流量，包括上行流量和下行流量。

光缆线路长度 指报告期末本地网中继光缆线路长度、接入网光缆线路长度、长途光缆线路长度合计。

长途光缆线路长度 指用以实现光信号传输的长途光缆线路的实际长度。架空的光缆按实际杆路长度统计；埋设于地下、管道、水底、海底的光缆按沟长统计。

移动电话基站 指报告期末为小区服务的无线收发信设备，处理基站与移动台之间的无线通信，在移动交换机与移动台之间起中继作用，监视无线传输质量的全套设备数。

互联网宽带接入端口 指用于接入互联网用户的各类实际安装运行的宽带接入端口的数量，不包括窄带拨号接入端口。按照目前互联网宽带接入的主要技术方式，分别包括xDSL用户端口、LAN用户端口和FTTH/O端口。

网站数 指以域名本身或者“WWW.+域名”为网址的web站点，其中包括中国的国家顶级域名.CN和类别顶级域名（gTLD）下的web站点，该域名的注册者位于中国境内。

南非

家计调查相关问题如下：

本住户是否接入电话线；

本住户是否拥有蜂窝式移动电话；

本住户是否拥有计算机（2005年，2012年和2013年）；

本住户是否接入互联网（此问题在2005年、2009年和2010年被问及，2009—2013年有数据）；

上述问题仅仅问及本住户，外在接入源不予考虑。

पाँच रुपये
000 000000
SPECIMEN
भारतीय रिज़र्व बैंक
RESERVE BANK OF INDIA
पचास रुपये
एक सौ रुपये
पाँच सौ रुपये
एक हज़ार रुपये

财政和金融

表 13.1　财政和金融概况

	2000	2006	2007	2008	2009	2010	2011	2012	2013	2014	2015
政府财政盈余/赤字占GDP的比重(%)											
巴西(1)(2)	-3.8	-3.5	-2.3	-2.4	-3.3	-2.9	-3.1	-3.0	-3.9	-6.3	-10.7
俄罗斯(3)	1.4	7.4	5.4	4.1	-6.0	-3.9	0.7	-0.1	-0.5	-0.4	-2.4
印度(4)(5)	-6.6	-1.3	-0.2	-4.3	-5.7	-3.2	-4.2	-3.5	-3.3	-3.0	-2.4
中国	-2.5	-0.8	0.6	-0.4	-2.2	-1.7	-1.1	-1.6	-1.8	-1.8	-3.4
南非(6)	-1.0	-1.8	-0.3	-1.3	-2.1	-2.0	0.2	0.9	1.4	-0.7	
所得税占财政收入的比重(%)											
巴西(7)		18.7	19.4	20.5	19.9						
俄罗斯(8)	8.3	8.8	9.5	10.4	12.2	11.2	9.6	9.6	10.2	10.1	10.6
印度(4)(9)	11.3	20.4	23.6	21.3	20.5	20.7	20.1	20.2	21.4	19.9	
中国	12.4	24.5	23.3	24.3	22.6	21.3	22.0	21.7	22.4	22.8	23.5
南非(6)	42.3	42.2	44.0	43.7	41.6	40.7	40.8	43.3	44.4	46.6	
M2 供应量(年末)(亿美元)											
巴西(10)	1552	3039	4011	5841	5857	7741	9661	9028	9060	8057	6803
俄罗斯(11)	409	3407	5242	4417	5049	6566	7603	9024	9595	5708	4913
印度(4)(12)	825	2232	2903	2483	3311	3681	3400	3493	3489	3737	
中国(13)	16261	44259	55231	69524	88783	109601	135154	154984	181490	200748	214408
南非(6)	622	1643	2045	1569	2122	2457	2200	2163	1977	1942	1635

资料来源：

巴西

1.巴西中央银行。

2.巴西财政部。

俄罗斯

1.俄罗斯联邦统计局。

2.俄罗斯财政部。

3.俄罗斯中央银行。

印度

1.印度财政部，《印度国家预算》(各期)。

2.印度统计和计划执行部中央统计局，《印度统计年鉴》，2015年。

3.印度储备银行，《货币存量统计公报》(各期)。

中国

1.中华人民共和国财政部。

2.中国人民银行。

3.中华人民共和国国家统计局。

南非

南非储备银行。

脚注：

巴西

(1)政府包括联邦政府，州政府和地方政府，但不包括巴西中央银行和公共企业。

(2)名义盈余。

(7)总税收收入等于总财政负担。

(10)所采用的年平均汇率可在表13.2.1和14.1中查到。

俄罗斯

(3)联邦政府政府财政盈余/赤字占GDP的比重。根据俄罗斯联邦财政部2015年的初步数据计算。

(8)个人所得税占收入的比重，根据俄罗斯联邦财政部2015年的初步数据计算。

(11)根据俄罗斯中央银行的数据计算。

印度

(4)所有数据指财政年数据(例如每年4月到下年的3月)。例如，2000—2001年数据指2000年4月到2001年3月的数据。此规则适用于本行所有数据。

(5)一般政府包括中央政府和邦政府。GDP为现价计算的市场价。2011到2015年数据根据GDP新序列计算(2011—12=100为基期)。2014年以后数据为临时数据。

(9)收入包括一般政府收入和资本收入。所得税只包括个人所得税和公司税。所得税只由中央政府收集。

(12)包括在公众中流通的货币、公众在银行的支票存款与活期存款以及在邮政储蓄的银行存款。货币换算采用财政年度的年平均汇率。

中国

(13) M2根据国家外汇管理局公布的年末汇率计算。

南非

(6)指财政年度：从当年的4月1日至下年的3月31日。

M2包括三部分：货币部门之外的流通中的纸币和硬币；支票和转账存款；其他活期存款和不超过6个月的中短期定期存款。以年底月平均汇率计算。

表 13.2.1 财政和金融——巴西

	2000	2006	2007	2008	2009	2010
财政支出(亿雷亚尔)[1]	**3154**	**7978**	**8385**	**9691**	**11369**	**11156**
合并预算支出结构(%)						
一般公共服务	5.3	4.0	4.4	4.2	3.9	4.5
外交	0.2	0.2	0.2	0.2	0.1	0.2
国防	3.4	2.1	2.3	2.3	2.3	2.9
公共安全	0.7	0.4	0.6	0.6	0.6	0.8
教育	3.4	2.2	2.6	2.6	2.9	3.9
科学技术	0.4	0.5	0.5	0.5	0.5	0.7
文化体育与传媒	0.1	0.2	0.3	0.2	0.2	0.2
社会保障和就业	33.0	31.4	33.2	31.9	31.0	35.5
医疗卫生	6.4	5.0	5.4	5.1	5.0	5.4
环境保护	0.4	0.2	0.4	0.4	0.3	0.3
城乡社区事务	1.0	0.9	1.4	1.2	1.2	1.0
农林水事务	1.6	1.2	1.3	1.0	1.2	1.3
交通运输	1.0	0.9	1.5	1.3	1.4	1.8
工业商业金融等事务	0.7	0.6	0.7	0.6	0.5	0.5
其他支出[2]	42.4	50.3	45.6	47.9	48.7	41.0
年平均汇率(1美元折合本币，雷亚尔)	**1.8**	**2.2**	**1.9**	**1.8**	**2.0**	**1.8**
M0发行量(年末，亿雷亚尔)	**477**	**1211**	**1466**	**1476**	**1661**	**2069**
M0发行量(年末，亿美元)	**261**	**556**	**753**	**803**	**833**	**1176**
M1发行量(年末，亿雷亚尔)	**744**	**1743**	**2314**	**2234**	**2502**	**2801**
M1发行量(年末，亿美元)	**407**	**801**	**1188**	**1216**	**1256**	**1593**
M2发行量(年末，亿雷亚尔)	**2838**	**6615**	**7813**	**10730**	**11674**	**13624**
M2发行量(年末，亿美元)	**1552**	**3039**	**4011**	**5841**	**5857**	**7741**
中央银行贴现率(%)	**15.8**	**13.3**	**11.3**	**12.8**	**8.8**	**10.8**
存贷款利率(%)	**15.8**	**12.6**	**11.5**	**12.6**	**9.9**	**11.5**

表 13.2.1 财政和金融——巴西

（续表）

	2011	2012	2013	2014	2015
财政支出（亿雷亚尔）[1]	**11796**	**15196**	**14404**	**16520**	**23820**
合并预算支出结构（%）					
一般公共服务	4.2	3.5	3.8	3.5	2.9
外交	0.2	0.1	0.1	0.1	0.1
国防	2.7	2.4	2.6	2.4	1.7
公共安全	0.6	0.5	0.6	0.5	0.4
教育	4.5	4.3	5.3	5.2	4.4
科学技术	0.6	0.5	0.7	0.5	0.4
文化体育与传媒	0.2	0.2	0.3	0.3	0.2
社会保障和就业	37.4	32.8	40.0	38.5	28.6
医疗卫生	6.0	5.2	5.8	5.6	4.3
环境保护	0.3	0.4	0.4	0.4	0.2
城乡社区事务	0.9	0.9	1.1	0.6	0.4
农林水事务	1.3	1.0	1.4	1.1	0.9
交通运输	1.6	1.5	1.4	1.3	0.7
工业商业金融等事务	0.5	0.4	0.5	0.4	0.3
其他支出[2]	39.2	46.4	36.0	39.7	54.6
年平均汇率（1美元折合本币，雷亚尔）	**1.7**	**2.0**	**2.2**	**2.4**	**3.3**
M0发行量（年末，亿雷亚尔）	**2142**	**2334**	**2495**	**2635**	**2553**
M0发行量（年末，亿美元）	**1280**	**1194**	**1155**	**992**	**765**
M1发行量（年末，亿雷亚尔）	**2854**	**3250**	**3445**	**3511**	**3337**
M1发行量（年末，亿美元）	**1705**	**1663**	**1595**	**1322**	**999**
M2发行量（年末，亿雷亚尔）	**16175**	**17646**	**19568**	**21400**	**22715**
M2发行量（年末，亿美元）	**9661**	**9028**	**9060**	**8057**	**6803**
中央银行贴现率（%）	**10.9**	**7.3**	**9.9**	**11.6**	**14.1**
存贷款利率（%）	**10.3**	**7.7**	**11.5**		

资料来源：

1. 巴西中央银行。
2. 巴西财政部。

脚注：

(1)数据仅指联邦政府。

(2)“其他支出”所占比重最大，因为包括对州和市的转移支付以及债务管理支出。

表 13.2.2　财政和金融——俄罗斯

	2000	2006	2007	2008	2009	2010	2011	2012	2013	2014	2015
合并后的政府财政收支											
收入(亿卢布)[1]	**20977**	**106258**	**133683**	**160039**	**135997**	**160319**	**208554**	**234351**	**244427**	**267661**	**264941**
合并预算收入构成(%)											
机构利润税(所得税)(%)	19.0	15.7	16.2	15.7	9.3	11.1	10.9	10.1	8.5	8.9	9.8
个人所得税(%)	8.3	8.8	9.5	10.4	12.2	11.2	9.6	9.6	10.2	10.1	10.6
自然资源使用税(%)		11.2	9.2	10.9	7.9	9.0	10.0	10.6	10.6	11.0	12.3
对外经济活动收入(%)		21.7	18.0	22.4	19.7	20.1	22.4	21.2	20.5	20.4	12.4
支出(亿卢布)[1]	**19601**	**83752**	**113786**	**139918**	**160483**	**176167**	**199946**	**231747**	**252909**	**276117**	**293078**
预算支出构成(%)											
中央和地方政府(%)[2]		9.9	10.3	9.2	8.2	8.2	6.8	6.2	6.0	5.9	6.3
国民经济(%)		11.3	13.7	16.1	17.3	13.2	14.0	14.1	13.0	16.5	12.9
社会文化活动(%)	27.4	54.3	51.2	50.9	52.8	57.5	56.2	57.0	58.0	54.9	57.1
M0发行量(年末)(亿卢布)[3]	**4189**	**27852**	**37022**	**37948**	**40381**	**50627**	**59386**	**64301**	**69856**	**71715**	**72391**
M0发行量(年末)(亿美元)[4]	**149**	**1058**	**1508**	**1292**	**1335**	**1661**	**1844**	**2117**	**2134**	**1275**	**993**
M2发行量(年末)(亿卢布)[3]	**11506**	**89707**	**128690**	**129759**	**152676**	**200119**	**244831**	**274054**	**314047**	**321105**	**358092**
M2发行量(年末)(亿美元)[4]	**409**	**3407**	**5242**	**4417**	**5049**	**6566**	**7603**	**9024**	**9595**	**5708**	**4913**
中央银行贴现率(年末,%)[3]	**25.0**	**11.0**	**10.0**	**13.0**	**8.8**	**7.8**	**8.0**	**8.3**	**8.3**	**8.3**	**8.3**
利率(%)[3]											
存款利率(%)	6.5	4.1	5.1	5.8	8.6	6.0	4.4	5.5	5.6	6.0	7.6
贷款利率(%)	24.4	10.4	10.0	12.2	15.3	10.8	8.5	9.1	9.5	11.1	13.7

资料来源:

1.俄罗斯联邦统计局。

2.俄罗斯联邦财政部。

3.俄罗斯中央银行。

脚注:

(1)俄罗斯联邦财政部数据。2005年俄罗斯采用了新的预算分类。2005年起包括各州的预算外资金。2015年为初步数据。

(2)2011年起不包括州级和市级的债务偿还。

(3)数据来自俄罗斯中央银行。

(4)根据俄罗斯中央银行数据计算。

表 13.2.3 财政和金融——印度

	2000	2006	2007	2008	2009	2010	2011	2012	2013	2014	2015[5]
合并后的一般政府财政收入和支出											
总收入(亿卢比)[1]	59790	112525	136371	156480	184581	215356	245406	276900	297670	348360[6]	379762
财政收入(%)[1]	63.4	77.9	77.8	71.4	65.6	73.3	69.0	71.2	73.6	74.9[6]	75.2
税收(%)[1]	51.1	64.3	64.3	59.2	53.3	58.0	58.8	61.0	61.9	59.9[6]	61.1
非税收(%)[1]	12.3	13.6	13.5	12.2	12.2	15.3	10.2	10.2	11.7	15[6]	14.1
合并后的一般政府预算总支出(亿卢比)[1]	59560	110917	131528	159968	185212	214515	242177	269490	297600	352150	381510
政府部门支出及构成(亿卢比)[2]	32560	58340	71270	88400	102450	119730	130440	141040	155945	166370	177750
农业和农村发展(%)	4.5	5.8	7.9	6.9	7.7	6.3	5.0	6.0	5.6	5.8	5.5
国防(%)	18.5	15.2	15.4	17.8	16.2	16.4	15.6	15.2	16.3	17.1	17.4
健康服务(%)	1.6	2.0	2.0	2.0	2.0	2.1	2.0	2.2	1.9	1.9	1.9
教育(%)	2.4	3.8	4.0	3.7	4.3	4.6	4.7	4.8	4.6	4.1	3.9
石油和天然气(%)	0.1	0.4	0.4	1.6	3.2	5.4	6.8	3.9	5.5	3.6	1.7
科技和信息技术(%)	0.5	0.6	0.8	0.7	0.8	0.7	0.6	0.7	0.6	0.9	1.0
运输(%)	3.6	4.6	3.3	2.1	2.0	3.8	3.7	3.8	4.1	3.9	4.9
经济事务(集中规定)(%)	35.2	27.7	24.8	23.5	22.3	24.2	26.0	26.0	33.0	32.7	33.7
国内事务(%)	3.2	2.8	3.0	3.4	3.3	3.5	3.4	3.4	3.4	3.6	3.7
消费者事务、食品和公共分配(%)	3.8	4.6	5.1	5.7	5.9	5.7	6.1	5.5	6.0	7.1	7.1
其它(%)	26.6	32.5	33.3	32.6	32.3	27.3	26.1	28.5	19.2	19.2	19.3
货币存量(亿卢比)											
M1	37943	96793	115581	125967	149067	164077	173739	189753	206452	229240	261057
M2	38826	98649	117560	128236	151606	166992	177052	193538	210754	233983	267134
M3	131320	331004	401786	479478	560270	650411	738483	838982	951936	1055017	1165434
M4	134762	342559	413271	490885	571959	662395	748900	852866	967727	1072390	1186195
外币资产(财年末数)(亿美元)	396	1919	2992	2414	2547	2743	2601	2597	2764	3173	3361
特别提款权(万)	200	200	1800	100	500600	456900	446900	432800	446400	398500	150200
在国际货币基金组织的储备头寸(RTP)(财年末数)(亿美元)		4.69	4.36	9.81	13.80	29.47	28.36	23.01	18.34	12.92	24.56
不包括黄金在内的外汇储备(财年末数)(亿美元)	396	1924	2997	2424	2611	2818	2674	2664	2827	3226	3401
黄金外汇储备(财年末数)(亿美元)	27	68	100	96	180	230	270	257	216	190	201

表 13.2.3　　财政和金融——印度

(续表1)

	2000	2006	2007	2008	2009	2010
利率结构						
存款利率(年率，%)(3)						
储蓄(4)	4.0	3.5	3.5	3.5	3.5	3.5
定期存款						
1到3年	8.50-9.50	6.75-8.50	8.00-8.75	8.00-8.75	6.00-7.00	8.25-9.00
3到5年	9.50-10.00	7.75-9.50	8.00-8.75	8.00-8.50	6.50-7.50	8.25-8.75
5年以上	8.50-10.00	7.75-8.50	8.50-9.00	7.75-8.50	7.00-7.75	8.50-8.75
贷款利率(年率，%)(3)	11.00-12.00	12.25-14.75	12.25-15.75	11.50-16.75	11.00-15.75	8.25-9.50

表 13.2.3　　财政和金融——印度

(续表2)

	2011	2012	2013	2014	2015
利率结构					
存款利率(年率，%)(3)					
储蓄(4)	4.0	4.0	4.0	4.0	4.0
定期存款					
1到3年	9.25	8.75-9.00	8.75-9.25	8.50-8.75	8.00-8.50
3到5年	9.00-9.25	8.75-9.00	8.75-9.10	8.50-8.75	8.00-8.50
5年以上	8.50-9.25	8.50-9.00	8.5-9.10	8.25-8.50	8.00
贷款利率(年率，%)(3)	10.00-10.75	9.70-10.25	10.00-10.25	10.00-10.25	9.70-10.00

资料来源：

1.印度财政部，《印度国家预算》(各期)。

2.印度储备银行，《印度经济统计手册》和《货币存量统计公报》(各期)。

脚注：

该表所有数据均为财政年度数据，即当年4月1日到下年3月31日。外汇储备数据指财政年度年末数据，即下年的3月31日的数据。

(1)总收入和总支出数据包括中央政府和地方政府数据。

(2)中央和地方部门的支出数据(预算和非预算)包括州预算支出。

(3)2011/2012年，存款利率和基准利率指五家主要国有银行到2010年7月31为止的利率。2010年7月1日后，印度使用了新的利率基准系统，之后年份相应的数据反映了五个主要的国有银行的基准利率。2010 － 11利率为2010年4月到7月的利率均值。

(4)2011/2012财年以后的储蓄存款利率指存款额在10万卢比以上的存款利率。但是，自2011年10月25日起，对存款利率的管制被取消。

(5)预算估计数。

(6)修订后的估计数。

表 13.2.4　财政和金融——中国

	2000	2006	2007	2008	2009	2010	2011	2012	2013	2014	2015
政府财政收支构成											
财政收入(亿元人民币)(1)	13395	38760	51322	61330	68518	83102	103874	117254	129210	140370	152269
预算收入结构(%)											
税收收入			88.9	88.4	86.9	88.1	86.4	85.8	85.5	84.9	82.0
国内增值税			30.1	29.3	27	25.4	23.4	22.5	22.3	22.0	20.4
国内消费税			4.3	4.2	6.9	7.3	6.7	6.7	6.4	6.3	6.9
进口货物增值税、消费税			12	12.1	11.3	12.6	13.1	12.6	10.8	10.3	8.2
出口货物退增值税、消费税			-11	-9.6	-9.5	-8.8	-8.9	-8.9	-8.1	-8.1	-8.5
营业税			12.8	12.4	13.2	13.4	13.2	13.4	13.3	12.7	12.7
企业所得税			17.1	18.2	16.8	15.5	16.1	16.8	17.4	17.6	17.8
个人所得税			6.2	6.1	5.8	5.8	5.8	5.0	5.1	5.3	5.7
资源税			0.5	0.5	0.5	0.5	0.6	0.8	0.8	0.8	0.7
城市维护建设税			2.3	2.2	2.3	2.3	2.7	2.7	2.6	2.6	2.6
房产税			1.1	1.1	1.2	1.1	1.1	1.2	1.2	1.3	1.3
印花税			4.4	2.1	1.3	1.3	1.0	0.8	1.0	1.1	2.3
证券交易印花税			3.9	1.6	0.7	0.7	0.4	0.3	0.4	0.5	1.7
城镇土地使用税			0.8	1.3	1.3	1.2	1.2	1.3	1.3	1.4	1.4
土地增值税			0.8	0.9	1.1	1.5	2.0	2.3	2.5	2.8	2.5
车船税			0.1	0.2	0.3	0.3	0.3	0.3	0.4	0.4	0.4
船舶吨位税									0.03	0.03	0.03
车辆购置税			1.7	1.6	1.7	2.2	2.0	1.9	2.0	2.1	1.8
关税			2.8	2.9	2.2	2.4	2.5	2.4	2.0	2.0	1.7
耕地占用税			0.4	0.5	0.9	1.1	1.0	1.4	1.4	1.5	1.4
契税			2.4	2.1	2.5	3	2.7	2.5	3.0	2.9	2.6
烟叶税			0.1	0.1	0.1	0.1	0.1	0.1	0.1	0.1	0.1
其他税收收入									0.0	0.0	0.0
非税收入			11.1	11.6	13.1	11.9	13.6	14.2	14.5	15.1	18.0
专项收入			2.4	2.5	2.4	2.5	2.9	2.8	2.7	2.6	4.6
行政事业性收费			3.7	3.5	3.4	3.6	3.9	3.9	3.7	3.7	3.2
罚没收入			1.6	1.5	1.4	1.3	1.3	1.3	1.3	1.2	1.2
其他收入			3.4	4.1	5.9	4.5	5.5	6.2	6.7	7.5	8.9

表 13.2.4　财政和金融——中国

(续表1)

	2000	2006	2007	2008	2009	2010
财政支出(亿元人民币)[1]	**15887**	**40423**	**49781**	**62593**	**76300**	**89874**
预算支出结构(%)						
一般公共服务			17.1	15.8	12.0	10.4
外交			0.4	0.4	0.3	0.3
国防			7.1	6.7	6.5	5.9
公共安全			7.0	6.5	6.2	6.1
教育			14.3	14.4	13.7	14.0
科学技术			3.6	3.4	3.6	3.6
文化体育与传媒			1.8	1.8	1.8	1.7
社会保障和就业			10.9	10.9	10.0	10.2
医疗卫生			4.0	4.4	5.2	5.3
节能环保			2.0	2.3	2.5	2.7
城乡社区事务			6.5	6.7	6.7	6.7
农林水事务			6.8	7.3	8.8	9.0
交通运输			3.8	3.8	6.1	6.1
资源勘探信息等支出					3.8	3.9
商业服务业等支出						1.6
金融支出					1.2	0.7
地震灾后恢复重建支出				1.0	1.5	1.3
援助其他地区支出						
国土海洋气象等支出						1.5
住房保障支出					1.0	2.6
粮油物资储备支出					2.9	1.3
政府付息支出					2.0	2.1
债务发行费用支出						
其他支出			5.9	5.8	4.2	3.0
M0发行量(年末)(亿元人民币)	**14653**	**27073**	**30375**	**34219**	**38246**	**44628**
M0发行量(年末)(亿美元)[2]	**1770**	**3467**	**4158**	**5007**	**5601**	**6739**
M1发行量(年末)(亿元人民币)	**53147**	**126035**	**152560**	**166217**	**220002**	**266622**
M1发行量(年末)(亿美元)[2]	**6420**	**16140**	**20885**	**24320**	**32220**	**40259**
M2发行量(年末)(亿元人民币)	**134610**	**345604**	**403442**	**475167**	**606225**	**725852**
M2发行量(年末)(亿美元)[2]	**16261**	**44259**	**55231**	**69524**	**88783**	**109601**
存款利率(年末)(%)[3]	**2.25**	**2.52**	**4.14**	**2.25**	**2.25**	**2.75**
贷款利率(年末)(%)[3]	**5.85**	**6.12**	**7.47**	**5.31**	**5.31**	**5.81**

表 13.2.4 财政和金融——中国

（续表2）

	2011	2012	2013	2014	2015
财政支出（亿元人民币）[(1)]	**109248**	**125953**	**140212**	**151786**	**175878**
预算支出结构(%)					
一般公共服务	10.1	10.1	9.8	8.7	7.7
外交	0.3	0.3	0.3	0.2	0.3
国防	5.5	5.3	5.3	5.5	5.2
公共安全	5.8	5.6	5.6	5.5	5.3
教育	15.1	16.9	15.7	15.2	14.9
科学技术	3.5	3.5	3.6	3.5	3.3
文化体育与传媒	1.7	1.8	1.8	1.8	1.7
社会保障和就业	10.2	10.0	10.3	10.5	10.8
医疗卫生	5.9	5.8	5.9	6.7	6.8
节能环保	2.4	2.4	2.4	2.5	2.7
城乡社区事务	7.0	7.2	8.0	8.5	9.0
农林水事务	9.1	9.5	9.5	9.3	9.9
交通运输	6.9	6.5	6.7	6.9	7.0
资源勘探信息等支出	3.7	3.5	3.5	3.3	3.4
商业服务业等支出	1.3	1.1	1.0	0.9	1.0
金融支出	0.6	0.4	0.3	0.3	0.5
地震灾后恢复重建支出	0.2	0.1			
援助其他地区支出	1.4	0.1	0.1	0.1	0.1
国土海洋气象等支出		1.3	1.4	1.4	1.2
住房保障支出	3.5	3.6	3.2	3.3	3.3
粮油物资储备支出	1.2	1.1	1.2	1.3	1.5
政府付息支出	2.2	2.1	2.2	2.4	2.0
债务发行费用支出					
其他支出	2.7	2.0	2.3	2.1	2.1
M0发行量（年末）（亿元人民币）	**50748**	**54660**	**58574**	**60260**	**63217**
M0发行量（年末）（亿美元）[(2)]	**8054**	**8696**	**9607**	**9848**	**9735**
M1发行量（年末）（亿元人民币）	**289848**	**308664**	**337291**	**348056**	**400953**
M1发行量（年末）（亿美元）[(2)]	**46001**	**49107**	**55322**	**56881**	**61746**
M2发行量（年末）（亿元人民币）	**851591**	**974149**	**1106525**	**1228375**	**1392278**
M2发行量（年末）（亿美元）[(2)]	**135154**	**154984**	**181490**	**200748**	**214408**
存款利率（年末）(%)[(3)]	**3.50**	**3.00**	**3.00**	**2.75**	**1.50**
贷款利率（年末）(%)[(3)]	**6.56**	**6.00**	**6.00**	**5.60**	**4.35**

资料来源：

1.中华人民共和国财政部。

2.中国人民银行。

脚注：

(1) 2009年开始政府财政支出分类有所变化，因此数据与以前年份不可比。

(2)以美元为单位的货币发行量数据根据国家外汇管理局公布的年末汇率计算。

(3)这里的存款利率和贷款利率是指金融机构法定人民币一年期存贷款利率。

表 13.2.5 财政和金融——南非

	2000	2006	2007	2008	2009	2010
合并后的政府财政收支						
收入(亿兰特)		**5657**	**6465**	**7470**	**8223**	**8175**
预算收入构成(%)						
税收总收入		79.4	81.0	81.5	80.4	78.6
国内增值税	13.5	22.2	22.4	23.0	22.8	23.9
国内消费税						
进口增值税和消费税	10.2	12.0	14.0	14.0	13.9	10.9
出口货物增值税和消费税退税						
营业税						
企业所得税	10.8	18.5	21.4	21.8	22.8	18.7
个人所得税	31.5	22.3	21.9	22.7	23.8	25.3
资源税						
城市维护建设税						
房产税	3.9	2.9	2.5	2.8	2.6	3.2
印花税						
证券交易印花税	1.3	1.9	1.5	1.5	1.0	1.0
契税	0.7	1.5	1.1	1.0	0.6	0.6
烟叶税		1.1	1.1	1.1	1.1	1.2
其他税收收入[1]	7.3	-3.0	-4.8	-6.3	-8.3	-6.0
非税收入	20.8	20.6	19.0	18.5	19.6	21.4
专项收入	1.7	1.8	1.7	1.9	2.0	2.2
行政事业性收费	61.7	53.9	51.4	41.6	38.4	46.0
罚没收入	0.6	0.7	0.3	0.5	0.4	0.3
其他非税收收入	5.6	7.0	7.2	8.5	9.7	9.0
支出(亿兰特)		**5619**	**6290**	**7170**	**8409**	**9320**
预算支出构成 (%)						
一般公共服务	25.6	24.2	24.0	21.9	21.2	20.0
外交	0.5					
国防	4.1	4.7	4.1	3.8	3.8	3.1
公共安全	8.9	9.6	9.8	10.1	10.0	10.3
教育	18.5	17.0	16.8	16.7	17.1	18.1
科技						
文化、体育和传媒	1.5	2.6	2.1	2.3	2.6	2.8
社会保障和就业	10.4	12.7	13.1	12.9	12.7	13.1
医疗卫生	8.9	8.9	9.2	9.5	9.8	10.6
环境保护	1.8	0.7	0.6	0.7	0.7	0.7
城乡社区事务	2.6	3.7	3.6	3.9	4.1	4.0
农业、林业、水利	2.3	2.8	2.7	2.7	2.5	3.1
交通运输	4.5	3.5	4.5	4.7	5.9	4.6
工商业和银行业	0.4	1.2	1.2	1.3	1.4	0.9
地震灾后恢复重建支出						
其他支出	10.1	8.5	8.2	9.4	8.1	8.8

表 13.2.5　财政和金融——南非

（续表1）

	2011	2012	2013	2014	2015
合并后的政府财政收支					
收入（亿兰特）	**9264**	**10512**	**11687**	**12519**	
预算收入构成(%)					
税收总收入	78.3	76.3	75.2	77.9	
国内增值税	22.1	20.9	20.7	21.0	
国内消费税					
进口增值税和消费税	11.7	12.9	12.8	14.0	
出口货物增值税和消费税退税					
营业税					
企业所得税	16.4	16.7	15.5	15.7	
个人所得税	24.6	23.9	23.7	24.8	
资源税					
城市维护建设税					
房产税	3.3	3.1	3.1	3.5	
印花税					
证券交易印花税	0.9	0.6	0.6	0.7	
契税	0.6	0.4	0.4	0.4	
烟叶税	1.1	1.0	1.0	0.9	
其他税收收入[1]	-2.4	-3.3	-2.6	-3.2	
非税收入	21.7	23.7	24.8	22.1	
专项收入	2.0	1.8	1.9	2.0	
行政事业性收费	5.0	4.7	4.4	4.0	
罚没收入	0.4	0.3	0.3	0.3	
其他非税收收入	18.2	20.5	21.5	18.9	
支出（亿兰特）	**10384**	**11970**	**12901**		
预算支出构成（%）					
一般公共服务	18.3	19.7	21.4		
外交					
国防	3.3	2.9	2.9		
公共安全		9.7	9.9		
教育		17.6	17.8		
科技					
文化、体育和传媒		2.7	3.0		
社会保障和就业		11.8	11.9		
医疗卫生		10.3	10.6		
环境保护		0.8	0.7		
城乡社区事务		4.0	4.4		
农业、林业、水利		1.4	1.4		
交通运输		4.7	4.3		
工商业和银行业		0.8	0.9		
地震灾后恢复重建支出					
其他支出	13.0	13.6	10.8		

表 13.2.5　财政和金融——南非

(续表2)

	2000	2006	2007	2008	2009	2010
M0发行量(年末)(亿兰特)	436	961	1101	1205	1269	1360
M0发行量(年末)(亿美元)	58	136	161	121	169	199
M1发行量(年末)(亿兰特)	2744	6057	7383	7537	8063	8629
M1发行量(年末)(亿美元)	363	860	1081	757	1076	1263
M2发行量(年末)(亿兰特)	4748	11568	13963	15624	15893	16784
M2发行量(年末))(亿美元)	627	1643	2045	1569	2122	2457
M3发行量(年末)(亿兰特)(2)	5207	13493	16676	19150	19493	20842
M3发行量(年末)(亿美元)(2)	688	1916	2442	1924	2602	3051
中央银行贴现率(%)	12.0	9.0	11.0	11.5	7.0	5.5
存贷款利率(%)(3)	14.5	12.5	15.0	15.0	10.5	9.0

表 13.2.5　财政和金融——南非

(续表3)

	2011	2012	2013	2014	2015
M0发行量(年末)(亿兰特)	1587	1769	1939	2096	2259
M0发行量(年末)(亿美元)	194	205	187	183	151
M1发行量(年末)(亿兰特)	9473	10351	11320	12413	14285
M1发行量(年末)(亿美元)	1159	1198	1092	1083	956
M2发行量(年末)(亿兰特)	17989	18691	20497	22265	24415
M2发行量(年末))(亿美元)	2200	2163	1977	1942	1635
M3发行量(年末)(亿兰特)(2)	22567	23734	25123	26939	29759
M3发行量(年末)(亿美元)(2)	2760	2747	2423	2350	1992
中央银行贴现率(%)	5.5	5.0	5.0	5.8	6.3
存贷款利率(%)(3)	9.0	8.5	8.5	9.3	9.8

资料来源：

南非储备银行。

脚注：

政府财政数据为财政年度数据，即从当年4月1日到下年3月31日。

(1)有些税种无定义，因此，该数据为其他税种之外的税收数据，即总税收收入减去有分类的税收数据，这个数据还包括南非海关做出的调整。

(2) M3是在南非官方使用的广义货币供应总量指标。

(3)优惠透支利率用作市场参考利率或基准利率，但不能决定利率。

图13.1　政府财政盈余/赤字占GDP的比重

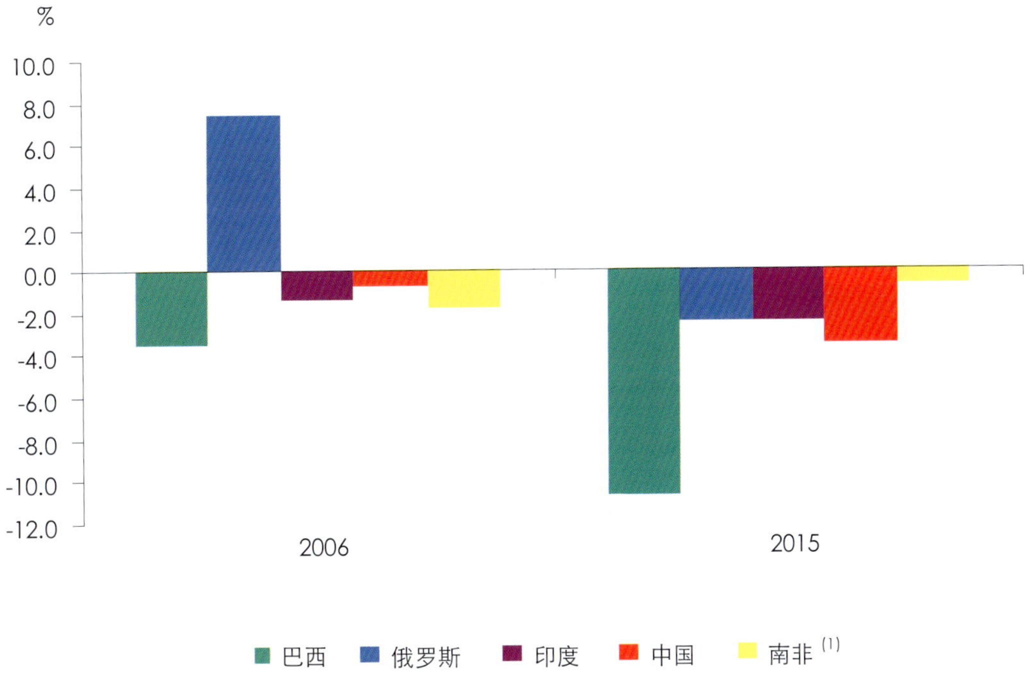

注：（1）南非2015年数据为2014年数据。

图13.2　所得税占财政收入的比重

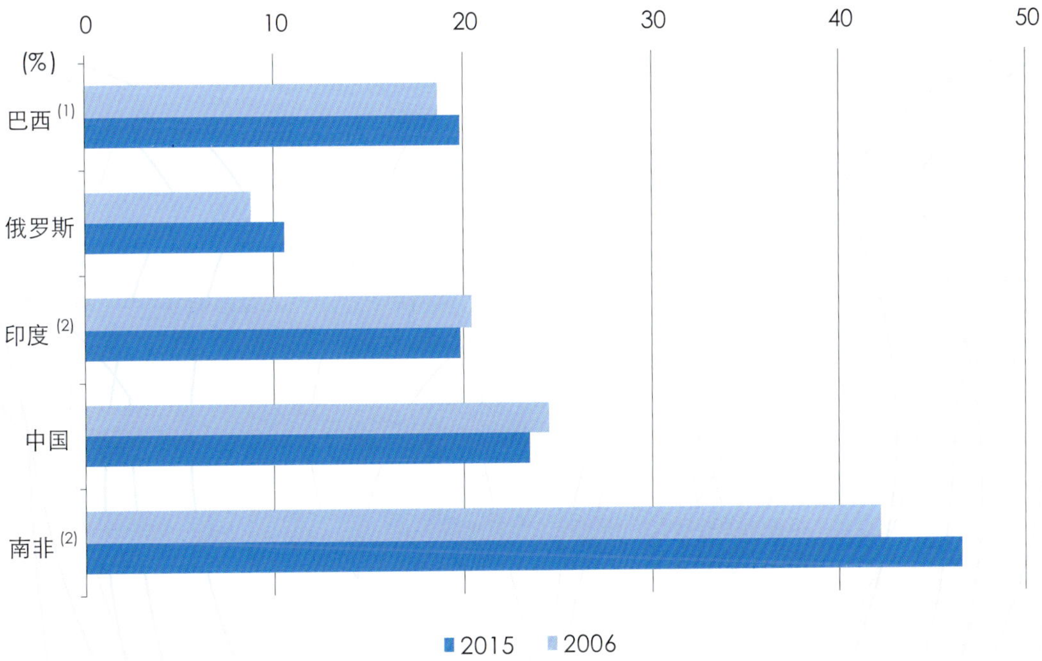

注：（1）2015年数据以2009年数据代替。
（2）2015年数据以2014年数据代替。

主要统计指标解释

国家解释

巴西

一般政府财政盈余/赤字占GDP的比重　一般政府包括联邦政府，州政府和地方政府，但不包括巴西中央银行和公共企业。数据为名义值。

所得税占财政收入的比重　总税收收入等于总财政负担。

M_2发行量（年末）　表13.2.1和14.1用年平均汇率计算。

支出　数据仅包括联邦政府。

其他支出　是最大的项目，因为它包括如转移到州政府和地方政府支出交易和债务管理。

俄罗斯

预算收入　用于预算的各项货币基金，但不包括按照俄罗斯联邦预算法用于弥补预算赤字的基金。

预算支出　从预算基金中用于支付的各项货币基金，但不包括按照俄罗斯联邦预算法用于弥补预算赤字的基金。

存款利率　是在信贷机构（包括俄罗斯OAO储蓄银行）的1年期个人储蓄存款平均利率。

贷款利率　是信贷机构（包括俄罗斯联邦储蓄银行）的1年期个人储存款平均利率。

年利率　为各月利率的平均值。

印度

一般政府　包括中央政府和州政府。

所得税　1961年收入税法案规定征收包括个人以及印度教未分开的家庭、公司或者合作团体（非公司）和信托公司（确认为与人相关的个人团体）或者法人的所得税。在印度，个人总收入中的特殊收入是根据他的居住身份决定的。主要有三种居住身份：（1）居民且通常居住的居民；（2）居住但通常居住的居民；（3）非居民。可以通过几个步骤确定居民的个人身份。所有居民包括印度外所得收入的全部收入均应缴纳所得税。

M_1=在公众中流通的货币+公众的支票存款和活期存款。

M_2=M_1+邮政储蓄银行存款

M_3=M_2+银行定期存款

M_4=M_3+总邮政存款

中国

财政收入　指国家财政参与社会产品分配所取得的收入，是实现国家职能的财力保证。国家财政收入的范围曾数次调整。

财政支出　指国家财政将筹集起来的资金进行分配使用，以满足经济建设和各项事业的需要。

财政赤字/盈余占GDP的比重=（国家财政收入－国家财政支出）/GDP

财政收入构成主要包括：

各项税收　包括国内增值税、国内消费税、进口货物增值税和消费税、出口货物退增值税和消费税、营业税、企业所得税、个人所得税、资源税、城市维护建设税、房产税、印花税、城镇土地使用税、土地增值税、车船税、船舶吨税、车辆购置税、关税、耕地占用税、契税、烟叶税等。

非税收入　包括专项收入、行政事业性收费、罚没收入和其他收入。

财政支出构成　主要包括：一般公共服务支出、外交支出、国防支出、公共安全支出、教育支出、科学技术支出、文化教育与传媒支出、社会保障和就业支出、医疗卫生支出、环境保护支出、城乡社区事务支出、农林水事务支出、交通运输支出、工业商业金融等事务支出等。

南非

M_0=货币机构在中央银行的存款以及在中央银行以外流通的纸币和硬币。

M_1=流通中的纸币和硬币以及支票和转账存款加上国内私人部门在货币机构的其他活期存款。

M_2=M_1加上国内私人机构持有的其他短期和中期存款。

M_3=M_2加上国内私人机构持有的长期存款。

对外经济关系

表 14.1　对外经济概况

	2000	2006	2007	2008	2009	2010	2011	2012	2013	2014	2015
货物和服务进出口总额(亿美元)											
巴西	1370	2767	3414	4476	3540	4757	5945	5849	6052	5829	4670
俄罗斯	1690	5427	6741	8897	5903	7628	9835	10345	10631	9926	6746
印度[1]	1259	4302	5566	6470	6232	8261	10158	10176	9946	9935	
中国[2]	4774	17745	22061	26418	22793	29849	38358	41183	44758	47858	44739
南非	702	1638	1904	2092	1647	2101	2503	2414	2352	2254	1966
货物和服务进口总额(亿美元)											
巴西	729	1205	1580	2203	1743	2437	3020	3038	3256	3188	2431
俄罗斯	585	2095	2837	3662	2473	3210	4101	4447	4697	4290	2814
印度[1]	651	2300	3031	3557	3484	4503	5675	5715	5287	5277	
中国[2]	2243	7828	9490	11465	10296	13809	18269	19432	21202	22616	20447
南非	331	843	972	1069	818	1027	1234	1232	1218	1159	999
货物和服务出口总额(亿美元)											
巴西	641	1562	1834	2273	1797	2320	2925	2811	2796	2641	2239
俄罗斯	1105	3332	3904	5234	3430	4418	5734	5898	5934	5635	3933
印度[1]	608	2002	2535	2913	2748	3758	4483	4461	4659	4658	
中国[2]	2531	9917	12571	14953	12497	16039	20089	21751	23556	25242	24293
南非	371	796	932	1023	830	1074	1270	1181	1134	1094	967
经常账户盈余/赤字占GDP的比重(%)											
巴西	-3.8	1.2	0.0	-1.8	-1.6	-3.4	-3.0	-3.0	-3.0	-4.3	-3.3
俄罗斯	18.0	9.3	5.5	6.3	4.1	4.4	5.1	3.5	1.6	3.2	5.0[3]
印度[1][4]	-0.6	-1.0	-1.3	-2.3	-2.8	-2.8	-4.2	-4.8	-1.7	-1.4	
中国	1.7	8.4	9.9	9.1	4.8	3.9	1.8	2.5	1.5	2.6	3.0
南非	-0.1	-4.5	-5.4	-5.5	-2.7	-1.5	-2.2	-5.0	-5.8	-5.4	-4.4
货物和服务出口与货物和服务进口比率(%)											
巴西	87.9	129.6	116.1	103.2	103.1	95.2	96.8	92.5	85.9	82.8	92.1
俄罗斯	189.0	159.1	137.6	142.9	138.7	137.7	139.8	132.6	126.3	131.3	139.8
印度[1]	93.4	87.0	83.6	81.9	78.8	83.4	79.0	78.1	88.1	88.3	
中国	112.8	126.7	132.5	130.4	121.4	116.2	110.0	111.9	111.1	111.6	118.8
南非	111.9	94.4	95.9	95.6	101.5	104.5	102.9	95.8	93.2	94.4	96.8

表 14.1　对外经济概况

(续表1)

	2000	2006	2007	2008	2009	2010	2011	2012	2013	2014	2015
货物出口与货物进口比率(%)											
巴西	97.2	148.7	131.5	113.6	119.4	110.1	112.1	107.7	100.2	97.1	110.2
俄罗斯	235.5	182.3	155.3	161.5	161.6	159.8	161.8	157.1	153.3	161.6	177.0
印度[(1)]	88.2	68.1	64.8	61.0	62.0	67.9	62.5	61.2	69.8	69.3	
中国	115.9	131.6	138.0	136.3	127.6	119.9	114.5	118.7	120.1	124.1	136.0
南非	117.2	94.9	96.8	98.0	105.0	109.8	106.9	96.3	93.2	93.6	96.8
FDI流入额(亿美元)											
巴西	330	194	446	507	315	885	1012	866	692	969	751
俄罗斯[(5)]			559	748	366	432	551	506	692	229	
印度[(1)(6)]	40	228	348	419	377	348	466	343	360	451	555
中国[(7)]	407	630	748	924	900	1057	1160	1117	1176	1196	1263
南非[(8)]	9	3	65	92	75	36	42	46	83	58	18
FDI流出额(亿美元)											
巴西	25	288	171	261	-46	268	161	52	149	260	135
俄罗斯[(5)]			448	557	433	526	669	488	865	564	
印度[(1)(6)]	8	150	188	194	151	172	109	71	92	18	
中国[(7)(9)]		176	265	559	565	688	747	878	1078	1231	1457
南非[(10)]	-3	-61	-30	31	-12	1	3	-30	-67	-77	-54
外汇储备(亿美元)											
巴西[(11)]	330	858	1803	1938	2385	2886	3520	3731	3588	3636	3565
俄罗斯[(12)]	243	2953	4664	4107	4058	4329	4412	4731	4564	3277	3094
印度[(13)]	380	1516	1992	3097	2520	2791	3048	2944	2920	3042	3416
中国	1656	10663	15282	19460	23992	28473	31811	33116	38213	38430	33304
南非	75	256	330	341	397	438	489	507	496	491	458[(14)]
外债余额占GDP的比重(%)											
巴西	36.6	15.9	14.1	12.0	12.2	12.0	12.0	13.3	12.7	14.6	18.9
俄罗斯[(12)]	61.7	30.6	34.3	34.2	36.3	32.1	29.1	28.9	33.6	43.3	46.5
印度[(13)]	22.0	16.8	17.5	18.0	20.3	18.2	18.2	20.9	22.3	23.6	23.8
中国[(15)]		12.3	11.0	8.5	8.4	9.0	9.2	8.6	9.0	17.0	12.9
南非	27.1	22.2	25.8	26.1	27.9	29.6	28.3	35.7	37.3	41.4	

表 14.1　对外经济概况

（续表2）

	2000	2006	2007	2008	2009	2010	2011	2012	2013	2014	2015
国际投资头寸(亿美元)											
巴西[16]		-3600	-5308	-2753	-6080	-9368	-8458	-8091	-7477	-7993	-4723
俄罗斯[17] [18]		-319	-148	-1486	2502	1029	184	1495	1423	1317	2903
印度[13]	-768	-600	-624	-512	-666	-1592	-2070	-2647	-3268	-3408	-3646[19]
中国		6402	11881	14938	14905	16880	16884	18665	19960	16028	15965
南非	-107	-659	-943	-177	-574	-990	-436	-557	-147	-262	
年平均汇率											
巴西(1美元兑换雷亚尔)	1.8	2.2	1.9	1.8	2.0	1.8	1.7	2.0	2.2	2.4	3.3
俄罗斯(1美元兑换卢布)	28.1	27.2	25.6	24.8	31.7	30.4	29.4	31.1	31.8	38.0	60.7
印度(1美元兑换卢比)[1]	45.7	45.2	40.2	45.9	47.4	45.6	47.9	54.4	60.5	61.1	
中国(1美元兑换人民币)	8.3	8.0	7.6	6.9	6.8	6.8	6.5	6.3	6.2	6.1	6.2
南非(1美元兑换兰特)	6.9	6.8	7.1	8.3	8.4	7.3	7.3	8.2	9.7	10.8	12.8
年末汇率											
巴西(1美元兑换雷亚尔)	2.0	2.1	1.8	2.3	1.7	1.7	1.9	2.0	2.3	2.7	3.9
俄罗斯(1美元兑换卢布)	28.2	26.3	24.6	29.4	30.2	30.5	32.2	30.4	32.7	56.3	72.9
印度(1美元兑换卢比)[13]	46.6	44.6	43.6	40.0	50.9	45.1	44.6	51.2	54.4	60.1	62.6
中国(1美元兑换人民币)	8.3	7.8	7.3	6.8	6.8	6.6	6.3	6.3	6.1	6.1	6.5
南非(1美元兑换兰特)	7.6	7.0	6.8	9.3	7.4	6.6	8.1	8.5	10.5	11.6	15.6

资料来源：

巴西

1.巴西中央银行。

2.巴西工业发展及外贸部。

俄罗斯

1.俄罗斯联邦统计局。

2.俄罗斯中央银行。

3.国际货币基金组织。

印度

1.印度商工部商业司的“进出口数据库”以及工业政策和促进司的《外商直接投资统计》(各期)。

2.印度储备银行，《印度经济统计手册》。

3.印度财政部，《印度外债报告》(各期)。

中国

1.国家外汇管理局。

2.中华人民共和国商务部。

南非

南非储备银行。

脚注：

巴西

(11)指现金。

(16)2015年4月开始，巴西直接投资数据与IMF编制的第六版《国际收支和国际投资头寸手册》(BPM6)中的概念和标准一致，数据包括了2010年以来再投资收益流量。根据BPM6，外国直接投资(FDI)被“直接投资–负债”替代。

俄罗斯

(3)初步数据。

(5)俄罗斯国际收支方法计算，与国际收支手册中资产、负债标准一致，负号代表减少。

(12)年底数。

(17)年初数。

(18)数据与IMF编制的第六版《国际收支和国际投资头寸手册》(BPM6)中的概念和标准一致。

印度

(1)为财政年度数据，即当年4月1日至下年3月31日。

(4)此处的GDP数据是按现价(市场价格)核算的(基年改为2011/12年=100)

(6)2013-2014年度数据为临时数据。

(13)数据截至当年的3月31日。

(19)临时数据。

中国

(2)进口和出口货物和服务数据来自国家外汇管理局。

(7)外商直接投资数据来自中华人民共和国商务部。

(9)2003-2006年FDI流出额为非金融类直接投资数据，2007年以后为全行业对外直接投资数据。

(15)自2015年起，国家外汇管理局按国际货币基金组织数据公布特殊标准(SDDS)调整外债统计口径，并公布全口径外债数据，新旧口径数据不可比。原口径外债数据只公布到2014年，2015年后不再公布。新的全口径外债数据仅有2014年和2015年数据。

南非

(8)为负债增加和资产减少的净值。

(10)为负债减少和资产增加的净值。

(14)包括黄金。

表 14.2.1　货物进出口贸易——巴西

单位：亿美元

	2000	2006	2007	2008	2009
从主要贸易伙伴的进口[(1)]	**559**	**914**	**1206**	**1730**	**1277**
中国	12	80	126	200	159
美国	129	147	187	256	200
阿根廷	68	81	104	133	113
德国	44	65	87	120	99
尼日利亚	7	39	53	67	48
韩国	14	31	34	54	48
印度	3	15	22	36	22
意大利	22	26	33	46	37
日本	30	38	46	68	54
法国	19	28	35	47	36
墨西哥	8	13	20	31	28
智利	10	29	35	40	27
西班牙	11	14	18	25	20
玻利维亚	1	14	16	29	16
沙特阿拉伯	8	16	17	29	16
对主要贸易伙伴的出口[(1)]	**551**	**1378**	**1606**	**1979**	**1530**
中国	11	84	107	165	210
美国	132	245	251	274	156
阿根廷	62	117	144	176	128
荷兰	28	57	88	105	82
日本	25	39	43	61	43
德国	25	57	72	89	62
智利	12	39	43	48	27
印度	2	9	10	11	34
委内瑞拉	8	36	47	52	36
意大利	21	38	45	48	30
韩国	6	20	20	31	27
俄罗斯	4	34	37	47	29
英国	15	28	33	38	37
墨西哥	17	45	43	43	27
主要进口商品[(1)]	**559**	**914**	**1206**	**1730**	**1277**
原油	32	91	120	164	92
柴油		17	30	51	17
汽车发动机，1500<气缸排量(立方厘米)≦3000，最多6名乘客	8	13	20	31	33
石化用石脑油					
气态天然气	1	13	15	27	16
液化天然气					1
电台广播和电视接收器装置、其他部件等	3	5	7	14	9
其他氯化钾	6	9	15	38	21
电话/电报装置和设备			13	15	8
其他柴油发动机，重量≤5t	4	5	7	8	10
烟煤(非烧结)	1	3	2	4	14
其它小麦与黑麦混合物，不包括种子					
涡轮喷气或涡轮螺桨发动机部件	3	5	7	9	10
其他汽油，不包括航空用油					
其他杀虫剂(非常态包装)				3	4
主要出口商品	**551**	**1378**	**1606**	**1979**	**1530**
大豆，包括原大豆和碾磨后大豆，不包括种子					
铁矿石(非烧结、非汰选)	19	58	71	111	106
原油	2	69	89	137	94
其他蔗糖					
大豆乳(固态)	16	24	30	44	46
咖啡(未烘焙或未脱去咖啡因，颗粒状)	16	29	34	41	38
非松木化学木质纸浆(氢氧化钠/硫化钠液蒸，半化学，漂白)	15	24	29	38	31
冷冻牛肉，去骨	3	25	27	37	26
冷冻家禽切块及内脏	4	20	28	36	29
玉米，颗粒状，不包括种子		5	19	13	13
铁矿石(烧结、汰选)	12	32	34	55	27
燃料油		19	18	25	15
其他飞机，重量>15000千克	6	24	38	44	31
机上消费品及飞机用油和润滑剂	4	11	13	19	10
冷冻家禽(整装)	4	9	14	22	19
飞机和轮船食品	9	25	28	46	26

表 14.2.1　货物进出口贸易——巴西

单位：亿美元(续表1)

	2010	2011	2012	2013	2014	2015
从主要贸易伙伴的进口(1)	**1818**	**2262**	**2232**	**2397**	**2291**	**1715**
中国	256	328	343	373	373	307
美国	270	340	324	360	350	265
阿根廷	144	169	164	165	141	103
德国	126	152	142	152	138	104
尼日利亚	59	84	80	96	95	46
韩国	84	101	91	95	85	54
印度	42	61	50	64	66	43
意大利	48	62	62	67	63	47
日本	70	79	77	71	59	49
法国	48	55	59	65	57	45
墨西哥	39	51	61	58	54	44
智利	42	45	42	43	40	34
西班牙	28	33	35	45	39	35
玻利维亚	22	29	34	40	38	25
沙特阿拉伯	21	31	32	32	33	19
对主要贸易伙伴的出口(1)	**2019**	**2560**	**2426**	**2420**	**2251**	**1911**
中国	308	443	412	460	406	356
美国	193	258	267	247	270	241
阿根廷	185	227	180	196	143	128
荷兰	102	136	150	173	130	100
日本	71	95	80	80	67	48
德国	81	90	73	66	66	52
智利	43	54	46	45	50	40
印度	35	32	56	31	48	36
委内瑞拉	39	46	51	48	46	30
意大利	42	54	46	41	40	33
韩国	38	47	45	47	38	31
俄罗斯	42	42	31	30	38	25
英国	46	52	45	41	38	29
墨西哥	37	40	40	42	37	36
主要进口商品(1)	**1818**	**2262**	**2232**	**2397**	**2291**	**1715**
原油	101	141	134	163	155	74
柴油	51	74	66	83	87	34
汽车发动机，1500<气缸排量(立方厘米) ≦3000，最多6名乘客	49	70	58	54	45	30
石化用石脑油			40	45	44	26
气态天然气	21	27	33	40	38	26
液化天然气	8	3	15	28	31	28
电台广播和电视接收器装置、其他部件等	27	31	30	32	29	20
其他氯化钾	22	35	35	33	29	25
电话/电报装置和设备	8	10	12	21	28	23
其他柴油发动机，重量≤5t	15	17	21	25	22	15
烟煤(非烧结)	22	34	23	20	19	18
其它小麦与黑麦混合物，不包括种子			17	24	18	12
涡轮喷气或涡轮螺桨发动机部件	9	11	11	14	18	19
其他汽油，不包括航空用油			29	21	16	10
其他杀虫剂(非常态包装)	5	7	9	13	15	12

表 14.2.1　货物进出口贸易——巴西

单位：亿美元(续表2)

	2010	2011	2012	2013	2014	2015
主要出口商品	**2019**	**2560**	**2426**	**2420**	**2251**	**1911**
大豆，包括原大豆和碾磨后大豆，不包括种子			172	228	233	210
铁矿石(非烧结、非汰选)	214	319	238	260	200	104
原油	163	216	203	130	164	118
其他蔗糖			98	92	74	59
大豆乳(固态)	47	55	62	61	61	50
咖啡(未烘焙或未脱去咖啡因，颗粒状)	52	80	57	46	60	56
非松木化学木质纸浆(氢氧化钠/硫化钠液蒸，半化学，漂白)	44	46	43	48	49	53
冷冻牛肉，去骨	34	35	37	45	49	40
冷冻家禽切块及内脏	35	45	43	42	45	40
玉米，颗粒状，不包括种子	21	26	53	62	39	49
铁矿石(烧结、汰选)	76	100	72	65	37	37
燃料油	22	33	48	36	31	13
其他飞机，重量>15000千克	30	32	36	29	27	30
机上消费品及飞机用油和润滑剂	15	23	26	25	26	16
冷冻家禽(整装)	23	26	25	28	24	23
飞机和轮船食品	36	48	49	41	40	24

资料来源：

巴西工业发展及外贸部。

脚注：

进出口数据按离岸价格计算。

(1)仅指货物贸易，不包括服务贸易。

表 14.2.2.1　货物进出口贸易——俄罗斯

单位：亿美元

	2000	2006	2007	2008	2009	2010	2011	2012	2013	2014	2015
从主要贸易伙伴的进口											
德国	39.0	184.6	265.3	341.2	212.3	267.0	376.8	383.1	379.2	329.6	204.4
荷兰	7.4	26.9	38.6	48.2	35.9	44.4	59.3	59.8	58.6	52.9	31.0
中国	9.5	129.1	244.2	347.8	228.0	389.6	482.0	516.3	530.7	508.6	349.5
意大利	12.1	57.3	85.4	110.0	78.9	100.4	134.0	134.3	145.6	127.3	83.2
土耳其	3.5	27.5	41.8	61.5	32.2	48.7	63.6	68.6	72.7	66.6	40.3
美国	26.9	64.1	94.7	137.9	91.7	111.0	145.8	153.7	165.4	185.0	114.5
法国	11.9	58.6	77.7	100.2	84.3	100.4	132.8	138.0	130.1	106.6	59.2
印度	5.6	9.7	13.1	17.1	15.3	21.4	27.9	30.4	30.9	31.7	22.6
巴西	3.9	29.9	41.1	46.7	34.8	40.7	43.9	33.6	34.9	39.7	29.2
南非	0.7	1.6	2.7	4.4	3.2	4.7	4.7	6.9	7.8	6.9	5.7
对主要贸易伙伴的出口											
德国	92.3	245.0	263.5	331.6	187.1	256.6	341.6	350.0	370.5	371.2	253.5
荷兰	43.5	358.8	428.8	569.7	364.1	539.7	627.0	768.9	701.1	680.1	408.3
中国	52.5	157.6	159.0	211.4	166.9	203.3	350.3	357.7	356.2	374.9	286.1
意大利	72.5	250.9	275.3	420.0	251.0	274.8	326.6	323.0	387.8	357.4	222.9
土耳其	31.0	142.9	185.3	276.6	163.8	203.2	253.5	274.2	254.4	249.5	193.3
美国	46.4	86.4	83.4	133.6	91.3	123.2	164.3	128.7	111.1	106.4	95.1
法国	19.0	76.8	86.8	122.0	87.3	124.2	148.6	105.4	90.0	75.8	57.1
印度	10.8	29.3	40.1	52.3	59.4	63.9	60.8	75.6	69.8	63.4	55.7
巴西	2.6	7.3	11.3	20.4	10.8	18.0	21.3	23.0	19.8	23.7	19.2
南非	0.3	0.2	0.1	0.4	2.0	0.5	1.2	2.8	2.9	2.9	2.7
主要进口商品(1)											
新鲜和冷冻肉类(包括禽肉)	9.7	42.3	47.0	66.1	58.2	56.7	60.3	63.3	59.1	50.9	28.3
药品	11.5	53.3	55.5	75.1	71.4	93.5	109.6	107.8	118.1	102.1	68.7
乘用车	4.5	127.2	213.3	302.6	85.1	115.4	200.4	202.2	169.9	131.6	64.9
主要出口商品(1)											
原油	252.8	1022.8	1215.0	1611.5	1005.9	1347.6	1817.6	1809.3	1736.7	1539.0	895.8
原油产品	109.4	443.8	522.3	798.7	481.4	700.9	960.3	1036.2	1094.1	1158.1	674.0
天然气	166.4	438.1	448.4	691.1	419.7	475.8	639.3	617.7	659.7	552.4	418.4

资料来源：

俄罗斯联邦海关总署。

脚注：

(1)数据来自俄罗斯联邦海关总署以及与白俄罗斯共和国的对外贸易数据，但由于自2010年7月开始，俄罗斯与哈萨克斯坦共和国之间产品边境清关取消，所以从2010年12月起，数据不包括两国双边贸易。

表 14.2.2.2　货物进出口贸易——俄罗斯(2015年)

单位：万美元

商　　品	巴西	印度	中国	南非	所有国家[1]
进口					
全部	**291500**	**225800**	**3494580**	**56700**	**18267760**
1.新鲜和冷冻肉(包含家禽)	149900	3160	1999		283200
2.柑橘类水果	160		12446	14468	119109
3.茶		13620	5277		63783
4.油籽和油果;其他种子、水果和谷物；用于技术目的的草药和植物；秸秆和饲料	28100	3630	2620	60	151839
5.甘蔗或甜菜和固体形态化学纯蔗糖	14300	6	1		39022
6.烟草和工业烟草替代品	26500	12260	5066	47	111839
7.镍矿石和精矿				3876	3876
8.药品	130	46067	2659		687060
9.服装、针织、纺织	20	19346	221950	2	509823
10.乘用车			8750	6740	649024
出口					
全部	**192428**	**556850**	**2860600**	**27400**	**34359700**
1.小麦和杂麦			7	17100	394900
2.硬煤	2020	17200	101700		948000
3.原油		6608	1512918		8957600
4.石油产品	9750	3930	257760	1330	6740300
5.氮肥	65759	1338		700	267200
6.钾肥	53028	32628	59356	110	295800
7.混合肥料矿物	37117	29696	23196	3088	322100
8.原木制品			100897		133900
9.加工木制品		349	116885	1	307400
10.宝石、贵金属及其制品	3	100900	4233		787500

资料来源：

俄罗斯联邦海关总署。

脚注：

(1)包括与白俄罗斯及哈萨克斯坦的贸易。

表 14.2.3.1　货物进出口贸易(主要贸易伙伴)——印度
(2015年4月1日至2016年3月31日)

单位：亿美元

国家和地区	进口	国家和地区	出口
中国	617.0	美国	402.8
美国	217.8	阿联酋	303.1
沙特阿拉伯	203.2	中国香港	121.4
阿联酋	194.2	中国	90.3
瑞士	193.0	英国	88.3
印尼	130.7	新加坡	77.2
韩国	130.5	德国	70.9
德国	120.9	沙特阿拉伯	63.9
伊拉克	108.4	孟加拉国	58.0
尼日利亚	99.5	斯里兰卡	53.1

资料来源：

印度商工部，“进出口数据库”。

表 14.2.3.2　货物进出口贸易(金砖国家)——印度

单位：亿美元

	2000	2006	2007	2008	2009	2010	2011	2012	2013	2014	2015
进口											
巴西		9.92	9.50	11.86	34.38	35.49	42.71	48.26	37.21	54.01	40.40
俄罗斯	5.18	24.09	24.78	43.28	35.67	36.00	47.64	42.32	38.94	42.49	45.96
中国	15.02	174.75	271.46	324.97	308.24	434.80	553.14	522.48	510.35	604.13	617.02
南非	10.22	24.70	36.05	55.14	56.75	71.41	109.72	88.88	60.75	64.97	59.07
出口											
巴西		14.49	25.26	26.51	24.14	40.24	57.70	60.49	55.52	59.64	26.50
俄罗斯	8.89	9.04	9.41	10.96	9.81	16.89	17.78	22.96	21.21	20.97	15.88
中国	8.31	83.22	108.71	93.54	116.18	154.83	180.77	135.35	148.24	119.34	90.28
南非	3.11	22.42	26.61	19.80	20.59	39.12	47.31	51.07	50.74	53.02	35.88

资料来源：

印度商工部，“进出口数据库”。

脚注：

该表所有数据均为财政年度数据，即4月1日到下年3月31日数据。例如：2013年数据指2013年4月1日到2014年3月31日。

表 14.2.3.3　货物进出口贸易(主要商品)——印度

单位：亿美元

	2000–2001	2006–2007
主要出口商品		
服装及其配饰，针织或钩织	17.9	36.2
服装及其配饰，非针织或钩织	37.9	52.9
电气机械和设备及其零件；录音机、扬声器，电视图像录像机及其零件	12.9	41.1
矿砂，矿渣及矿灰	4.6	49.0
塑料和塑料产品	7.0	27.4
食品厂的残渣和废料、加工动物饲料	4.6	12.5
大型和小型船只以及其他漂浮构造	0.5	10.4
不含铁路和索道用车的车辆及其零件和配件	9.3	37.7
医药产品	9.5	31.8
其他产品	341.4	965.2
主要进口商品		
核反应堆锅炉，机械及机械用具及其零件	42.4	186.3
钢铁	9.6	61.4
钢铁产品	3.1	25.4
有机化学产品	16.0	60.4
肥料	4.4	26.7
塑料及其制品	6.6	29.6
矿物燃料，矿物油及其蒸馏产品，烟煤，矿物蜡	175.5	617.8
电气机械和设备及其零件；录音机、扬声器，电视图像录像机、录音机及其零件	26.8	145.8
天然或养殖珍珠、宝石或准宝石、贵金属、镀金产品、仿首饰、硬币	97.1	226.2

表 14.2.3.3　货物进出口贸易(主要商品)——印度

单位：亿美元(续表1)

	2007–2008	2008–2009	2009–2010
主要出口商品			
服装及其配饰，针织或钩织	42.7	50.5	45.9
服装及其配饰，非针织或钩织	54.2	59.0	61.3
电气机械和设备及其零件；录音机、扬声器，电视图像录像机及其零件	53.6	95.4	72.3
矿砂，矿渣及矿灰	70.0	54.6	66.5
塑料和塑料产品	27.9	25.4	27.5
食品厂的残渣和废料、加工动物饲料	20.8	23.2	17.4
大型和小型船只以及其他漂浮构造	17.5	37.2	25.5
不含铁路和索道用车的车辆及其零件和配件	44.8	60.0	61.7
医药产品	41.6	50.8	51.9
其他产品	1258.2	1396.8	1357.4
主要进口商品			
核反应堆锅炉，机械及机械用具及其零件	253.4	266.4	239.9
钢铁	90.9	102.7	88.1
钢铁产品	33.0	36.7	27.9
有机化学产品	81.2	86.1	94.1
肥料	46.1	120.1	59.9
塑料及其制品	41.2	44.8	55.2
矿物燃料，矿物油及其蒸馏产品，烟煤，矿物蜡	863.8	1039.3	963.2
电气机械和设备及其零件；录音机、扬声器，电视图像录像机、录音机及其零件	200.9	252.1	220.7
天然或养殖珍珠、宝石或准宝石、贵金属、镀金产品、仿首饰、硬币	262.9	439.3	463.2

表 14.2.3.3　货物进出口贸易(主要商品)——印度

单位：亿美元(续表2)

	2010–2011	2011–2012	2012–2013
主要出口商品			
服装及其配饰，针织或钩织	47.7	57.8	55.5
服装及其配饰，非针织或钩织	64.5	79.6	74.1
电气机械和设备及其零件；录音机、扬声器，电视图像录像机及其零件	108.4	115.3	108.6
矿砂，矿渣及矿灰	58.2	54.3	23.8
塑料和塑料产品	39.5	53.0	51.5
食品厂的残渣和废料、加工动物饲料	24.6	25.3	32.4
大型和小型船只以及其他漂浮构造	52.7	81.0	38.4
不含铁路和索道用车的车辆及其零件和配件	113.0	109.3	121.9
医药产品	65.4	84.8	100.6
其他产品	1937.4	2399.3	2397.1
主要进口商品			
核反应堆锅炉，机械及机械用具及其零件	290.1	375.5	352.4
钢铁	110.1	136.5	136.2
钢铁产品	36.2	45.3	41.0
有机化学产品	126.4	144.4	157.0
肥料	61.8	92.2	74.1
塑料及其制品	75.7	84.5	96.1
矿物燃料，矿物油及其蒸馏产品，烟煤，矿物蜡	1,159.3	1,727.5	1,813.5
电气机械和设备及其零件；录音机、扬声器，电视图像录像机、录音机及其零件	272.1	328.7	298.2
天然或养殖珍珠、宝石或准宝石、贵金属、镀金产品、仿首饰、硬币	770.5	910.8	839.0

表 14.2.3.3　货物进出口贸易(主要商品)——印度

单位：亿美元(续表3)

	2013–2014	2014–2015	2015–2016
主要出口商品			
服装及其配饰，针织或钩织	66.6	76.5	76.6
服装及其配饰，非针织或钩织	83.4	91.9	93.2
电气机械和设备及其零件；录音机、扬声器，电视图像录像机及其零件	103.0	87.0	80.0
矿砂，矿渣及矿灰	22.0	9.8	6.8
塑料和塑料产品	56.3	50.8	52.4
食品厂的残渣和废料、加工动物饲料	30.5	16.3	7.9
大型和小型船只以及其他漂浮构造	37.2	53.5	30.9
不含铁路和索道用车的车辆及其零件和配件	129.3	144.7	143.5
医药产品	111.4	115.8	129.1
其他产品	2504.2	2456.9	1999.8
主要进口商品			
核反应堆锅炉，机械及机械用具及其零件	306.7	317.3	328.7
钢铁	91.1	123.4	112.5
钢铁产品	36.0	39.8	37.4
有机化学产品	170.4	177.5	156.1
肥料	53.5	63.9	70.7
塑料及其制品	101.0	116.9	114.1
矿物燃料，矿物油及其蒸馏产品，烟煤，矿物蜡	1813.8	1564.0	966.7
电气机械和设备及其零件；录音机、扬声器，电视图像录像机、录音机及其零件	291.5	331.5	359.6
天然或养殖珍珠、宝石或准宝石、贵金属、镀金产品、仿首饰、硬币	584.6	623.8	565.4

资料来源：

印度商工部“进出口数据库”。

脚注：

为财政年度数据，例如：2013年数据指2013年4月1日到2014年3月31日。每个财政年度包括12个月，从当年4月1日起。

表 14.2.4.1　货物进出口贸易——中国

单位：亿美元

	2000	2006	2007	2008	2009	2010
从主要贸易伙伴的进口						
中国香港	94.3	107.8	128.0	129.2	87.0	122.6
印度	13.5	102.8	146.2	202.6	137.3	208.5
日本	415.1	1156.7	1339.4	1506.0	1309.2	1767.4
韩国	232.1	897.2	1037.5	1121.4	1025.5	1383.5
中国台湾	254.9	871.0	1010.3	1033.4	857.2	1157.4
南非	10.4	40.9	66.2	92.4	87.1	149.0
德国	104.1	378.8	453.8	557.9	557.2	742.6
俄罗斯	57.7	175.5	196.9	238.3	212.3	259.2
巴西	16.2	129.1	183.4	298.6	282.8	381.3
美国	223.6	592.1	693.9	813.6	774.6	1021.0
澳大利亚	50.2	193.2	258.4	374.4	394.9	611.2
东盟(2)	221.8	895.3	1083.9	1170.0	1067.5	1547.0
欧盟(2)	308.4	903.2	1109.4	1326.3	1276.9	1683.7
对主要贸易伙伴的出口						
中国香港	445.2	1553.1	1844.4	1907.3	1662.3	2183.0
印度	15.6	145.8	240.1	315.9	296.6	409.2
日本	416.5	916.2	1020.1	1161.3	978.7	1210.4
韩国	112.9	445.2	561.0	739.3	536.7	687.7
中国台湾	50.4	207.3	234.6	258.8	205.0	296.7
南非	10.1	57.7	74.3	86.2	73.7	108.0
德国	92.8	403.2	487.1	592.1	499.2	680.5
俄罗斯	22.3	158.3	284.7	330.8	175.2	296.1
巴西	12.2	73.8	113.7	188.1	141.2	244.6
美国	521.0	2034.5	2326.8	2523.8	2208.0	2832.9
澳大利亚	34.3	136.3	179.9	222.5	206.4	272.2
东盟(2)	173.4	713.1	941.5	1143.2	1062.6	1381.6
欧盟(2)	381.9	1819.8	2451.8	2931.5	2362.0	3112.2
主要出口商品						
机电产品	1053.1	5494.0	7011.7	8229.3	7131.1	9334.3
高新技术产品	370.4	2814.3	3478.3	4156.1	3769.1	4924.1
钢材	22.3	262.3	441.3	634.4	222.7	368.2
自动数据处理设备及其部件	109.9	930.2	1237.2	1350.2	1223.6	1639.5
自动数据处理设备的零件	55.8	326.2	322.9	313.7	257.3	306.9
电话机(3)	16.9	28.4	387.6	414.9	415.4	489.3
船舶	15.0	80.1	119.4	191.2	271.0	392.0
家具及其零件	35.7	171.3	221.5	269.1	253.3	329.9
非针织或钩边织物制服装	174.8	396.6	436.4	467.6	426.5	491.7
针织或钩编服装	124.5	412.2	568.7	545.6	480.7	597.0
主要进口商品						
机电产品	1028.7	4277.3	4989.8	5386.6	4914.2	6603.1
高新技术产品	525.0	2473.1	2869.9	3419.4	3098.4	4126.7
大豆	22.7	74.9	114.7	218.1	187.9	250.8
铁矿砂及其精矿	18.6	209.1	338.0	605.3	501.4	794.3
原油	148.6	664.1	797.7	1293.4	892.6	1351.5
成品油	36.6	155.5	164.4	300.4	169.8	223.4
钢材	85.4	198.3	205.5	234.3	194.8	201.1
汽车和汽车底盘	11.9	75.3	109.6	151.7	154.0	306.7
自动数据处理设备及其部件	45.2	199.3	224.0	254.0	237.7	292.8
自动数据处理设备的零件	53.7	181.8	168.4	149.8	131.2	186.6

表 14.2.4.1　货物进出口贸易——中国

单位：亿美元(续表)

	2011	2012	2013	2014	2015[1]
从主要贸易伙伴的进口					
中国香港	154.9	178.8	162.1	126.2	127.7
印度	233.7	188.0	169.7	163.6	133.8
日本	1945.6	1778.3	1622.5	1629.2	1429.9
韩国	1627.1	1687.4	1830.7	1901.1	1745.2
中国台湾	1249.1	1322.0	1564.0	1520.1	1433.1
南非	321.1	446.7	483.9	445.7	301.8
德国	927.4	919.2	941.6	1050.1	876.2
俄罗斯	403.7	441.6	396.7	415.9	332.8
巴西	523.9	523.3	543.0	516.5	441.7
美国	1221.3	1329.0	1523.4	1590.6	1487.4
澳大利亚	826.7	846.2	989.5	976.3	736.4
东盟[2]	1930.2	1958.9	1995.6	2082.4	1946.8
欧盟[2]	2111.6	2120.8	2199.4	2441.6	2088.8
对主要贸易伙伴的出口					
中国香港	2679.8	3234.3	3844.9	3630.8	3308.4
印度	505.4	476.8	484.3	542.2	582.4
日本	1482.7	1516.2	1501.3	1493.9	1356.7
韩国	829.2	876.8	911.6	1003.3	1013.0
中国台湾	351.1	367.8	406.3	462.8	449.0
南非	133.6	153.2	168.3	157.0	158.6
德国	764.0	692.1	673.4	727.0	691.6
俄罗斯	389.0	440.6	495.9	536.8	347.8
巴西	318.4	334.2	359.0	348.9	274.2
美国	3244.5	3517.8	3684.1	3960.6	4095.4
澳大利亚	339.1	377.3	375.5	391.5	403.2
东盟[2]	1700.7	2042.5	2440.4	2720.5	2774.9
欧盟[2]	3559.7	3339.6	3389.5	3708.4	3558.8
主要出口商品					
机电产品	10855.9	11793.4	12646.6	13107.6	13107.2
高新技术产品	5487.9	6011.6	6600.8	6604.9	6552.1
钢材	512.7	514.9	532.1	708.1	628.1
自动数据处理设备及其部件	1762.9	1853.2	1821.7	1817.2	1523.1
自动数据处理设备的零件	299.3	296.2	286.0	304.5	280.7
电话机[3]	648.1	829.9	971.5	1172.6	1255.1
船舶	418.1	361.1	259.3	227.7	257.9
家具及其零件	379.4	488.2	518.2	520.2	528.0
非针织或钩边织物制服装	573.6	550.2	610.0	734.3	707.0
针织或钩编服装	715.2	779.5	868.9	817.2	737.7
主要进口商品					
机电产品	7532.9	7826.3	8397.0	8540.9	8061.4
高新技术产品	4629.9	5070.8	5579.4	5512.4	5480.6
大豆	298.3	349.9	380.1	402.6	347.7
铁矿砂及其精矿	1124.1	957.4	1061.8	934.4	576.2
原油	1966.6	2208.0	2196.6	2282.9	1344.5
成品油	327.0	330.7	320.3	234.5	143.0
钢材	215.8	178.1	170.5	179.1	143.3
汽车和汽车底盘	431.8	475.7	488.5	607.8	449.0
自动数据处理设备及其部件	316.8	369.4	308.2	305.5	276.6
自动数据处理设备的零件	167.1	172.5	169.3	189.2	159.6

资料来源：

中华人民共和国海关总署。

脚注：

(1)初步数据。

(2)东盟和欧盟为当年实有成员范围，所以在年度比较时应注意成员国的变化。

(3)从2007年起电话机包括无线和手持电话机(包括车载电话机)。

表 14.2.4.2 中国对其他金砖国家出口前10位的商品(2015年)

巴西 商品	金额(1) (亿美元)	增长(%)(2)	印度 商品	金额(1) (亿美元)	增长(%)(2)
1.服装及衣着附件	20.3	-0.4	1.肥料	35.4	51.4
2.纺织纱线、织物及制品	17.4	-30.8	2.纺织纱线、织物及制品	32.5	-1.0
3.液晶显示板	9.9	-8.4	3自动数据处理设备及其配件	31.6	8.2
4.肥料	8.1	43.1	4.钢铁制品	28.6	-7.8
5.钢铁制品	7.9	-50.6	5.电话机	23.6	19.0
6.汽车零部件及配件	7.0	-28.2	6.半导体二极管及类似产品	15.9	128.8
7.照明配件	6.4	85.3	7.医疗和医药产品	13.6	-4.0
8.箱包及类似容器	5.9	-15.9	8.太阳能电池	13.6	177.6
9塑料制品	4.5	-5.1	9.照明配件	10.0	42.7
10.医疗和医药产品	4.1	2.3	10.汽车零部件及配件	9.1	4.0

表 14.2.4.2 中国对其他金砖国家出口前10位的商品(2015年)

(续表)

俄罗斯 商品	金额(1) (亿美元)	增长(%)(2)	南非 商品	金额(1) (亿美元)	增长(%)(2)
1.服装及衣着附件	69.8	-30.1	1.服装及衣着附件	16.81	-7.2
2.纺织纱线、织物及制品	19.0	-40.4	2.纺织纱线、织物及制品	9.52	-0.7
3.鞋类	18.5	-40.4	3.鞋类	7.18	-6.3
4.汽车零部件及配件	12.9	-38.6	4.自动数据处理设备及其部件	6.68	8.7
5.自动数据处理设备及其配件	12.7	-33.6	5.家具及其零件电话机	6.14	17.8
6.电话机	10.9	-48.7	6.钢铁制品	5.60	12.0
7.钢铁制品	6.6	-33.9	7.汽车零部件及配件	5.21	8.1
8.照明配件	6.1	-60.9	8.家具及配件	5.06	-12.7
9.箱包及类似容器	4.5	-32.7	9.箱包及类似容器	2.87	-3.7
10.塑料制品	4.4	-40.7	10.塑料制品	2.66	4.9

资料来源:

中华人民共和国海关总署。

脚注:

(1)初步数据。

(2)比上年增长。

表 14.2.4.3　中国从其他金砖国家进口前10位的商品(2015年)

巴西 商品	金额[1] (亿美元)	增长(%)[2]	印度 商品	金额[1] (亿美元)	增长(%)[2]
1.粮食	168.6	-10.0	1.纺织纱线、织物及制品	20.0	13.6
2.铁矿砂及其精矿	121.6	-32.3	2.钻石	19.2	-14.0
3.原油	53.0	8.4	3.未锻造的铜及铜材	16.4	-29.8
4.纸浆	24.4	13.4	4.二甲苯	3.7	35.7
5.食糖	9.4	9.5	5.棉花	3.6	-76.2
6.牛皮革与马皮革	8.0	-13.7	6.成品油	3.4	59.2
7.未锻造的铜及铜材	5.2	10.1	7.初级形状的塑料	3.1	-31.1
8.初级形状的塑料	2.7	4.6	8.铝氧化物	2.3	21.8
9.棉花	2.2	-18.6	9.牛皮革与马皮革	1.9	-25.3
10.可食用植物油	2.0	-57.0	10.服装及衣着附件	1.5	15.1

表 14.2.4.3　中国从其他金砖国家进口前10位的商品(2015年)

(续表)

俄罗斯 商品	金额[1] (亿美元)	增长(%)[2]	南非 商品	金额[1] (亿美元)	增长(%)[2]
1.原油	172.5	-30.9	1.钻石	37.4	-13.5
2.锯材	17.8	14.1	2.铁矿砂及其精矿	30.6	-37.0
3.成品油	16.1	-30.1	3.铬矿砂及其精矿	12.0	25.5
4.原木	12.8	-16.9	4.锰矿砂及其精矿	7.3	-16.2
5.水产品	11.7	-7.5	5.纸浆	3.4	-11.1
6.煤和褐煤	10.5	-52.4	6.未锻造的铜及铜材	2.1	114.9
7.肥料	8.7	-8.7	7.羊毛	1.8	-3.7
8.纸浆	8.3	6.4	8.鲜、干水果及坚果	1.7	8.3
9.未锻造的铜及铜材	6.4	281.6	9.原油	1.2	-
10.铁矿砂及其精矿	4.5	-33.7	10.废金属	0.9	-51.9

资料来源：

中华人民共和国海关总署。

脚注：

(1)初步数据。

(2)比上年增长。

表 14.2.5 货物进出口贸易——南非(2015年)

单位：万兰特

商品	巴西	俄罗斯	印度	中国	所有国家
进口	**1777622**	**617011**	**5370632**	**19940577**	**27705842**
活动物	182736	423	39234	81858	304252
蔬菜	124965	255276	231509	84093	695843
动物或植物脂肪	3362		7888	2769	14019
制备食品	143951	2223	86343	159232	391749
矿产品	100235	4389	1669823	124434	1898881
化学品	110976	98670	965811	1193079	2368535
塑料和橡胶	39406	18077	122086	909980	1089549
生皮和皮革	11272	1	40705	244582	296560
木制品	28312	2317	2633	89521	122782
木材制浆和纸	44770	9699	42206	196562	293238
纺织品	8212	685	229992	1916217	2155106
鞋类	11104	62	35063	854094	900323
玻璃石材	12891	215	25578	445337	484020
贵金属	417	5184	86117	52110	143829
钢铁	243012	192241	229103	1774830	2439185
机械	216861	20929	416822	9048301	9702914
车辆、飞机和船只	84499	366	992795	1053360	2131021
摄影及医疗设备	14519	2994	38150	392739	448402
玩具及运动服装	6443	1368	37934	1005965	1051710
艺术作品	7		672	1791	2470
其他未分类商品	1429	1889	674	2359	6351
设备部件	388242	2	69493	307365	765103

表 14.2.5 货物进出口贸易——南非(2015年)

单位：万兰特(续表)

商品	巴西	俄罗斯	印度	中国	所有国家
出口	**799292**	**370366**	**4084140**	**9438244**	**14692042**
活动物	1785	480	659	13993	16918
蔬菜	6543	167263	18683	94758	287246
动物或植物脂肪	14		125	4948	5088
制备食品	11450	39414	3014	98556	152433
矿产品	156366	61017	2763236	5690242	8670861
化学品	179325	17978	159315	128937	485555
塑料和橡胶	8149	641	20273	62754	91816
生皮和皮革	234	831	1726	79513	82303
木制品	182	4	32561	17475	50222
木材制浆和纸	3759	145	176371	394729	575004
纺织品	4108	195	18827	262464	285594
鞋类	639	1	9	1527	2176
玻璃石材	3499	80	21347	10050	34976
贵金属	148	817	83656	293600	378221
钢铁	153415	33177	492525	2224938	2904055
机械	20408	18570	216835	34921	290733
车辆、飞机和船只	245373	22573	38624	19883	326453
摄影及医疗设备	2221	6172	22049	2714	33155
玩具及运动服装	1178	30	388	709	2305
艺术作品	56	515	20	1492	2083
其他未分类商品	440	465	13896	43	14844
设备部件					

资料来源：

南非税务局。

表 14.3.1　直接投资(净负债)[1]——巴西

单位：亿美元

按来源地分的直接投资	2000	2006	2007	2008	2009	2010	2011	2012	2013	2014	2015
荷兰	22.28	35.06	81.29	46.39	64.49	67.02	175.82	122.13	105.11	87.91	115.73
美国	53.98	45.22	60.73	70.47	49.57	61.44	89.09	123.10	90.24	85.80	66.47
卢森堡		7.46	28.57	59.37	6.16	88.19	18.67	59.65	50.67	66.59	65.99
西班牙	95.92	15.64	22.02	38.51	34.41	15.24	85.93	25.23	22.46	59.62	65.70
德国	3.74	8.67	18.01	10.86	25.01	5.38	11.25	8.26	10.11	15.74	34.53
日本	3.84	6.60	5.01	40.99	16.74	25.02	75.36	14.71	25.16	37.80	28.78
法国	19.09	7.63	12.33	28.80	21.51	34.79	30.86	21.55	14.89	29.45	28.41
挪威		3.69	2.84	2.07	6.77	15.40	10.73	9.36	4.05	5.54	24.45
意大利		2.54	3.13	3.85	2.64	3.00	4.57	9.86	9.02	8.68	17.20
英国		4.26	10.53	6.93	10.68	10.30	27.49	19.78	12.03	17.26	16.49
瑞士	3.06	16.59	9.05	8.03	3.93	64.45	11.94	43.33	23.33	19.73	11.26
智利	0.29	0.27	7.17	2.64	10.27	9.41	8.30	20.13	29.63	12.73	10.24
比利时		2.78	0.91	0.78	0.97	0.75	4.20	6.56	4.73	3.47	9.89
加拿大	1.92	12.87	8.19	14.42	13.74	7.51	17.89	19.50	12.15	9.12	9.78
英属维尔京群岛		2.86	3.71	10.48	4.13	10.59	11.38	8.57	2.65	7.72	7.64
墨西哥	2.24	7.82	4.09	2.20	1.68	1.43	2.97	3.86	5.34	1.25	5.73
中国香港		1.01	0.13	0.35	0.35	0.83	20.77	5.08	1.36	4.38	5.55
开曼群岛		19.74	16.04	15.56	10.97	4.06	6.12	6.19	1.76	5.81	5.38
瑞典		0.20	0.64	0.55	2.17	3.87	4.67	4.76	4.08	6.74	4.22
葡萄牙	25.14	3.47	5.17	10.51	3.95	12.03	4.91	5.51	5.96	31.61	3.86
丹麦		0.97	1.22	1.71	0.47	2.95	1.51	4.83	3.38	2.86	3.29
乌拉圭		2.37	2.12	4.24	1.99	2.75	3.01	5.67	1.30	1.83	3.18
韩国		1.10	2.65	6.28	1.32	10.45	10.75	8.75	5.44	4.05	2.73
新加坡		0.79	0.24	0.91	0.92	0.38	2.52	9.99	2.71	2.19	2.67
巴拿马		1.40	1.41	0.96	1.37	1.32	2.48	2.28	3.12	2.35	2.64
百慕大群岛		5.15	14.97	10.38	4.03	8.54	8.00	1.51	1.69	0.92	2.37
中国		0.07	0.24	0.38	0.84	3.95	1.79	1.85	1.10	8.40	2.32
澳大利亚		1.17	4.94	11.54	7.08	5.56	10.79	5.18	3.29	3.56	1.80
巴哈马群岛		0.65	6.03	11.01	0.53	1.09	0.96	1.38	5.62	1.87	1.78
哥伦比亚		2.32	1.67	0.54	1.52	1.88	0.47	1.56	0.69	1.01	1.35
奥地利		0.16	1.16	0.93	0.50	34.20	15.08	1.08	0.89	2.97	0.61
阿根廷	1.12	1.26	0.70	1.27	0.82	1.00	0.97	2.62	0.82	0.76	0.39
南非		0.09	0.04	0.07	0.03	0.04	0.33	0.11	0.25	0.09	0.31
印度		0.15	0.19	0.17	0.16	0.25	0.11	0.25	0.28	0.16	0.28
委内瑞拉		0.14	0.08	0.06	0.11	0.04	0.09	0.25	0.11	0.12	0.10
俄罗斯		0.01	0.01	0.04	0.03	0.07	0.02	0.03	0.03	0.04	0.08
厄瓜多尔		0.07	0.04	0.04	0.03	0.02	0.03	0.06	0.03	0.04	0.01
其他国家和地区		2.70	4.14	6.83	4.90	10.63	13.45	20.90	27.98	10.82	15.90

资料来源：

巴西中央银行。

脚注：

(1)包括直接投资的股市资本总流入，不包括直接投资的债务资本。

表 14.3.2　外国直接投资(FDI)——俄罗斯

单位：亿美元

	2007	2008	2009	2010	2011	2012	2013	2014
FDI流入额(按资金来源地划分)	**558.74**	**747.83**	**365.83**	**431.68**	**550.84**	**505.88**	**692.19**	**228.91**
塞浦路斯	119.17	204.28	41.82	122.87	129.99	19.85	82.66	58.74
巴哈马群岛	3.54	-5.24	17.31	22.82	18.29	21.11	27.91	37.64
英属维尔京群岛	39.62	55.19	17.61	21.39	72.25	24.75	93.79	25.42
瑞士	3.86	5.69	19.25	-0.01	7.41	4.01	10.86	24.72
法国	4.15	6.04	6.96	25.92	11.07	12.32	21.21	20.82
中国	1.12	-0.49	2.31	3.36	1.26	4.50	5.97	12.71
荷兰	102.68	101.84	-33.91	37.33	73.83	103.30	57.16	12.39
奥地利	3.28	6.36	8.85	13.53	15.63	11.35	-3.26	8.40
美国	18.60	21.61	22.96	4.35	2.76	2.85	4.85	7.08
百慕大群岛	83.69	99.59	22.43	4.36	5.94	-3.20	4.04	5.35
印度	0.03	0.19	0.10	0.33	0.03	0.20	0.25	0.06
巴西						0.01	-0.09	
南非				-0.03		-0.01		
FDI流出额(按资金流出目的地划分)	**448.01**	**556.63**	**432.81**	**526.16**	**668.51**	**488.22**	**865.07**	**563.93**
塞浦路斯	147.00	155.24	152.88	183.09	229.30	209.20	76.71	234.30
瑞士	14.04	24.26	18.06	17.50	37.19	0.76	13.58	69.27
百慕大群岛	27.34	13.06	8.54	10.56	10.72	11.36	5.71	29.97
荷兰	119.91	46.84	33.76	70.35	99.01	25.99	-30.22	22.55
英国	24.54	38.86	19.97	12.32	14.74	6.32	12.94	19.26
西班牙	2.58	4.58	3.75	4.90	8.12	9.80	13.56	18.79
美国	9.73	72.64	16.34	10.60	16.25	6.88	7.39	16.54
土耳其	1.83	2.72	1.06	1.43	16.85	41.05	14.47	11.83
奥地利	2.30	2.53	4.58	8.47	5.12	10.35	52.65	11.35
中国香港	0.02	0.01	0.03	0.85	0.26	0.09	2.44	10.95
中国	0.48	0.25	0.22	0.30	0.20	0.63	0.14	0.54
巴西			0.02	0.01	0.01	0.03	0.01	0.01
南非	0.01	0.01	0.33			0.02	0.01	-0.05
印度	0.13	4.01	0.02	5.97	0.17	2.75	0.01	-2.07

资料来源：

俄罗斯中央银行。

脚注：

根据俄联邦收支平衡表方法论计算，按照资产/负债的原则上报。符号(−)意味着减少。

表 14.3.4　　外国直接投资(FDI)——中国

单位：亿美元

	2000	2006	2007	2008	2009	2010	2011	2012	2013	2014	2015
FDI流入额(按资金来源地划分)											
中国香港	155.00	202.33	277.03	410.36	460.75	605.67	705.00	655.61	733.97	812.68	863.87
维尔京群岛	38.33	112.48	165.52	159.54	112.99	104.47	97.25	78.31	61.59	62.26	73.88
新加坡	21.72	22.60	31.85	44.35	36.05	54.28	60.97	63.05	72.29	58.27	69.04
韩国	14.90	38.95	36.78	31.35	27.00	26.92	25.51	30.38	30.54	39.66	40.34
开曼群岛。	6.24	20.95	25.71	31.45	25.82	24.99	22.42	19.75	16.68	12.55	14.44
美国	43.84	28.65	26.16	29.44	25.55	30.17	23.69	25.98	28.20	23.71	20.89
萨摩亚	2.83	15.38	21.70	25.50	20.20	17.73	20.76	17.44	18.58	15.64	19.91
中国台湾	22.96	21.36	17.74	18.99	18.81	24.76	21.83	28.47	20.88	20.18	15.37
德国	10.41	19.79	7.34	9.00	12.17	8.88	11.29	14.51	20.78	20.71	15.56
毛里求斯	2.65	10.33	13.33	14.94	11.04	9.29	11.39	9.59	9.10	5.91	3.46
印度	0.10	0.52	0.34	0.88	0.55	0.49	0.42	0.44	0.27	0.51	0.81
巴西	0.04	0.56	0.32	0.39	0.52	0.57	0.43	0.58	0.23	0.28	0.51
南非	0.09	0.95	0.69	0.26	0.41	0.66	0.13	0.16	0.13	0.06	0.02
俄罗斯	0.16	0.67	0.52	0.60	0.32	0.35	0.31	0.30	0.22	0.41	0.13
FDI流出额(按资金流出目的地划分)(1)											
中国香港		69.31	137.32	386.40	356.01	385.05	356.55	512.38	628.24	708.67	897.90
开曼群岛		78.33	26.02	15.24	53.66	34.96	49.36	8.27	92.53	41.92	102.13
澳大利亚		0.88	5.32	18.92	24.36	17.02	31.65	21.73	34.58	40.49	34.01
卢森堡			0.04	0.42	22.70	32.07	12.65	11.33	12.75	45.78	-114.53
维尔京群岛		5.38	18.76	21.04	16.12	61.20	62.08	22.39	32.22	45.70	18.49
新加坡		1.32	3.98	15.51	14.14	11.19	32.69	15.19	20.33	28.14	104.52
美国		1.98	1.96	4.62	9.09	13.08	18.11	40.48	38.73	75.96	80.29
加拿大		0.35	10.33	0.07	6.13	11.42	5.54	7.95	10.09	9.04	15.63
中国澳门		-0.43	0.47	6.43	4.56	0.96	2.03	0.17	3.95	5.96	10.81
缅甸		0.13	0.92	2.33	3.77	8.76	2.18	7.49	4.75	3.43	3.32
俄罗斯		4.52	4.78	3.95	3.48	5.68	7.16	7.85	10.22	6.34	29.61
巴西		0.10	0.51	0.22	1.16	4.87	1.26	1.94	3.11	7.30	-0.63
南非		0.41	4.54	48.08	0.42	4.11	-0.14	-8.15	-0.89	0.42	2.33
印度		0.06	0.22	1.02	-0.25	0.48	1.80	2.77	1.49	3.17	7.05

资料来源：

中华人民共和国商务部。

脚注：

(1)2000–2006年FDI流出额为非金融类直接投资数据，2007年及以后年份数据为全口径FDI流出额。

表 14.4.1　国际收支平衡表——巴西(2015年)

单位：亿美元

项　目	差额	贷方	借方
经常项目	-588.8	2405.1	2993.9
货物差额(离岸价格)	176.7	1900.9	1724.2
服务和收入收益(净额)	-1002.8	528.1	1530.9
服务	-369.4	337.8	707.2
初次分配收入	-423.6	119.3	542.9
二次分配收入	27.2	47.1	19.9
资本和金融项目	-584.4	2410.6	2995.0
资本项目	4.4	5.5	1.1
金融项目	-547.3	350.0	918.5
直接投资	-615.8	135.0	750.7
证券投资	-220.5	-35.5	185.0
金融衍生工具	34.5	-206.6	-241.1
其他投资	238.7	440.0	201.3
储备资产	15.7	15.7	
误差和遗漏	37.1		

资料来源：

巴西中央银行。

表 14.4.2　国际收支平衡表——俄罗斯(2013-2015年)

单位：亿美元

项目	差额		
	2013	2014	2015
经常项目	348	584	696
货物和服务	1237	1345	1119
初次分配收入	-796	-679	-367
雇员报酬	-132	-101	-51
投资	-665	-579	-316
租金	1	1	0
二次分配收入	-93	-82	-56
资本项目	-4	-420	-3
金融项目	241	226	743
直接投资	173	335	167
证券投资	110	399	266
金融衍生工具	3	53	74
其他投资	176	515	217
储备资产	-221	-1075	17
净误差与遗漏	-103	62	50

资料来源：

俄罗斯中央银行。

表 14.4.3　国际收支平衡表——印度(2011–2015年)

单位：亿美元

项　目	2011–2012年			2012–2013年			2013–2014年			2014–2015年		
	贷方	借方	净额	贷方	借方	净额	贷方	借方	净额	贷方	借方	净额
一、经常项目												
1.货物	3097.7	4995.3	-1897.6	3065.8	5022.4	-1956.6	3186.1	4662.2	-1476.1	3167.4	4609.2	-1441.8
2.服务及其他	2192.3	1076.3	1116.0	2240.4	1165.5	1074.9	2332.3	1180.2	1152.1	2370.8	1208.4	1162.4
经常项目总额(1+2)	5290.0	6071.6	-781.6	5306.3	6187.9	-881.6	5518.4	5842.4	-324.0	5538.2	5817.6	-279.4
二、资本项目												
1.外商投资	2346.2	1953.9	392.3	2150.3	1683.2	467.1	2467.7	2203.8	263.9	3064.3	2328.7	735.6
2.贷款	1409.9	1216.8	193.1	1550.9	1239.6	311.2	1348.4	1270.7	77.7	1238.8	1204.4	34.4
3.银行资本	899.0	736.8	162.3	837.3	671.6	165.7	1080.5	826.0	254.5	900.9	784.8	116.2
4.卢比债务支出		0.8	-0.8		0.6	-0.6		0.5	-0.5		0.8	-0.8
5.其他资本	133.0	202.2	-69.3	178.6	229.1	-50.5	221.7	329.3	-107.6	278.7	264.4	14.3
资本项目总额(1至5)	4788.1	4110.5	677.6	4717.0	3824.0	893.0	5118.2	4630.4	487.9	5482.7	4583.1	899.6
三、误差与遗漏		**24.3**	**-24.3**	**26.9**		**26.9**	**8.9**	**17.7**	**-8.8**	**14.7**	**20.9**	**-6.2**
总差额(一+二+三)	**10078.1**	**10206.4**	**-128.3**	**10050.2**	**10011.9**	**38.3**	**10645.5**	**10490.4**	**155.1**	**11035.6**	**10421.6**	**614.1**

资料来源：

印度储备银行，《印度经济统计手册》。

脚注：

为财政年度数据，例如：2013–14年数据指2013年4月1日到2014年3月31日。财政年度包括12个月，从当年4月1日起。

表 14.4.4 国际收支平衡表——中国(2015年)

单位：亿美元

项 目	差 额	贷 方	借 方
经常项目	**3306**	**26930**	**-23624**
货物和服务	3846	24293	-20447
货物	5670	21428	-15758
服务	-1824	2865	-4689
收益	-454	2278	-2732
职工报酬	274	331	-57
投资收益	-734	1939	-2673
其他收益	7	8	-2
经常转移	-87	359	-446
资本和金融项目	**-1424**		
资本项目	3	5	-2
金融项目	-1427	-491	-936
直接投资	621	-1878	2499
证券投资	-665	-732	67
金融衍生品	-21	-34	13
其他投资	-4791	-1276	-3515
储备资产	**3429**		
货币黄金			
特别提款权	-3		
在基金组织的储备头寸	9		
外汇	3423		
净误差与遗漏	**-1882**		

资料来源：

国家外汇管理局。

表 14.4.5　国际收支平衡表——南非(2015年)

单位：亿美元

项　目	差　额	贷　方	借　方
经常项目	**-190.6**		
货物差额(离岸价)[1]	-63.3	925.7	989.0
服务和收益(净额)	-95.5		
服务	-1.9	168.6	170.4
收益	-93.6	75.8	169.5
经常性转移	-31.8	18.7	50.5
资本与金融项目[2][3][4]	**111.8**		
资本项目[5]		0.4	0.2
金融项目	111.6		
直接投资	-35.8	17.7	53.5
证券投资	43.4	82.7	39.3
金融衍生工具	3.8	255.5	251.6
其他投资	93.0	54.7	-38.3
误差与遗漏[2][6]	**25.0**		
总差额[2]	**-7.1**		

资料来源：

南非储备银行。

脚注：

(1)按国际收支平衡目的对公共海关数据进行了调整。

(2)外国人对在南非企业的投资额，在附属企业或总公司拥有至少有10%的投票权。

(3)南非居民在境外企业的投资，在企业的投票权至少在10%以上。

(4)经常项目、资本转移和金融项目交易。

(5)黄金商品。1981年之前，黄金出口净额为对国外销售的黄金净额加上南非储备银行和其他银行机构黄金持有量的变动额。

(6)与外汇储备相关的负债包括南非储备银行的所有对外负债以及中央政府从国际组织获得的短期贷款。

图14.1　2006年和2014年货物和服务出口与货物和服务进口比率

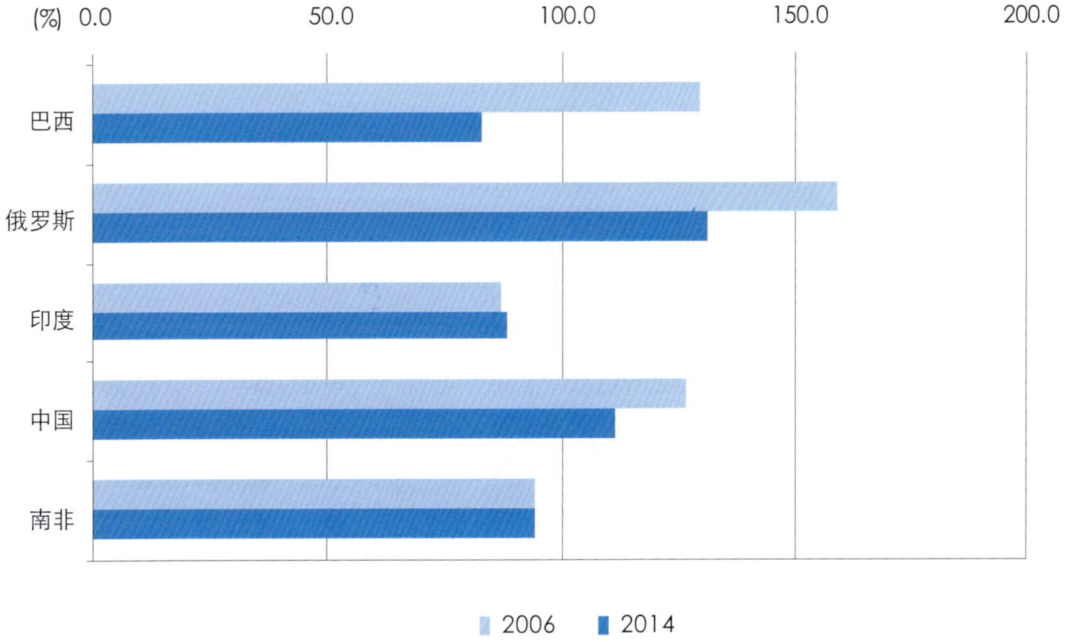

图14.2　外债余额占GDP的比重

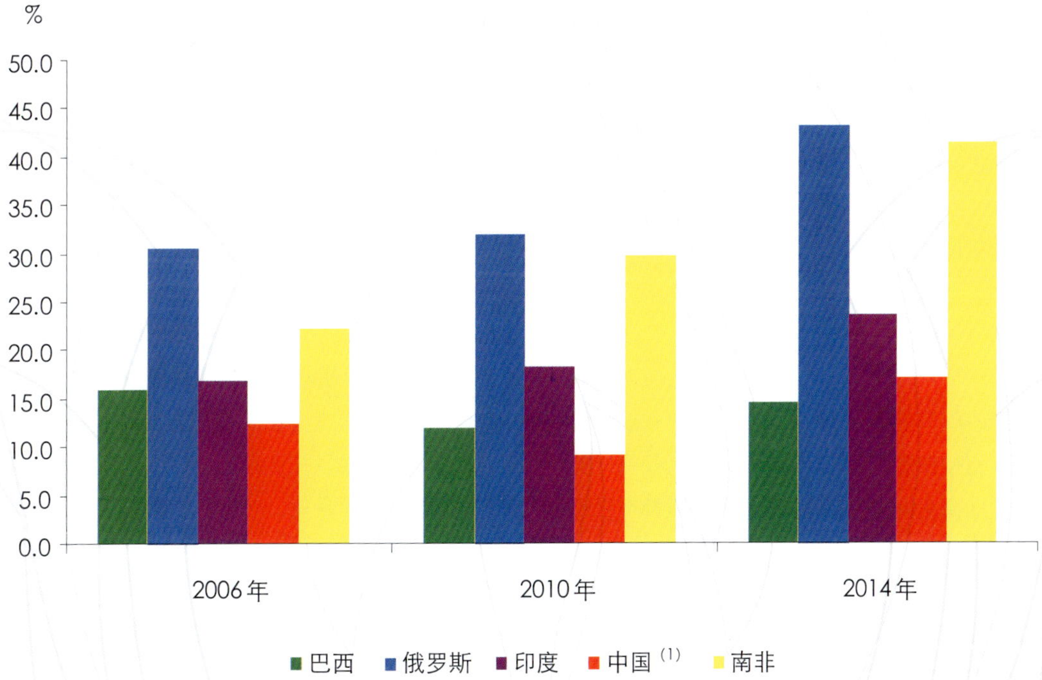

注：（1）自2015年起，国家外汇管理局按国际货币基金组织数据公布特殊标准（SDDS）调整外债统计口径，并公布全口径外债数据，新旧口径数据不可比。原口径外债数据只公布到2014年，2015年后不再公布。新的全口径外债数据仅有2014年和2015年数据。

主要统计指标解释：

国家解释

巴西

2015年4月开始，巴西直接投资数据与IMF编制的第六版《国际收支和国际投资头寸手册》（BPM6）中的概念和标准一致，采用资产和负债原则记录。数据包括了2010年以来再投资收益流量。根据BPM6，外国直接投资（FDI）被“直接投资-负债”替代。

表14.3.1的标题作了改变，因为采用了第六版《国际收支和国际投资头寸手册》（BPM6）。

表14.4.1根据第六版《国际收支和国际投资头寸手册》（BPM6）作了调整。

俄罗斯

货物出口　是指离开俄罗斯海关、但不一定再由俄罗斯进口的货物出境，包括国内货物的出口和再出口。国内货物包括从国外进口到俄罗斯但在俄罗斯进行了很大程度的加工（货物的主要质量和技术特征有所改变）。再出口是指进口的货物再次离开俄罗斯边境，进口时无需支付关税、货物税，可获得退税，但不适用于受到禁运或限制的货物。货物出口采用离岸价格或出口国的边境价格。

货物进口　是指进入俄罗斯联邦境内的商品，不一定会再次出口国外。进口商品包括用于国内消费的商品以及再次进口的商品。再出口包括再次离开俄罗斯边境的进口货物，进口时无需支付关税、货物税，但不适用于受到禁运或限制的货物。进口采用离岸价格或进口国的边境价格（即到岸价格，包括保险费、将货物运输到进口国的费用等）。

国际收支平衡表　国际收支平衡表中的数据是按照国际货币基金组织《国际收支平衡表和国际投资头寸手册》第六版编制的。

表14.2.2中俄罗斯进出口数据只提供了与主要贸易伙伴和金砖国家之间的进出口数据。

印度

出口　是指作为贷方计入由出口商在货物运送单中申报的最终目的地国家的金额，无论货物是否通过海港运出。最终目的地国家是指从印度出口货物的运送目的地，无论是通过未经转运的海运或者空运运出。

进口　是根据交送货物到印度的国家来分类，而跟是直接运送到印度的国家无关。交送的国家是指货运通过陆地和海运或者仅海运或者航空运送来的地方，没有中途从一种交通工具到另一种的转运或者转让。因此运送国家不是指货物来源国家，它可能被另外一个国家的公司购买，然后运送到印度。

进口、出口和转口数据　是按照印度贸易分类进行产品分类的（基于商品名称及编码协调制度）。

外债余额占GDP比重　包括由于多边贷款、双边贷款、国际货币基金组织的贸易信贷、对外商业借款；非印度常住居民存款、以卢比债务及短期存款。

国际收支平衡表中的经常项目中，交易划分为有形的货物交易（出口和进口）和无形交易。无形交易可以进一步划分为三类，一是服务往来，包括旅游、运输、保险、难以划入别的类别的政府服务以及其他服务（例如通信、建筑、金融、软件、通讯社、特许使用权、管理和商业服务），二是收益，三是无任何补偿的转移（包括赠予、礼物和国外汇款等）。资本项目中，资本流入额可按金融工具（负债或股权）和资本期限（长期资本或短期资本）进行分类。资本项目主要包括外国投资、贷款和银行资本。外国投资包括外国直接投资、贷款和银行资本。外国投资和优惠外国直接投资（包括外国机构投资者投资、美国银行证券存单、全球预托证券）属于非债务负债，而外国援助贷款（外国商业借款和贸易信贷）和银行资本（包括印度侨民存款）属于负债。

中国

对外贸易统计及口径　中国的对外贸易统计由海关总署承担。统计依据是中国各地海关对进出口货物执行实际监管的进出口报关单。对外贸易统计包括中国对外贸易实际进出口货物；通过中国关境的转口贸易货物；加工贸易进出口货物；租赁期一年及以上的租赁贸易货物；外商投资企业进出口货物；国家间和国际组织无偿援助的物资以及华侨、港澳台同胞和外籍华人的捐赠品。不包括：未通过中国关境的转口贸易货物；租赁期一年以下的进出境货物；暂时进出口尚需复运出进口的货物；进出境运输工具添加的燃料和食品以及经过中国领土的直接过境货物。

进口和出口价值　进口货物统计到岸价格（CIF），出口货物统计离岸价格（FOB）。到岸价格包括货价、加上货物运抵中国关境输入地点起卸前的包装费、运费、保险费和其他劳务费等费用。离岸价格不包括货物离开中国关境后运费、保险费和其他费用。统计价格分别以人民币和美元计值。如果成交价格为其它货币，则根据国家外汇管理部门公布的折算率分别折算成人民币和美元。

贸易伙伴 进出口国家（地区） 进口货物统计原产国，出口货物统计最终目的地国。原产国指进口货物生产、开采或加工制造的国家（地区）。对经过两个以上国家（地区）加工制造的进口货物，则以最后一个对货物进行经济上可以视实质性加工的国家（地区）作为该货物的原产国。原产国确实不详时，按“国别不详”统计。最终目的地国指出口货物已知的消费、使用或进一步加工制造国家（地区），包括直接使用或进行加工的国家（地区）。最终目的地国不能确定时，按货物出口时尽可能预知的最后运往国（地区）统计。

FDI流入 指外国企业和经济组织或个人（包括华侨、港澳台胞以及我国在境外注册的企业）按我国有关政策、法规，用现汇、实物、技术等在我国境内开办外商独资企业、与我国境内的企业或经济组织共同举办中外合资经营企业、合作经营企业或合作开发资源的投资（包括外商投资收益的再投资），以及经政府有关部门批准的项目投资总额内企业从境外借入的资金。

FDI流出 指我国国内投资者以现金、实物、无形资产等方式在国外及港澳台地区设立、购买国（境）外企业，并以控制该企业的经营管理权为核心的经济活动。

国际收支平衡表 是特定时期居民与非居民之间的经济交易汇总表。

国际投资头寸（IIP） 是指一经济体居民对非居民的债权或作为储备资产持有的金块等金融资产，以及一经济体居民对非居民负债的价值。

旅游

表 15.1　旅游(按洲划分的入境旅游人数)

单位：人次

国家和地区	2000	2006	2007	2008	2009	2010	2011	2012	2013	2014	2015
非洲											
巴西	34500	83721	75435	75824	78110	83688	86511	92349	94832	128300	111000
俄罗斯[1]	6800	6825	6355	10467	9553	9822	11092	13728	17640	15100	17300
印度	90200	142813	157485	141750	164474	204525	232390	261428	275300	280800	293600
中国	65600	293790	379141	378401	401159	463550	488774	524882	552671	596900	580200
南非					5089414	5741177	6136835	6656457	6856100	7279800	6746100
美洲											
巴西	3803100	2717300	2779200	2883800	2862200	3196300	3401600	3582300	3726400	4040600	4208500
俄罗斯[1]	102900	274202	237521	277670	266125	242421	271063	290606	325711	278500	293000
印度	455400	912051	1049595	1070802	1097813	1236390	1300690	1359670	1409000	1457400	1565800
中国	1215700	2405829	2721034	2581447	2491190	2995397	3201033	3179520	3123834	3106500	3115300
南非					333245	457981	432890	513359	545500	434900	403800
亚洲											
巴西	103800	182600	188700	220400	159800	184300	227000	244700	247600	256700	233000
俄罗斯[1]	531900	518534	406353	405295	376627	500794	631057	843685	940400	991500	1366200
印度	1065700	1620320	1809601	1955543	1889232	2133750	2416140	2539030	2735500	3341100	3619900
中国	6101500	13588165	16061173	14551078	13781113	16178640	16623150	16622193	16060094	16331300	16594700
南非					222968	282568	250472		431300	269200	291000
欧洲											
巴西	1266100	1894700	1836600	1739800	1578200	1575500	1575600	1598000	1581200	1779300	1573700
俄罗斯[1]	1191500	829700	713817	702302	660570	651628	669073	716007	731452	685000	646800
印度	925700	1608580	1838847	1900635	1817517	1977990	2113290	2165750	2260900	2282900	2211300
中国	2489000	5279636	6216774	6123289	4591144	5697871	5937810	5948178	5688146	5514300	4916700
南非					763901	839874	1273212		1493600	1379300	1331300
大洋洲											
巴西	21900	31819	43520	47000	48295	46302	44657	52815	54281	80400	55400
俄罗斯[1]	5900	23035	29629	29826	25268	24591	28417	37530	41186	41300	36200
印度	67600	137436	167063	178308	182451	210300	233200	244500	263600	286300	312100
中国[2]	281800	638553	728453	688826	672432	789331	859310	914899	863395	810100	776400
南非					101479	128149	122784	142949	148300	132100	118900
其他											
巴西	84000	107100	102395	83257	75665	75309	97922	106724	109060	144600	124200
俄罗斯[1]	758800	780700	819900	869500	762458	704613	725275	668913	608400	571700	577900
印度	40500	25967	58913	35565	16212	12757	13600	7400	23300	30700	24600
中国	6800	4265	3093	2296	2162	2096	1894	1919	2154	1800	2100
南非					500858	623803	123161		61700	53900	52200

资料来源：

巴西

巴西旅游部。

俄罗斯

俄罗斯边境管理局。

印度

印度旅游部，《印度旅游统计》(各期)。

中国

1.中华人民共和国国家统计局，《中国统计年鉴》，2000—2015年。

2.中华人民共和国国家旅游局，《中国旅游年鉴》，2000—2015年。

南非

南非统计局。

脚注：

大洋洲包括澳大利亚、新西兰、新几内亚岛以及太平洋周边岛屿。

俄罗斯

(1)指入境旅游人次。

中国

(2)指的是大洋洲和太平洋岛屿。

表 15.2.1 外国入境旅游人数(排名前15位的国家)——巴西

单位：人次

国家和地区	2001	2006	2007	2008	2009	2010
总计	**4772575**	**5017251**	**5025834**	**5050099**	**4802217**	**5161379**
阿根廷	1374461	933061	921679	1017675	1211159	1399592
美国	596844	721633	695749	625506	603674	641377
智利	153921	176357	260439	240087	170491	200724
巴拉圭	285724	198958	212022	217709	180373	194340
乌拉圭	304682	255349	226111	199403	189412	228545
法国	184759	275913	254367	214440	205860	199719
德国	320050	277182	257740	254264	215595	226630
意大利	216038	287898	268685	265724	253545	245491
英格兰	143626	169627	176970	181179	172643	167355
葡萄牙	165898	299211	280438	222558	183697	189065
西班牙	126928	211741	216891	202624	174526	179340
哥伦比亚	50335	50103	45838	96846	78010	85567
秘鲁	48405	64002	96336	93693	78975	81020
玻利维亚	107664	55169	61990	84072	83454	99359
墨西哥(1)	40765	70862	58804	77193	68028	67616
其他	652475	970185	991775	1057126	932775	955639

表 15.2.1 外国入境旅游人数(排名前15位的国家)——巴西

单位：人次(续表)

国家和地区	2011	2012	2013	2014	2015
总计	**5433354**	**5676843**	**5813342**	**6429852**	**6305838**
阿根廷	1593775	1671604	1711491	1743930	2079823
美国	594947	586463	592827	656801	575796
智利	217200	250586	268203	336950	306331
巴拉圭	192730	246401	268932	293841	301831
乌拉圭	261204	253864	262512	223508	267321
法国	207890	218626	224078	282375	261075
德国	241739	258437	236505	265498	224549
意大利	229484	230114	233243	228734	202015
英格兰	149564	155548	169732	217003	189269
葡萄牙	183728	168649	168250	170066	162305
西班牙	190392	180406	169751	166759	151029
哥伦比亚	91345	100324	116461	158886	118866
秘鲁	86795	91996	98602	117230	113078
玻利维亚	85429	112639	95028	95300	108149
墨西哥(1)	64451	61658	76738	109637	90361
其他	1042681	1089528	1120989	1363334	1154040

资料来源：

1.巴西联邦警察局。

2.巴西旅游部。

脚注：

(1)2015年墨西哥取代日本进入前15名。

表 15.2.2　外国人境旅游人数(排名前15位的国家)——俄罗斯

单位：人次

国家和地区	2000	2006	2007	2008	2009	2010
总计[(1)]	**2597754**	**2433018**	**2213597**	**2295074**	**2100601**	**2133869**
中国	172213	157361	129749	127155	115870	158061
德国	179273	328583	345708	332822	333892	347214
美国	83476	224970	172356	185888	183293	162383
土耳其	18177	47106	49479	54593	43756	56376
以色列	8733	27133	31250	32725	46451	58694
韩国	14907	42951	48825	47343	35200	42573
英国	52426	124169	130608	142016	150910	126454
意大利	65791	116000	129950	143493	113495	122973
法国	46066	102513	112762	103223	94176	94282
西班牙	15417	53943	79497	105655	95070	86732
芬兰	386231	148153	153139	142017	149884	139216
日本	34384	59581	45083	44435	39269	42176
伊朗	609	5212	6744	7865	9474	12252
澳大利亚	4839	19478	26184	26087	22429	21167
加拿大	9610	23547	26660	44238	43642	31536
巴西	2118	4848	20526	16087	10640	15131
印度	1297	4984	12868	6806	8641	9563
南非	906	3295	2971	6694	3826	3970

表 15.2.2　外国人境旅游人数(排名前15位的国家)——俄罗斯

单位：人次(续表)

国家和地区	2011	2012	2013	2014	2015
总计[(1)]	**2335977**	**2570469**	**2664782**	**2583079**	**2937447**
中国	234127	343357	372314	409817	677619
德国	346627	375285	380253	349481	358121
美国	169763	179763	197334	162102	165052
土耳其	80754	100918	122728	134702	139305
以色列	75468	85955	92478	108175	127437
韩国	46991	48425	52114	82494	116266
英国	128533	135949	157799	134314	114459
意大利	125062	118729	117927	107072	109369
法国	94863	99581	96947	94941	86835
西班牙	100773	70291	70193	60443	79356
芬兰	133630	120306	93762	68618	59621
日本	37985	44667	55092	54111	50332
伊朗	13919	14005	8534	17223	35422
澳大利亚	24775	33021	36117	36468	31300
加拿大	34926	36260	41000	35796	30401
巴西	23050	27180	30049	27142	29839
印度	12590	26598	17824	16304	27783
南非	4038	4406	5540	4800	4505

资料来源：

俄罗斯边境管理局。

脚注：

前15位(2015年排名)国家以及金砖国家参加排名。

(1)来自所有国家的外国入境人次。

表 15.2.3　外国入境旅游人数(排名前15位的国家)——印度

单位：人次

国家和地区	2001	2006	2007	2008	2009	2010	2011	2012	2013	2014	2015
总计	**2537282**	**4447167**	**5081504**	**5282603**	**5167699**	**5775692**	**6309222**	**6577745**	**6967601**	**7679099**	**8027133**
孟加拉国	431312	484401	480240	541884	468899	431962	463543	487397	524923	942562	1133879
美国	329147	696739	799062	804933	827140	931292	980688	1039947	1085309	1118983	1213624
英国	405472	734240	796191	776530	769251	759494	798249	788170	809444	838860	867601
斯里兰卡	112813	154813	204084	218805	239995	266515	305853	296983	262345	301601	299513
俄罗斯	15154(1)	62203(1)	75543(1)	91095	94945	122048	144312	177526	259120	269832	172419
加拿大	88600	176567	208214	222364	224069	242372	259017	256021	255222	268485	281306
德国	80011	156808	184195	204344	191616	227720	240235	254783	252003	239106	248314
法国	102434	175345	204827	207802	196462	225232	231423	240674	248379	246101	230854
马来西亚	57869	107286	112741	115794	135343	179077	208196	195853	242649	262026	272941
日本	80634	119292	145538	145352	124756	168019	193525	220015	220283	219516	207415
澳大利亚	52691	109867	135925	146209	149074	169647	192592	202105	218967	239762	263101
中国	13901(1)	62330(1)	88103	98093	100209	119530	142218	168952	174712	181020	206322
新加坡	42824	82574	92908	97851	95328	107487	119022	131452	143025	150731	152238
韩国	27150	70407	84583	79802(1)	70485(1)	95587	108680	109469	112619(1)	106870(1)	102993(1)
意大利	41351	79978	93540	85766	77873	94100(1)	100889(1)	98743(1)	93951(1)	91589(1)	88091(1)
尼泊尔	41135	91552	83037(1)	78133(1)	88785	104374	119131	125375	113790	126416	154720
巴基斯坦	52762	83426	106283	85529	53137(1)	51739(1)	48640(1)	59846(1)	111794(1)	96434(1)	124924
泰国	18623(1)	46623(1)	50037(1)	58065(1)	67309(1)	76617(1)	92404(1)	105141(1)	117136	121362	115860(1)
其他	543399	952716	1136453	1224252	1193023	1402880	1560605	1619293	1721930	1857843	1891018

资料来源：

印度旅游部，《印度旅游统计》(各期)。

脚注：

包括全年世界上所有来印度的游客。

(1)该国家不属于当年印度入境旅游来源地排名前15位之列。

表 15.2.4　入境旅游人数(排名前15位的国家或地区)——中国

单位：万人次

国家和地区	2000	2006	2007	2008	2009	2010	2011	2012	2013	2014	2015
总计(1)	**1016**	**2221**	**2611**	**2433**	**2194**	**2613**	**2711**	**2719**	**2629**	**2636**	**2599**
韩国	134	392	478	396	320	408	419	407	397	418	444
日本	220	375	398	345	332	373	366	352	288	272	250
俄罗斯		33	65	74	83	92	101	114	137	171	216
美国	90	171	190	179	171	201	212	212	209	209	209
越南	108	241	300	312	174	237	254	243	219	205	158
马来西亚	44	91	106	104	106	125	125	124	121	113	108
蒙古	40	63	68	71	58	79	99	101	105	108	101
菲律宾	36	70	83	80	75	83	89	96	100	97	100
新加坡	40	83	92	88	89	100	106	103	97	97	91
澳大利亚	12	41	46	44	45	55	61	61	68	71	73
加拿大	24	50	58	53	55	69	75	71	68	67	68
印度	24	59	61	55	54	64	61	65	65	61	64
泰国	23	54	61	57	56	66	73	77	72	67	64
德国	24	50	56	53	52	61	64	66	65	66	62
英国	28	55	61	55	53	58	60	62	63	61	58
巴西		5	7	7	6	9	10	10	10	10	9
南非		6	6	5	5	6	7	7	7	7	7

资料来源：

中华人民共和国国家旅游局，《中国旅游统计年鉴》，2000–2015年。

脚注：

2015年排名前15位的国家和地区以及除中国以外的其他金砖国家。

(1)数据包括所有来中国的外国游客。

表 15.2.5　外国人境旅游人数(排名前15位的国家)——南非

单位：人次

国家和地区	2009	2010	2011	2012	2013	2014	2015
总计	**7011865**	**8073552**	**8339354**	**9188368**	**9536568**	**9549236**	**8903773**
津巴布韦	1227631	1513714	1553008	1847973	1935159	2143716	1900791
莱索托	1048550	1275838	1526597	1618222	1461267	1501642	1394913
莫桑比克	983739	1051502	1076753	1104404	1116735	1283016	1200335
斯威士兰	628113	632490	700119	768728	836467	918490	838006
博茨瓦纳	484258	507042	477937	452159	537131	555590	593514
英国	446369	453030	420483	438023	436599	401914	407486
美国	230324	282377	287614	326644	347378	309255	297226
德国	196643	215800	235774	266333	300739	274571	256646
纳米比亚	177863	190903	197835	200841	222028	211453	212514
赞比亚	147089	157692	160302	169555	179914	176972	161259
马拉维	139605	126120	135577	142063	170345	166964	135260
从其他金砖国家							
印度	55203	71587	90367	106774	112100	85639	78385
中国	34561	65920	84862	132327	151053	82905	84691
巴西	32256	53756	54183	78376	82730	39082	29339
俄罗斯	8893	11551	10487	13350	13546	10410	7244
其他	**1170768**	**1464230**	**1328456**	**1522596**	**1633377**	**1387617**	

资料来源：

南非统计局。

表 15.3.1　外国人境旅游人数(按大洲和地区划分)——巴西

单位：人次

大洲和地区	2001	2006	2007	2008	2009	2010
总计	**4772575**	**5017251**	**5025834**	**5050099**	**4802217**	**5161379**
北美	693238	855098	818536	765380	734998	773181
中美洲和南美洲	2438455	1862175	1960628	2118459	2127173	2423119
西欧(1)	1392803	1873507	1812480	1693095	1542272	1535301
东欧(2)		21217	24169	46666	35913	40224
非洲(3)	36352	83721	75435	75824	78110	83688
东南亚(4)						
东亚(5)	82620	136153	126620	163149	119025	128450
西亚(6)	26178	46461	62051	37813	29405	36976
南亚(7)				19456	11361	18829
大洋洲(8)	23486	31819	43520	47000	48295	46302
其他	**79443**	**107100**	**102395**	**83257**	**75665**	**75309**

表 15.3.1　外国人境旅游人数(按大洲和地区划分)——巴西

单位：人次(续表)

大洲和地区	2011	2012	2013	2014	2015
总计	**5433354**	**5676843**	**5813342**	**6429852**	**6305838**
北美	729756	716583	737175	844969	734450
中美洲和南美洲	2671836	2865673	2989273	3195597	3474058
西欧(1)	1525040	1541874	1519126	1703298	1508100
东欧(2)	50601	56170	62044	76016	65602
非洲(3)	86511	92349	94832	128252	110983
东南亚(4)					
东亚(5)	163855	189036	191704	187660	173891
西亚(6)	41646	33523	33128	43340	35891
南亚(7)	21530	22096	22719	25675	23259
大洋洲(8)	44657	52815	54281	80447	55421
其他	**97922**	**106724**	**109060**	**144598**	**124183**

资料来源：

巴西旅游部。

资料来源：

(1)包括奥地利、比利时、丹麦、芬兰、法国、德国、希腊、爱尔兰、意大利、荷兰、挪威、葡萄牙、西班牙、瑞典、瑞士和英国等。

(2)包括匈牙利、波兰和独联体国家等。

(3)包括埃及、埃塞俄比亚、肯尼亚、尼日利亚、南非、苏丹、坦桑尼亚和赞比亚等。

(4)包括印度尼西亚、马来西亚、缅甸、菲律宾、新加坡和泰国等。

(5)包括中国大陆、中国香港、日本和韩国等。

(6)包括巴林、以色列、约旦、科威特、阿曼、卡塔尔、沙特阿拉伯、叙利亚、土耳其、阿联酋和阿拉伯也门共和国等。

(7)包括阿富汗、伊朗、马尔代夫、尼泊尔、巴基斯坦、孟加拉国、斯里兰卡和不丹等。

(8)包括澳大利亚、新西兰、新几内亚岛和太平洋周边岛屿。

表 15.3.2 外国入境旅游人数(按大洲和地区划分)——俄罗斯

单位：人次

大洲和地区	2000	2006	2007	2008	2009	2010
总计	**2597754**	**2433018**	**2213597**	**2295074**	**2100601**	**2133869**
北美	93285	248576	199171	230144	226937	193925
中南美洲	9617	25626	38350	47526	39188	48496
西欧	272067	532038	573135	539592	535927	546793
东欧	919440	297672	140682	162710	124643	104835
非洲	6783	6825	6355	10467	9553	9822
东南亚	5103	19607	22796	20945	17644	25076
东亚	261159	279260	238374	235506	207072	264739
西亚	174296	188125	94449	101974	105909	136856
南亚	91316	31542	50734	46870	46002	74123
大洋洲(1)	5902	23035	29629	29826	25268	24591
其他	**758786**	**780712**	**819922**	**869514**	**762458**	**704613**

表 15.3.2 外国入境旅游人数(按大洲和地区划分)——俄罗斯

单位：人次(续表)

大洲和地区	2011	2012	2013	2014	2015
总计	**2335977**	**2570469**	**2664782**	**2583079**	**2937447**
北美	204703	216023	238335	197899	195454
中南美洲	66360	74583	87376	80637	97514
西欧	552784	584387	585705	540834	534771
东欧	116289	131620	145747	144185	112028
非洲	11092	13728	17640	15060	17343
东南亚	26351	39305	36014	35958	49761
东亚	349966	485481	568719	577470	867113
西亚	180477	216712	244227	278484	304924
南亚	74263	102187	91392	99588	144406
大洋洲(1)	28417	37530	41186	41310	36200
其他	**725275**	**668913**	**608441**	**571654**	**577933**

资料来源：

俄罗斯边境管理局。

脚注：

地理区域的名称以及包含的国家和地区采用“联合国统计用标准国家和地区代码”。

(1)包括澳大利亚、新西兰、新几内亚岛和太平洋周边岛屿。

表 15.3.3 外国入境旅游人数(按大洲和地区划分)——印度

单位：人次

大洲和地区	2001	2006	2007	2008	2009	2010
总计	**2537282**	**4447167**	**5081504**	**5282603**	**5167699**	**5775692**
北美	417747	873306	1007276	1027297	1051209	1173664
中南美洲	21925	38745	42319	43505	46604	62728
西欧	819973	1487271	1686083	1709525	1634042	1750342
东欧	38863	121309	152764	191110	183475	227650
非洲	90962	142813	157485	141750	164474	204525
西亚	96424	146693	171661	215542	204843	235317
南亚	672133	908916	982428	1051846	1001401	1047444
东南亚	139975	281726	303475	332925	360191	439043
东亚	130464	282985	352037	355230	322797	411947
大洋洲(1)	66104	137436	167063	178308	182451	210275
其他	**42712**	**25967**	**58913**	**35565**	**16212**	**12757**

表 15.3.3 外国入境旅游人数(按大洲和地区划分)——印度

单位：人次(续表)

大洲和地区	2011	2012	2013	2014	2015
总计	**6309222**	**6577745**	**6967601**	**7679099**	**8027133**
北美	1239705	1295968	1340531	1387468	1494930
中南美洲	60988	63699	68436	69926	70831
西欧	1838695	1853066	1855866	1860580	1880203
东欧	274598	312686	405083	422278	331051
非洲	232386	261428	275271	280754	293569
西亚	278773	290996	343113	413678	417616
南亚	1139659	1171499	1215035	1694857	1946207
东南亚	521755	540914	630054	685805	700298
东亚	475951	535622	547305	546792	555770
大洋洲(1)	233165	244511	263574	286294	312101
其他	**13547**	**7356**	**23333**	**30667**	**24557**

资料来源：

印度旅游部，《印度旅游统计》(各期)。

脚注：

(1)包括澳大利亚、新西兰、新几内亚岛和太平洋周边岛屿。

表 15.3.4 入境旅游人数——中国

单位：万人次

作为来源地的大洲和国家	2000	2006	2007	2008	2009	2010	2011	2012	2013	2014	2015
总计	**1016.0**	**2221.0**	**2611.0**	**2432.5**	**2193.8**	**2612.7**	**2711.2**	**2719.2**	**2629.0**	**2636.1**	**2598.5**
亚洲	**610.2**	**1358.8**	**1606.1**	**1455.1**	**1377.9**	**1617.9**	**1662.3**	**1662.2**	**1606.0**	**1633.1**	**1659.5**
朝鲜	7.6	11.0	11.4	10.2	10.6	11.6	15.2	18.1	20.7	18.4	18.8
印度	12.1	40.5	46.3	43.7	44.9	54.9	60.7	61.0	67.7	71.0	73.0
印度尼西亚	22.1	43.3	47.7	42.6	46.9	57.3	60.9	62.2	60.5	56.7	54.5
日本	220.2	374.6	397.8	344.6	331.8	373.1	365.8	351.8	287.8	271.8	249.8
马来西亚	44.1	91.1	106.2	104.1	105.9	124.5	124.5	123.6	120.7	113.0	107.5
蒙古	39.9	63.1	68.2	70.5	57.7	79.4	99.4	101.1	105.0	108.3	101.4
菲律宾	36.4	70.4	83.3	79.5	74.9	82.8	89.4	96.2	99.7	96.8	100.4
新加坡	39.9	82.8	92.2	87.6	89.0	100.4	106.3	102.8	96.7	97.1	90.5
韩国	134.5	392.4	477.7	396.0	319.8	407.6	418.5	407.0	396.9	418.2	444.4
泰国	24.1	59.2	61.2	55.4	54.2	63.6	60.8	64.8	65.2	61.3	64.1
非洲	**6.6**	**29.4**	**37.9**	**37.8**	**40.1**	**46.4**	**48.9**	**52.5**	**55.3**	**59.7**	**58.0**
南非		5.6	5.8	5.4	5.1	6.5	6.7	7.2	6.9	6.8	6.5
欧洲	**248.9**	**527.9**	**621.7**	**612.3**	**459.1**	**569.8**	**593.8**	**594.8**	**568.8**	**551.4**	**491.7**
英国	28.4	55.3	60.5	55.2	52.9	57.5	59.6	61.8	62.5	60.5	58.0
德国	23.9	50.1	55.7	52.9	51.9	60.9	63.7	66.0	64.9	66.3	62.3
法国	18.5	40.2	46.3	43.0	42.5	51.3	49.3	52.5	53.4	51.7	48.7
意大利	7.8	19.5	21.5	19.4	19.1	22.9	23.5	25.2	25.1	25.3	24.6
荷兰	7.6	16.8	19.4	18.1	16.7	18.9	19.8	19.6	18.9	18.0	18.2
葡萄牙	2.3	4.5	4.8	4.4	4.4	4.8	4.7	4.9	4.9	5.2	5.3
瑞典	5.4	13.0	14.5	13.8	12.6	15.5	17.0	17.2	15.9	14.2	11.8
瑞士	3.1	5.8	6.5	6.3	6.3	7.4	7.5	8.3	8.1	8.0	7.3
俄罗斯	108.0	240.5	300.4	312.3	174.3	237.0	253.6	242.6	218.6	204.6	158.2
拉丁美洲	**8.3**	**19.6**	**16.0**	**26.0**	**23.1**	**30.1**	**33.7**	**35.3**	**35.4**	**34.6**	**35.0**
巴西		4.8	6.7	7.5	6.4	8.5	9.8	9.9	9.6	9.5	8.5
北美洲	**113.3**	**221.0**	**256.2**	**232.1**	**226.0**	**269.5**	**286.4**	**282.6**	**277.0**	**276.0**	**276.6**
加拿大	23.7	49.9	57.7	53.5	55.0	68.5	74.8	70.8	68.4	66.7	68.0
美国	89.6	171.0	190.1	178.6	171.0	201.0	211.6	211.8	208.5	209.3	208.6
大洋洲及太平洋岛屿	**28.2**	**63.8**	**72.9**	**68.9**	**67.2**	**78.9**	**85.9**	**91.5**	**86.3**	**81.0**	**77.6**
澳大利亚	23.4	53.8	60.7	57.2	56.2	66.1	72.6	77.4	72.3	67.2	63.7
新西兰	3.8	8.9	10.9	10.5	10.0	11.6	12.1	12.8	12.9	12.7	12.5
其他	**0.7**	**0.4**	**0.3**	**0.2**	**0.2**	**0.2**	**0.2**	**0.2**	**0.2**	**0.2**	**0.2**

资料来源：

中华人民共和国国家统计局，《中国统计年鉴》，2000–2015年。

表 15.3.5　外国人境旅游人数(按大洲和地区划分)——南非

单位：人次

大洲和地区	2009	2010	2011	2012	2013	2014	2015
总计	**7011865**	**8073552**	**8339354**	**7312765**	**9536568**	**9549236**	**8903773**
北美洲	275715	337652	345384	393446	415966	369801	353450
中南美洲	57530	120329	87506	119913	129525	65118	50304
西欧	735072	793970	1230796		691362	655899	1273721
东欧	28829	45904	42416		802263	723422	57628
非洲	5089414	5741177	6136835	6656457	6856052	7279814	6746114
东南亚	27346	32148	43542		62133	31424	27059
东亚	86893	120149	138376		226070	129462	124350
西亚	37828	37285	44547		1031	857	37526
南亚	70901	92986	24007		142105	107498	102027
大洋洲(1)	101479	128149	122784	142949	148316	132080	118908
其他	**500858**	**623803**	**123161**		**61745**	**53861**	**12686**

资料来源：

南非统计局。

脚注：

(1)包括澳大利亚、新西兰、新几内亚岛和太平洋周边岛屿。

图15.1　2015年来自不同大洲的外国游客

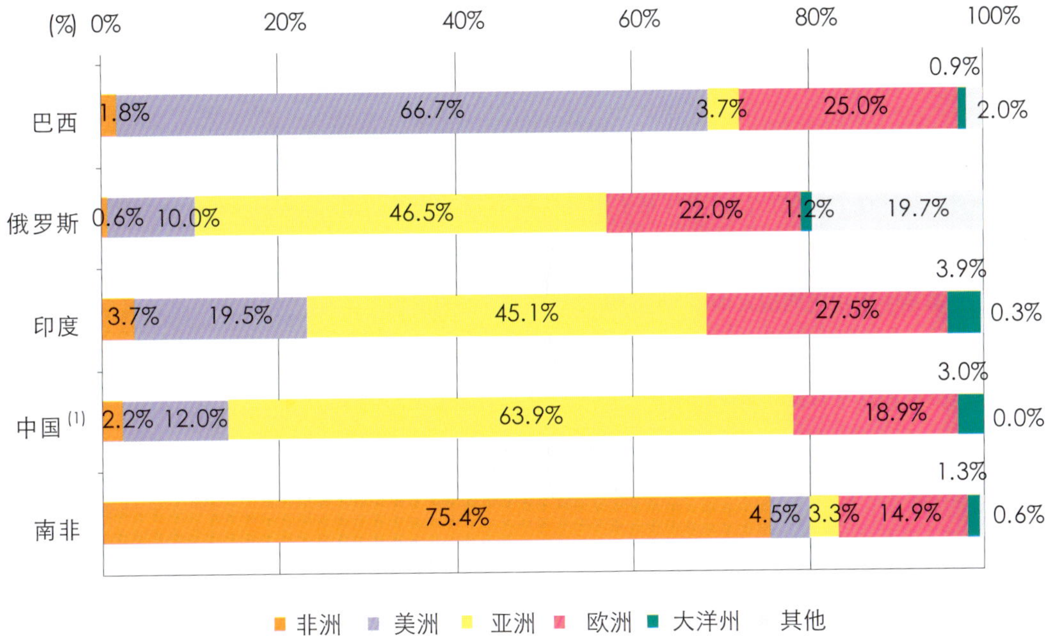

注：（1）大洋洲亦包括太平洋岛屿。

主要统计指标解释

通用解释

1963年罗马旅游概念共识：

国际游客　指任何持有外国护照访问这个国家的人，其访问目的既不是在此国家从事获得酬劳的活动也不是长久居留。此定义包含两种游客：旅游者和当日游客。

国家解释

巴西

外国入境游客　非本国居民越过边境到达巴西的游客（也称过夜游客），停留时间少于1年，停留的目的包括个人原因（度假休闲娱乐、走亲访友、教育培训、健康医疗、宗教朝圣、购物以及其他）以及工作和专业原因。但以下情况不能算作入境游客：受雇于外国机构、边境工作人员、季节性工人、其他短期或长期工作人员、流浪人员和难民、尚未进入经济或法律区域内的过境游客、公共运输方式上的工作人员、入境修建外国住所的人员、长期逗留的学生和病人及其家属、外交官、领事馆工作人员、军人及其受抚养的亲属以及待命调遣的武装部队。

俄罗斯

外国入境游客　是指出于医疗、娱乐、观光、运动、商务、宗教以及其他（不包括在俄罗斯工作却从别国领取报酬的人员）目的来到俄罗斯、并在俄罗斯逗留的时间为24小时至6个月或至少过夜的外国游客。

印度

外国入境游客　是指持有外国护照的人访问印度，在印度至少停留24小时，访问目的可归类为下列情况之一：

(1)休闲度假（娱乐、假期、保健、学习，宗教和体育运动）；

(2)公务、探亲、官方活动、会议。

中国

入境游客　指报告期内来中国（大陆）观光、度假、探亲访友、就医疗养、购物、参加会议或从事经济、文化、体育、宗教活动的外国入境人数。在统计中，每一次入境（中国大陆）算作1人次。

附录一 I

巴西统计体系简介

一、巴西国家地理与统计局（IBGE）的组织结构

巴西国家地理与统计局（IBGE）依据1973年5月11日第5878号法令和2003年6月13日第3740号政令履行职责。它隶属计划部，承担巴西统计体系的协调作用并作为巴西官方统计数据的主要生产者。

巴西官方统计数据主要由巴西国家地理与统计局、中央银行、各部和统计局下属的各州统计机构生产。巴西国家地理与统计局是负责统计信息（包括人口、经济和社会）、地理信息、制图信息、大地测量信息和与自然资源和环境相关信息的生产、分析和发布的官方统计机构。

除了在统计体系中的职能外，巴西国家地理与统计局还是地理科学信息的主要生产者，并负责国家制图系统的协调工作。地理科学信息生产的主要项目之一是国家空间数据基础设施（INDE）的建设。国家空间数据基础设施的目的是把来自这类数据的研究机构、生产者和资助者的空间数据编入目录，进行整合或协调，使这些数据能够便捷地用于定位、查阅和其他各种目的以及为互联网用户所使用。

巴西国家地理与统计局负责巴西空间数据基地（SIG）的建设、提供和运行，负责巴西地理空间数据理事会（DBDG）的管理，还负责为国家空间数据基础设施的运行和维护获取必要资源提出提案。

巴西国家地理与统计局所开展的项目对政府和社会都是不可或缺的基础工作。许多公共政策举措都是依据巴西国家地理与统计局立足巴西实际情况所生产的信息来确立的。

为了生产统计和地理科学信息，巴西国家地理与统计局的单位遍布全国，包括设在里约热内卢的总部以及各州市的单位，具体构成如下：

学术高级指导机构：技术委员会、理事会、董事会；

直接和即时为总统提供支持的渠道：内阁、总检察长；

部门设置的机构：内部审计、执行委员会；

具体内设机构：调查司、地理科学司、信息技术司、档案和信息传播中心、国家统计科学学院；27个设在各州的单位（26个州和1个联邦特区）以及584个负责收集和传播数据的机构。

统计和地理科学信息的生产由调查司和地理科学司负责。

这三个司级部门都得到信息技术司的支持，以确保计算机的硬件和软件以及数据通信等基础设施的运行。档案和信息传播中心负责局里开展的所有调查结果的发布计划及网上免费发布，包括微观数据的发布。

执行委员会负责巴西国家地理与统计局工作的规划、预算和整体协调。

调查司负责社会、经济和人口统计数据的生产，负责国民经济核算体系和社会指标综合数据的生产，还负责国家统计体系的协调，定期召开与统计信息用户和其他生产者的会议。

地理科学司负责地理信息、大地测量信息、制图信息以及与环境资源和自然资源有关的其他信息的生产，还协调大地测量计划和基本制图计划的方方面面。

巴西国家地理与统计局管理国家统计科学学院，该学院开设以下课程：统计学理学学士课程、环境分析和土地管理学士后学位课程、人口研究和社会研究硕士课程和巴西国家地理与统计局技术人员培训项目等。

巴西国家地理与统计局设在总部的各单位负责调查的设计、结果的分析和国家层面团队工作的协调。

巴西国家地理与统计局遍布全国的分支单位负责原始统计数据的收集、审核和向总部的传送。各分支单位还开展与大地测量和制图有关的工作。

二、统计生产工作计划

为了设定未来几年的目标，2012 年巴西国家地理与统计局更新了其战略计划。因此，战略计划就是该局实施治理的主要依据。

工作计划及其时间表在并入战略计划之前必须经过技术和基础设施等各领域的讨论，并提交由巴西国家地理与统计局局长和司长组成的规划委员会评估和批准。

巴西国家地理与统计局的战略计划辅助了同期联邦政府多年计划（葡萄牙语简称为 PPA）的起草。联邦政府多年计划涵盖了政府的各个方面，明确了各部委的主要目标责任。

局内在年度内所要达到的目标在年前就要设定。局内的目标包括年内计划发布的全部内容。目标由执行委员会批准后在内部和互联网上公布，它们是局内在履行其使命时对所作业绩进行目标考核的项目之一。

巴西国家地理与统计局的工作计划要提交给各个咨询委员会。这些咨询委员会都是由在某个领域德高望重的专家组成，讨论方法问题并帮助确定优先重点。

各咨询委员会包含下列领域：人口普查、农业普查、全国消费者价格指数、死亡率统计、农业统计规划控制和评价、巴西地区账户等。

当某些信息需求没有列入预先设定的工作计划，现有资源又无法满足时，可以通过与相关为额外调查提供资金的政府机构签订协议来实现。例如，应卫生部、教育部和社会发展部的要求而开展的额外调查。

巴西国家地理与统计局还与财政部和中央银行等部门进行合作，编制国民账户。

劳工部每年都会向巴西国家地理与统计局提供《年度社会信息表》（RAIS），包含整套行政记录，用于更新中央企业名录库（CEMPRE）。该名录库用于为年度经济调查抽选企业样本，并自 20 世纪 90 年代起，取代了经济普查。为了设定长期的工作方向，巴西国家地理与统计局与社会、经济和区域信息的生产者及用户定期举行会议。这些会议的目的是，向信息生产者和用户进行动员和咨询，对《统计和地理信息总体规划》（PGIEG）进行修订和补充。这些生产者和用户包括政府机构、调查机构、非政府组织、科学协会以及对信息的生产、传播、使用感兴趣的技术人员和研究人员等。

这一举措有助于做出对公共服务领域信息生产现状的诊断，找出缺口，并确定改进条件及对新信息的需求。对社会经济信息和人口统计信息日益增加的需求，以及新出现的问题都要求频繁开展研究。

使统计机构适应新现实的办法之一就是结合信息生产源和数据库，采用系统化的构思模式。

住户调查一体化体系（SIPD）将整合现有的全国住户抽样调查（PNAD-C）和住户预算调查（POF）整合到一起。规划住户调查一体化体系（SIPD）还必须与信息用户和生产者进行深度交流。就此，巴西国家地理与统计局主办的研讨会和大会多次探讨了住户调查一体化体系的发展步骤。

三、社会统计委员会

社会统计委员会是根据 2007 年 12 月 6 日第 424 号部际政令而设立的，成为了讨论和评估国家社会统计体系需求的论坛。

社会统计委员会由下列各部和机构组成：社会发展部和“反饥饿”粮食计划署、教育部、计划预算和管理部、卫生部、劳动和就业部、应用经济研究所（IPEA）、司法部、国家教育研究所（INEP）和巴西国家地理与统计局（IBGE）。

社会统计委员会由管理委员会（负责制定委员会工作指南）和执行小组（负责实施工作指南）组成。

社会统计委员会的工作自 2009 年以来一直遵循下列指导方针：制订社会统计目录（特别是官方统计）并定期更新，确保和完善了信息的可比和提供；对于官方统计信息的处理、存储和提供，鼓励采用新的理念、分类和方法；填补信息缺口并扩大对数据源的整合力度；梳理信息需求并协调信息的生产和使用；调整各政府机构对现有数据库的准入，并提供便利，确保其透明度、可视性和保密性；采取措施确保委员会所制订工作的可视性；并通过官方统计的基本原则等。

执行小组已经开展了广泛的工作，如对若干机构数据库的鉴定、为巴西国家地理与统计局元数据库项目制订标准化步骤等。

管理委员会的主要目标之一是，对来自调查和行政记录的各类社会信息数据库进行整合，推动国家统计体系的有效协调和治理。

四、各市地理与统计委员会

巴西国家地理与统计局投入了很大精力，强化透明度原则，让社会知晓和跟踪其活动进展状况。

依据这一原则，巴西国家地理与统计局已经扩大了原来的市普查委员会的工作范围，而过去只在普查开展时才建立并行使职责。

各市地理与统计委员会（葡萄牙语简称为 CMGEs）在 2010 年人口普查时设立，目的是在巴西国家地理与统计局研究、调查和普通地图制定与发布中扩大当地社会的参与度。

各市地理与统计委员会的成员包括巴西国家地理与统计局的代表和市级行政、立法和司法部门的代表以及当地其他市政机构的代表等。

五、技术合作

下列全国范围的技术合作应予重点突出：卫生部、教育部、城市部、社会和农业发展部、司法部下设的妇女政策专设秘书处和人权政策专设秘书处、、文化部和国家司法委员会（CNJ）等。

关于国际技术合作协议，下列工作值此一提：南方共同市场（MERCOSUR）（阿根廷、巴西、巴拉圭和乌拉圭）统计专门会议 是面向南方共同市场一体化且通过统计数据的生产传播工作的开发、完善、协调、整合，强化国家和各地区机构的统计合作项目。

在 2010–2015 年期间，巴西国家地理与统计局一直与许多国家在人口与农业普查、社会、人口和经济统计等领域开展着技术和方法方面的国际合作。

六、与国际社会的互动

近几年，巴西国家地理与统计局积极扩大国际统计社会的参与度，比如联合国统计司（UNSD）、美洲国家统计大会（SCA）、欧洲统计大会（CES）、经济合作与发展组织（OECD）、世界旅游组织（WTO）、国际劳工组织（ILO）、葡萄牙语国家共同体（CPLP）和金砖国家等。

巴西在 2016 年 3 月 8 日举行的第 47 届联合国统计委员会上当选为主席。

七、新闻界和一般用户培训班及新闻发布会

在过去的二十年里，巴西国家地理与统计局不断拓展其与新闻界的沟通和关系，作为宣传工作并树立公众形象和公信力的另一种途径。

在记者招待会开始前，材料都准备就绪，提供给现场记者。同时，调查结果的指标和解读都发布在巴西国家地理

与统计局的网站上。

除了结构性调查以外，巴西国家地理与统计局每月还发布约10份短期统计数据。因此，巴西国家地理与统计局每年要召开大约100场新闻发布会。

所谓的短期统计数据的发布受到2007年11月5日颁布的且由计划部签署的第355号政令的管束。根据该项政令，调查结果必须在上午7点交给政府官员，即公众获取之前两小时，正式发布在上午9点。至于信息准入，巴西国家地理与统计局在其网站上公布先于公众享有信息优先权的国家政府官员名单，确保整个过程的透明度。

具有专业素养的新闻记者对于提高巴西国家地理与统计局调查报道质量十分关键。近几年来，社会信息协调处（CCS）已经组织了若干针对新闻记者的培训班，并举办了处理较为复杂信息的培训班（如国民账户和普查）及快速获取统计信息的数字化工具使用培训班。

八、互联网准入和其他准入

为更好地服务公众，巴西国家地理与统计局提供了多种对其生产信息的准入方式：出版物（书籍和期刊）并配有光盘（CD-ROMs），免费电话咨询，位于里约热内卢的档案和信息传播中心的中央图书馆，与巴西国家地理与统计局设在各州首府单位下属的档案和信息传播中心的直接联络。

巴西国家地理与统计局提供的电子产品和服务构成了主要传播媒介，通过这些传播媒介，有关人口、经济、制图、大地测量、自然资源和环境等具体数据文档信息可以在网站（http://www.ibge.gov.br）上免费获取。

除了电子出版物以外，巴西国家地理与统计局网页有两个重要的数据库脱颖而出：汇总的统计表（葡萄牙语简称SIDRA） – 以地区分类的信息数据库，它允许用户选择信息自己制作表格和比较数据；统计多维数据库（葡萄牙语简称BME），它带有微观数据信息，允许用户根据选择的信息和保密限制制作表格。这一数据库需要网上订购。

附录－II

俄罗斯统计体系简介

俄罗斯联邦统计局（Rosstat）作为联邦政府机构，负责生产俄罗斯联邦社会、经济、人口、生态以及其他方方面面的官方统计数据。

俄罗斯联邦的国家统计基于集中型工作原则。国家统计系统的主要任务是向各级政府机构、媒体、科学界、商业组织、公众组织和国际组织及时提供有关俄罗斯、各地区及各经济部门社会经济发展方面的全面、客观的信息。为了达到这一目标，制定了联邦统计工作计划，明确了国家社会经济和人口发展过程统计监测的主要方向。俄罗斯联邦统计局负责协同其他政府机构起草该工作计划，并经俄罗斯联邦政府正式通过。

俄罗斯联邦统计局的主要职能

（一）根据现行制度，为俄罗斯总统、俄罗斯联邦政府、俄罗斯联邦议会、包括地方权力机构在内的国家其他机构、大众传媒、法人实体和个人以及国际组织提交官方统计信息。

（二）根据现行制度，在自身的权限内，设计并审批官方统计方法，开展联邦统计调查和官方统计生产，确保具体方法符合国际标准和《联合国官方统计基本原则》。

（三）审批联邦统计调查形式及其实施指南。

（四）在编制联邦统计工作计划及其更新建议时，协调官方统计领域的各项活动。

（五）维护、提供方法支持并开展联邦统计调查，处理收集的数据。

（六）根据现行制度，设计和维护各活动领域全国技术、经济、社会数据分类。

（七）在自身权限内，确保作为统计调查结果而收集到的保密信息的保护。

（八）根据现行制度，为用户提供官方统计和其他信息。

（九）实施俄罗斯联邦作为国际组织的成员国所享有的、国际上采纳的统计实践。

一、统计体系：组织原则

国家统计体系是一个政府主体和各机构相互交织的网络，涉及统计数据的收集、处理和传播，描述国家社会经济和人口发展状况。

体系是按照行政区划演变而来的，就是确保为公众、权力机构和各级政府、媒体、科学界、企业实体、公共和国际组织提供有关俄罗斯联邦、各地区、各行业和各经济部门社会经济发展全面、客观的统计数据。

系统包括两个组织层面：以俄罗斯联邦统计局总部为代表的联邦机构和以联邦统计局区域办公室为代表的地方机构。

二、国家统计的联邦层面

国家统计的联邦层面包括：俄罗斯联邦统计局（Rosstat）总部；主计算中心；解决社会经济统计问题的科学研究所；统计信息科学、设计和技术研究所；信息和出版中心“俄罗斯统计”。

三、国家统计的区域层面

俄罗斯联邦划分为 85 个行政主体（区域）。俄罗斯联邦统计局在每个主体（共和国、州、自治区和边疆区）都设有区域办公室。

俄罗斯联邦统计局区域办公室负责各自区域的统计数据收集和处理；为各共和国、州和区域政府机构及其他感兴趣的用户提供统计数据。

四、官方统计活动的法律依据

俄罗斯联邦统计局的服务活动受俄罗斯联邦宪法、联邦主体法律、联邦法、俄罗斯联邦总统和政府政令、俄罗斯联邦国际条约的制约。

俄罗斯统计活动的依据是（修订的）2007 年有关《俄罗斯联邦官方统计核算和国家统计体系》联邦法。

全国人口普查和农业普查等重大统计活动的开展依照具体的联邦法律进行。

为了让俄罗斯联邦统计局获取所有必要的信息，以创建国家信息资源，俄罗斯联邦政府发布了《关于原始和行政数据义务提供条例》。

五、新挑战

就社会、经济、人口、生态和其他方方面面提供及时、准确、可靠的统计信息对于一个国家社会经济发展和治理至关重要。

当前，俄罗斯的统计体系正在国内重大社会经济变革和国际金融数据上报标准贯彻执行中逐步形成。这一转变带来了对官方统计新方法的探究，也需要建立灵活的统计信息系统，以应对社会中出现的各种变化。

统计体系的发展需要依靠进一步的技术现代化、新规划及决策方法的实施以及统计人力资源的改善。

俄罗斯统计现代化的主要标志就是统计方法的高度透明和所有用户对官方统计数据更为宽泛的获取。

为了应对挑战，俄罗斯联邦已经形成了“俄罗斯国家统计发展”任务计划。

该计划的目标是依据数据收集、生产和传播的国际方法和技术标准，继续俄罗斯国家统计体系的完善和国家统计的现代化。实现该项目的主要目的必须采取如下步骤：1）开发方法指南，支持现代全球数据生产标准在俄罗斯经济环境下的实际贯彻；2）开发和实施数据收集、存储和传播的现代信息技术；3）开发基于国外经验的统计服务人力资源及电子学习系统。

附录—III

印度统计体系简介

印度建立了联邦结构的政府，而印度统计体系则在国家的全面行政体制中行使职能。联邦政府和各邦政府之间的统计行政职权针对所有主题分为三类：中央类、联邦类和公共类。公共类即中央政府和各邦政府都可以开展的统计活动，其中包括专题统计活动。在联邦政府各部委和邦政府的各部门，根据行政职能，按主题或其主题分类再进一步划分职责。

因此，印度统计体系可以视作分散与集中的统一。遍布全国的大规模统计活动，如人口普查、经济普查、农业普查和牲畜普查，以及全国范围的抽样调查，如年度工业调查和社会经济调查，由中央机构承担。相应地，国民账户的编制、全印度价格和工业生产指数的计算也都由中央机构负责。至于各邦，则由邦统计机构负责收集和生成大量的变量数据。中央政府作为全印度统计数据提供的协调机构，即使在各邦担负统计收集主要职权的领域也不例外。各邦经济和统计委员会（DESs）履行邦一级所有统计活动的协调职责，并为维护不同层面生产和汇总的数据的统一性和一致性保持与统计和计划执行部（MOSPI）的联络。

一、中央统计体系

印度统计和计划执行部（MOSPI）是规划、促进国家统计体系一体化发展的核心机构，包括制定官方统计领域的行为准则和标准，确定概念和定义，推荐有关数据收集、处理和结果传播的方法。该部由两个部门组成，一是国家统计机构（NSO），通常称“统计部门”；二是计划执行机构，通常称“计划执行（PI）部门”。国家统计机构由包括计算中心在内的中央统计局（CSO）和国家抽样调查队（NSSO）组成。计划执行部门下设三个司，即二十要点项目司、基础设施监控司及议员地区开发司。除了统计和计划执行部生产的大量出版物外，中央统计局和计划执行部门两个机构也生产了大量的统计信息，为政策规划者、研究人员和其他用户使用。统计和计划执行部还设有一个独立机构，即印度统计学院（ISI），是一家国际上知名的统计研究和教学机构。

除国家统计机构之外，印度政府大多数平行的部委，涉及农业、水利、卫生、农村发展等各个专业，也为各自的部门设立统计机构，开展统计活动，并一般由高级统计官员牵头，方便与国家统计机构的妥善协调。大多数此类部委都会发布各自的统计数据或统计出版物。

（一）中央统计局

中央统计局（CSO）由局长牵头，总部设在新德里。它由五个核心司构成：国民经济核算司（NAD）、经济统计司（ESD）、社会统计司（SSD）、培训司及协调和出版司（CAP）。此外，中央统计局在德里附近还设有一所一流的培训机构，称为国家统计行政学院（NASA），自其 2009 年 2 月成立以来，一直实施着全国和国际统计培训计划。

中央统计局负责协调全国统计活动，确定和维护统计标准。其工作主要包括编制国民收入核算，开展经济普查，处理年度工业调查数据并编制调查报告，编制工业生产指数和消费者价格指数，开展性别统计，以及实施官方统计培训。除了传播种类繁多的统计数据外，中央统计局还为各全国和国际机构定期发布多种出版物，包括《统计年鉴》、《从数字看印度》、《能源统计》、《基础设施统计》、《环境统计》等。其他活动还包括：编制涉及统计工作的五年计划和年度计划，召开中央和各邦统计机构大会，修订国家行业分类标准，编制并实施战略计划以获取重要参数数据，提高现有数据集的质量和可靠性，提供新兴领域的全新数据集以满足不断增加的数据需求，以及缩短数据发布的时间间隔。

中央统计局下设计算中心，负责统计和计划执行部的数据处理、为统计人员提供软件培训、维护部网站(www.mospi.gov.in)和国家官方统计数据库。

（二）国家抽样调查队

国家抽样调查队（NSSO）在全国统计委员会的全面指导下行使职能，在国家抽样调查数据收集、处理和发布事务上具有必要的独立性和自主权。国家抽样调查队由队长兼首席执行官（DG ＆ CEO）牵头，他也是指导委员会的成员兼主席。

国家抽样调查队除了开展对面积查点和作物估算的抽样调查以及编制为城市抽样所用的城市样本框外，还开展大规模的抽样调查，包括社会经济调查、工业年度调查、全国城乡价格数据收集等。国家抽样调查队的主要工作涉及调查设计、现场操作、国家抽样调查队的数据处理以及报告发布。

二、邦一级统计体系

在各邦或联邦属地，经济和统计委员会（DESs）作为各邦或联邦属地所有统计活动的核心协调机构。大部分邦或联邦属地政府都已经正式宣布经济和统计委员会作为邦内所有统计活动的核心机构，但少数几个邦或联邦属地还未正式公布。对于后者，经济和统计委员会继续充当邦内统计事务的协调机构。在大多数邦或联邦属地都设有地区统计办公室（DSOs），作为经济和统计委员会的实地办事处，为该地区收集和汇总统计数据。经济和统计委员会在各邦或联邦属地行使的职能与在中央一级的国家统计机构行使的职能基本相似，即公布主要统计数据、协调中央与邦统计机构的活动、传播统计数据等。

三、数据收集的法律保障

在印度，除了《1953年数据收集法案》中对收集工业数据提供了法律支持外，大部分数据收集都是建立在自愿答复的基础之上的。该法案随后作了修订，成为新的《2008年统计数据收集法案》，其覆盖面更广，便于各类社会经济数据的收集。该法案由统计和计划执行部负责执行。另一法案，即《1948年普查法》则由内政部下设的总登记署负责执行，用于收集全部人口和其他人口统计特征数据。除上述两部重要法案外，其他部委也制定了众多其他的法案、法规和条例，用于收集法定的行政报表，有助于生成与本部门相关的数据。

四、新挑战

印度统计体系在促进循证决策方面发挥了重要作用，对国家规划社会经济发展做出了重大贡献。国家统计体系生产了大量种类繁多的数据，创建了内容广泛的统计数据库，既满足了国内各机构，也满足了国际机构的数据需求，其中也包括大量的个人用户和研究人员。印度统计体系正在进行平稳转变，以满足因经济全球化和自由化而出现的空前增长的数据需求。这种转变涉及中央和邦统计体系在结构和运行方面的重大调整，包括组成国家统计委员会（NSC）以改建国家统计体系，提高统计数据的公信力、及时性和准确性；除了实施广泛的计划，强化邦以下统计能力和基础建设以外，还与世界银行合作提出了全面的印度统计提升项目（ISSP），以加强邦以下统计体系的建设。

鉴于统计体系现代化的需求，为了提高统计运行和各项活动的效率，在数据收集、数据管理和数据传播中运用最先进的信息和通信技术方面面临的压力也越来越大。比如，工业和价格数据的电子方法收集已经处于运行之中；包括电子出版物在内的各类数据传播的电子系统已启动，以便于更广泛、更快捷获取这些数据。印度也正在采取措施加速电子政务进程，使广大百姓也能够直接参与数据部门的改革。确实，当前社会环境瞬息万变，印度统计体系正在不断改进，通过尽可能及时有效地提供所需统计数据，满足各利益方对数据日益强烈的渴望。同时采取恰当的措施，通过周密的培训计划并通过促进中央和各邦统计机构的协调，提高统计技术和能力。

附录—IV

中国统计体系简介

中国国家统计体系自建立以来，经过60年的变革历程，在改革和调整中不断发展和完善，以适应变化着的新形势的要求。《中华人民共和国统计法》规定，国家建立集中统一的统计系统，实行“统一领导、分级负责”的统计管理体制。

中国政府统计系统主要由政府综合统计系统和部门统计系统两个部分组成。政府综合统计系统由自上而下设置的统计机构及其配备的相应统计人员组成。中央政府设立国家统计局，县以上地方各级政府设立独立的地方统计局。在乡一级政府则主要由专职或兼职的统计员来负责统计工作的具体协调管理。中国政府统计系统实行“统一领导，分级负责”的管理模式。

一、政府综合统计系统

（一）国家统计局

中国国家统计局作为国务院的直属机构，负责组织领导和协调全国的统计和国民经济核算工作。在整个国家统计体系中，国家统计局既是全国统计数据的主要提供者，又是政府部门统计和地方统计的协调者。依照《中华人民共和国统计法》规定，国家统计局的主要职能是：组织领导和协调全国统计工作，制定统计政策、规划、全国基本统计制度和国家统计标准，审批部门统计标准；会同有关部门拟订重大国情国力普查计划和方案，组织实施全国人口、经济、农业等重大国情国力普查，进行国民经济主要行业的统计调查并收集、汇总、整理和提供有关调查的统计数据，综合整理和提供全国基本统计数据；统一核定、管理、公布全国基本统计资料，定期发布全国国民经济和社会发展情况的统计信息，依法管理部门和地方统计调查项目。

中国国家统计局按专业划分和功能划分相结合的方式，设置18个司级行政单位、2个参公管理事业单位、10个在京直属事业单位和中国统计出版社。

国家统计局根据工作需要在各省（区、市）设立了调查总队，在各市（地、州、盟）和三分之一的县（市、区、旗）设立了调查队。这些调查队作为国家统计局直属派出调查机构，由国家统计局实行垂直管理，主要承担国家统计局布置的国家宏观调控和国民经济核算所需重要统计数据的调查任务，工作方式以抽样调查为主。

（二）地方统计局

县级以上地方各级政府设置独立的统计机构，乡镇政府设立统计站或配备统计员，负责完成承担的国家统计调查任务，组织领导和协调本行政区域内的地方统计工作。地方各级政府统计机构受同级政府和上级统计机构的双重领导，在统计业务上以上级统计机构的领导为主。

二、部门统计系统

中央政府各部门和地方政府的各部门，根据统计任务的需要设立统计机构或在有关机构中设置统计人员，构成部门统计系统。其主要职责是：组织、协调本部门的统计工作，完成国家统计调查和地方统计调查任务；制定和实施本部门的统计调查计划，开展部门统计调查并搜集、整理、提供为本部门和社会所需要的统计资料；对本部门、本行业的发展情况进行统计分析，实行统计监督。

国家综合统计系统作为统计工作的主系统，具有对部门统计系统统计业务上的指导权和协调权。

三、统计法律法规

不管是统计机构，还是企业事业统计组织，必须遵守国家统一制定的统计法律、法规，按照国家统计局统一制定的统计指标体系、统计制度方法进行统计调查。

中国统计法律体系由统计法律（《中华人民共和国统计法》）、行政法规（包括普查条例、海关统计条例等）、规章及规范性文件（部门统计调查项目管理暂行办法、统计调查审批管理办法等）、地方统计法规等5个部分组成。《中华人民共和国统计法》规定，国家统计调查项目由国家统计局制定，或者由国家统计局和国务院有关部门共同制定，报国务院备案；重大的国家统计调查项目报国务院审批。部门统计调查项目由国务院有关部门制定，报同级统计局备案或审批。地方统计调查项目由县级以上地方政府统计机构和有关部门分别制定或共同制定，报上级统计局备案或审批。制定统计调查项目时，应当制定该项目的统计调查制度，一并报经审批或备案。统计调查制度应当对调查目的、调查内容、调查方法、调查对象、调查组织方式、调查表式、统计资料的报送和公布等做出规定。统计调查应当按照审定的统计调查制度组织实施，变更统计调查制度的内容，须报经原审批机关批准或者原备案机关备案。

四、统计调查

中国国家统计局主要通过周期性的普查和常规统计调查收集统计数据，此外还通过专项调查、典型调查以及行政纪录等方法搜集、整理统计资料。目前，国家统计局组织开展的重大国情国力普查主要有人口普查、农业普查和经济普查；组织开展的经常性统计调查共48项，包括国民经济核算、农业、工业、能源、投资、建筑业、贸易外经、服务业、城乡住户、价格、社会科技、劳动工资等统计调查，调查内容基本涵盖了经济、社会、人口、环境与资源各个方面。

部门统计内容涉及交通、旅游、财政、金融、海关进出口、利用外资、文化、教育、卫生、科技、户籍人口、社会发展等多个方面。

五、统计数据发布与产品提供

中国国家统计局按照更多、更快、更好地向全社会提供中国官方统计数据和产品的目标，以多种渠道、多种形式发布统计调查数据并提供统计加工增值产品，目前已初步建立起新闻发布会发布、互联网发布、公共数据库发布、官方微信“统计微讯”发布、统计移动客户端发布，以及以年鉴为主体的纸介质发布等多种形式相互结合、互为补充的定期发布制度，使统计数据发布和产品提供的时效性更强、内容更丰富、受众更广泛。此外，全国31个省级和许多市、县级统计机构也建立了相应的定期发布制度，使中国统计的数据发布和产品提供形成了多层次、广覆盖的工作格局。

六、中国统计改革发展的方向和最新进展

中国经济处于结构转型升级的重要发展时期。中国经济社会的迅速发展和深刻变化，对中国统计体系提出了更新更高的要求。从2012年起，中国国家统计局大力变革统计生产方式，已初步建成了真实完整、更新及时的基本单位名录库；建立了统一规范的企业一套表制度；开发了较为方便适用的数据采集处理软件；建立了较为安全高效、全国统一的企业联网直报系统。中国国家统计系统正在以开放的心态和创新的勇气，全面推进统计改革发展，努力推动统计

数据更加真实准确完整。为反映“新经济”动能转换，展现“大众创业、万众创新”加快推动新经济发展的良好成效，正在研究制定新经济专项统计制度，建立健全相关统计标准，研究构建反映新经济统计指标体系，研究测算新经济发展指数。同时，积极推进部门间信息共享，更多利用部门行政记录和调查数据，深入挖掘大数据宝藏，逐步发挥大数据对常规统计数据的“参考”、“补充”和“替代”作用。继续拓展统计服务渠道，提升服务品质。通过不懈努力，把中国统计建设成为面向统计用户、面向统计基层、面向统计调查对象的优质高效友好的现代化服务型统计。

附录–V

南非统计体系简介

南非统计体系有将近 100 年的历史，但真正满足所有南非人需求的时间相对较短。1994 年民主政治制度的建立为南非统计的转型提供了两种可供选择的数据生产组织模式。第一种模式是将大部分统计数据的生产集中在一个单一机构，即国家统计机构（NSO），当时称为中央统计局（CSS）。中央统计局随后又改为南非统计局（Stats SA），包括总部和省级分支机构，过了很长一段时间后，省级以下又增设了地区办公室。从集中型模式中分离出来了少量统计，主要涉及金融方面的统计，例如国际收支平衡统计。而这些统计数据则由相关机构进行生产，包括南非储备银行（SARB）和财政部（NT）。实际上，认为集中型有利于运转的看法当时无论是在南非统计局还是在国家的其他部门都普遍存在。第二种模式是统计数据分散式生产，即国家的其他部门根据自己的专业领域生产统计数据。自然，国家统计生产的各部门构成了一个需要协调的统计生产体系。最终采用的模式是通过不断演变后的一个产物。当时统计生产面临着五个方面的压力，在某些领域相互交织。一是思想观念的转变，即从种族隔离政治制度下只顾（白人）“自身利益”转变为服务于新南非全体人民和整个国家的理念。这一新理念带来了中央统计局人口统计的转变，班图斯坦统计局整合进中央统计局，以及中央统计局分省机构的建立，方便了总部数据的采集。二是新政府所面临的在政策和计划发展方面的数据缺口压力。当时，消除贫困和不平等，特别是政府服务到位，以及发展机遇的提供，乃当务之急，致使 1996 年人口和住房普查迫在眉睫。三是统计指标体系的合理化，使生产出来的统计数据满足全体公民的期望。除原有的经济统计之外，把社会统计生产纳入了体系之内。四是国家统计机构生产的统计数据质量提高的压力。五是统计体系生产高质量统计数据在技能方面短缺的压力。

直到现在，上述压力还不同程度地困扰着我们，压力最大的时候就是中央统计局（后来更名为南非统计局）首任局长任期内（1995–1999 年）的那段时间，统计生产模式完成了向集中型的转变。然而，随着时间的推移，南非统计局在满足用户大部分统计需求方面能力极为有限逐渐显现了出来。与此同时，其他部门在填补南非统计局生产的统计数据和用户需求之间的缺口方面存在的潜能为人们广泛认同。现行《统计法》（1999 年第 6 号）对于消除上述问题功不可没。《统计法》具体规定局长既是南非统计局的行政首长，也是国家各部门生产统计的协调人。由于《统计法》明确了国家统计局的战略和工作规划的方向并且确定了国家各部门在统计数据生产方面担当的角色，因此，其对南非这个国家的统计生产具有里程碑式的意义。巧合的是，《统计法》颁布之时，也是国家统计机构由中央统计局易名为南非统计局之际。

2000 年，南非统计局新局长上任，很快开始启动南非统计生产的新愿景。尽管当时新愿景尚未正式确定，但紧紧围绕着统计生产的协调是毫无疑问的。随后，在南非统计局设立了国家统计体系司（NSSD），以梳理协调过程。国家统计体系的设想在 2002 年 1 月成了内阁会议的热议话题。尽管南非国家统计体系纳入了政府的行动规划（POA）之中，但在随后八年左右的时间里，其重要性，尤其是在南非统计局内，还显现不出来，主要原因有三点：一是统计后续能力相对不足；第二点也是最主要的 点是南非统计局一直面临着如何更加富有成效且高效率工作的压力，尤其是针对提高自己生产的统计产品的质量；三是转变管理模式的挑战。

直到 2009 年，国家统计体系的设想才影响到了南非统计局的战略方向。从此以后，南非统计局的五年战略规划以及年度工作计划都经历了战略转移，即按照《统计法》第 14 章的要求，重点是统计协调的贯彻实施。正如其新愿景和使命所表述的，南非统计局为推动国家统计发展在与其他部门的合作中承担着领导作用。除了南非统计局的统计产品之外，这一转变还把统计生产拓宽到了建立一个体系，以支撑国家的其他部门生产高质量的统计数据。建立在五年战略（2009—2014 年）获取的战略优势之上，南非统计局对 2015—2019 年期间的战略重点做了改变，即统计信息为透明度、问责制、循证管理和改革“服务”。

南非统计局已经设定了到 2030 年将取得的下述战略成果目标。

首先，我们的统计信息体系将全面符合国家发展计划（NDP）对信息的需求，反映与宪法赋予的使命相一致的发展和变革。

第二，国家统计体系将由一支统计能力强、多元、革新、和团结的专业人士来进行推进，引领国家统计体系。国民的统计识数率和国家统计体系的统计能力将提升。学校毕业者将更加具备理解统计概念和在日常生活中统计应用能力。新一代统计领导者将会茁壮成长，挑起国家统计体系（NSS）中统计信息系统的大梁。一个实实在在的数据革命将激励我们大家。

第三，南非统计局将成为国家高效执行机构和首选雇主。技术将驱动一个贯穿始终的、强劲的统计生产体系。我们的治理和统计体系将具备灵活、有效和创新的特征，重点在于完美的治理和统计方法论。

第四，南非统计局将是国家统计体系中核心的统计权利机构。在统计局局长的统计引领下，在国家机关内，将确定合作伙伴关系和统计单位。统计生产现在已经成为国家机关年度考评计划的一部分，用于方方面面的决策，使政策、规划、监测和评估广为人知。用户和公众为之欣喜，并对官方统计有信心和信任感，因为通常的认知和惯例是国家统计体系生产的统计数据都是以统计质量原则和国际最佳实践为依据的。

第五，到 2020 年，统计价值链将建立在与国际标准和分类相一致的完美的统计质量原则之上，这将造就对我们产品的信任感。

为了应对主要的量度要求，包括国家和国际层面，南非统计局将修订南非统计法。

中文版后记

《金砖国家联合统计手册（2016年）》是金砖国家联合统计出版物系列的第七卷，全面介绍了五国经济社会发展状况，是国际社会了解五国国情的重要窗口。该手册的英文版是由印度中央统计局牵头，联合包括中国国家统计局在内的其他金砖国家成员国国家统计机构共同合作编辑的，是五国统计机构精诚合作的结晶。

基于手册英文版，在印度中央统计局的大力支持下，我们编辑出版了该中文版。在手册英文版和中文版的工作协调和编辑过程中，中国国家统计局局长宁吉喆和副局长许宪春给予了高度重视，提出了明确要求。国家统计局各有关单位给予了积极配合，综合司、核算司、工业司、能源司、贸经司、人口司、社科文司、农村司、城市司、住户办和服务业司等单位负责了中国数据的提供和审核，设管司提供了《中国统计体系简介》，国际合作司负责了英文审定工作。本书由国际统计信息中心具体负责编辑出版，承担了组织协调和对五国数据的编辑、核对、翻译等工作；中国统计出版社全力配合，承担了手册的排版、美术编辑、装帧和印刷工作。

《金砖国家联合统计手册（2016年）》中方主编是宁吉喆，副主编是许宪春、王军、叶植材；编委会委员分别是（按姓氏笔画为序）：王晓辉、王萍萍、王智、王群英、叶礼奇、朱维盛、刘丽萍、李希如、张军、赵云城、钟守洋、侯锐、闾海琪、盛来运、程子林、程学斌、察志敏；编辑部成员分别是（按姓氏笔画为序）：吕璐、朱虹、刘冰、刘晓燕、江明清、安新莉、杨家亮、佘竞雄、汪传敬、沈赟、宋少英、武洁、胡晓微、宫少军、栾尽晖、唐平、常文莉、解明明、戴宏国、魏媛媛。《金砖国家联合统计手册（2016年）》的五国联系人分别是：巴西国家地理与统计局 Roberto Santanna、中国国家统计局杨家亮和解明明、印度中央统计局 Brijendra Singh、俄罗斯联邦统计局 Elena Kuznetzova、南非国家统计局 Arulsivanathan Naidoo。他们为本手册的出版做出了重要贡献。

同时，特别感谢外交部国际经济司，他们为该手册的编辑和发送给予了许多指导和帮助。

需要说明的是，本书中一些指标及其含义和统计方法在各国之间不尽一致，敬请用户注意。该书编辑出版时间短，涉及面广，国家之间联络困难，若有不足之处，敬请指正。

中文版编者

2016.12.15

与本手册相关的金砖国家技术小组

巴西

巴西国家地理与统计局 (IBGE)
调查司司长 Roberto LuísOlinto Ramos 先生
国际合作司司长 Roberto NevesSant`Anna 先生
调查司助理 Jacqueline Manhães 女士
国际合作司 Wanda Rodrigues Coelho 女士
网络中心管理员 Ian MonteiroNunes 先生

俄罗斯

俄罗斯联邦统计局 (Rosstat)
副局长 GeorgyOksenoyt 先生
国外统计和国际合作司司长 Igor Kharitonov 先生
国外统计和国际合作司副司长 Galina Lyubova 女士
国外统计和国际合作司副司长 Ilya Matyushev 先生
国外统计和国际合作司处长 Elena Kuznetsova 女士
国外统计和国际合作司副处长 Mikhail Gundarev 先生
国外统计和国际合作司顾问 Elena Fatneva 女士
国外统计和国际合作司高级专家 Svetlana Shevchenko 女士

印度

印度中央统计局 (CSO)
副局长 Ravendra Singh 博士
副局长 V.K. Gupta 先生
处长 J.R. Meena 先生
高级统计师 S.B. Chaturvedi 先生
高级统计师 Anup Prasad 先生
高级统计师 Smt. Neelam Basant 先生
高级统计师 Sunil Kumar 先生
统计师 Pankaj Gerar 先生
处长助理（图表） R P Srivastava 先生
高级美工 R K Rao 先生

中国

中国国家统计局 (NBS)
国际统计信息中心主任王军博士
国际统计信息中心副主任闫海琪先生
国际统计信息中心处长刘冰先生
国际统计信息中心高级统计师杨家亮女士
国际统计信息中心统计师吕璐女士
国际统计信息中心统计师解明明先生

南非

南非统计局 (Stats SA)
公共关系和营销处执行主管 Arulsivanathan Naidoo 博士
公共关系和营销处副处长 GaongalelweSeoPhakedi 女士